Introduction to R Programming

R 프로그래밍

허명회 지음

자유아카데미

머리말

이 책은 오픈소스의 데이터분석 언어인 R을 학습하여 통계 프로그래밍에 써먹고자 하는 이들을 위한 교재입니다. 기초 수준의 통계학 지식이 있으면 좋습니다만 필수적이진 않습니다. 이미 시중에 많은 R 프로그래밍 교재가 있지만 제가 또 한 권의 책을 쓰게 된 데에는 물론 나름의 이유가 있습니다.

컴퓨터 언어는 또 하나의 외국어라고 봅니다. 문법 중심인 외국어 학습은 논리적이라는 이점이 있지만 너무 논리적이면 질려버리기 십상입니다. 따라서 고도의 인내심이 없다면 중간에 포기하게 됩니다. 반면, 경험적 "쿠킹 북" 학습은 자연스럽기는 하지만 확장성에 있어 더디다는 약점이 있습니다. 따라서 컴퓨터 언어의 학습에서도 균형(balance)이 중요합니다. 논리성과 경험성의 중간에 서는 것이 좋습니다. 이 책은 그런 관점에서 쓰인 R 프로그래밍 입문서입니다.[1)]

이 책의 목표는 <R로 프로그래밍 하기>에 있습니다. 따라서 통계적 방법을 세부적으로 설명하지는 않습니다. 그러나 각 장에 학습동기를 살리는 '좋은' 보기를 넣고자 하였습니다. 여기서 좋은 보기란 너무 단순하거나 너무 복잡하지 않은 적절한 수준의 예, 알고리즘적 사고와 컴퓨팅의 기본 원리가 바탕에 깔린 산뜻한 예, 현실적 가치가 있는 흥미로운 응용 문제를 말합니다.

부록은 MLB (Major League Baseball) 데이터 분석을 다룬 3개 장으로 구성하였습니다. 본문 12개 장을 뗀 단계에서 이런 정도의 실제 데이터 분석을 할 수 있음을 보이고자 했습니다. 전반적인 복습도 될 것입니다.

종합문제와 풀이도 실었습니다. 또한 학습자의 편의를 위하여, 이 책의 작성에 쓰인 모든 R 스크립트와 데이터 파일을 학습자들께 공개 합니다 (출판사 인터넷 홈페이지 http://www.freeaca.com 참조).

고려대학교 통계학과 교수　　허명회 드림　　2016.12.24

1) 이 책과 스타일이 흡사한 원서는 The Art of R Programming (by Normal Matloff, 2011; No Starch Press)입니다. 이 책은 <빅데이터 분석도구 R 프로그래밍>으로 번역되었습니다 (에이콘 출판, 권정민역, 2012).

차 례

9장. 문자열 작업

10장. 데이터 프레임의 형태 바꾸기

11장. *apply 함수와 내장함수의 활용

12장. 응용사례

1장. 첫 걸음 first step

이 장의 목표는 R 프로그래밍의 첫 걸음을 하는 데 있습니다. 데이터를 벡터(vector)에 넣고 간단한 계산을 할 것입니다. 또한 벡터에 함수(function)를 정의하고 써볼 것입니다. 벡터 외에 데이터를 담는 그릇인 행렬(matrix), 리스트(list), 데이터 프레임(data frame)을 소개합니다.

1. 벡터와 놀기 playing with vectors

A라는 야구선수는 투수인데 6년에 걸쳐 평균 자책점(earned run average)[1)]이 각각 5, 4, 3, 4, 5, 6이라고 합시다. 이 데이터를 R에 넣어보기로 하겠습니다.

R에 들어가서 새 스크립트를 열면 <그림 1>과 같이 됩니다. 스크립트 윈도우에

```
c(5, 4, 3, 4, 5, 6)
```

을 치고 이 줄을 실행하면 (run line or selection) R 콘솔에

```
> c(5, 4, 3, 4, 5, 6)
[1] 5 4 3 4 5 6
```

이 나타날 것입니다. 세상 모든 것은 이름이 있어야 의미가 있습니다. 이것에 era라는 이름을 붙이기로 합니다. R에서 era는 길이가 6인 벡터(vector)입니다.

R 스크립트에 돌아가

```
era <- c(5, 4, 3, 4, 5, 6)
```

으로 바꿔놓고 이 줄을 실행하면 R 콘솔이

```
> era <- c(5, 4, 3, 4, 5, 6)
```

으로 반응합니다. 이제부터는 R 콘솔과 R 스크립트 윈도우 중 하나만 여러분에 제시하겠습니다.

---

1) 평균 자책점(earned run average, ERA)는 투수가 자신의 "부족"으로 9회 이닝의 한 게임에서 상대팀에 내준 평균 점수입니다.

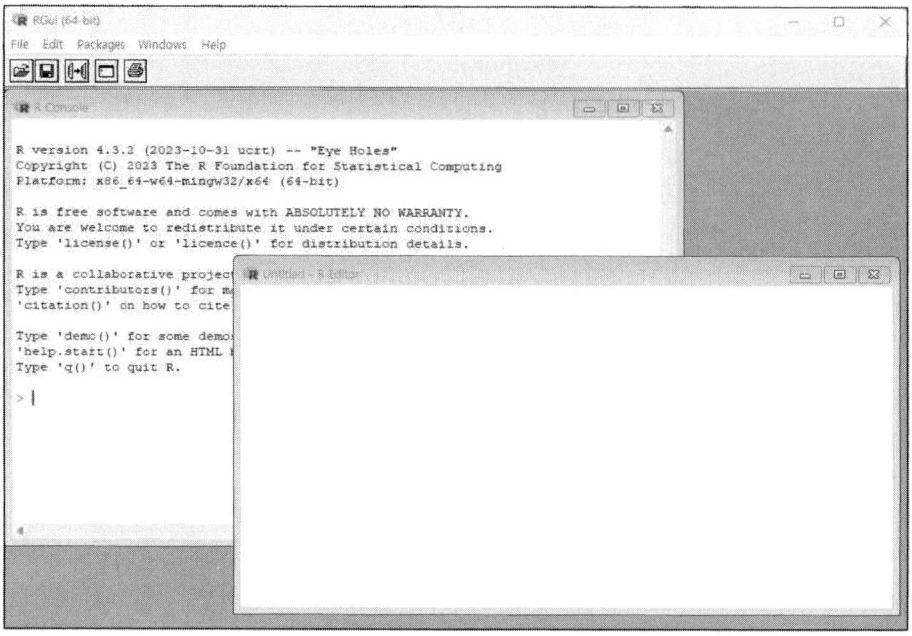

<그림 1> R의 첫 화면

```
> era
[1] 5 4 3 4 5 6
> year <- 2001:2006
> year
[1] 2001 2002 2003 2004 2005 2006
```

투수 A가 6년의 각 해에 치룬 게임 수가 1, 2, 8, 6, 4, 4 게임이라고 합시다. 총 25 게임입니다.

```
> game <- c(1, 2, 8, 6, 4, 4)
> sum(game)
[1] 25
```

여기서 쓴 **sum()**은 R의 함수로 벡터에 대해 원소들의 합을 구해냅니다.

투수 A의 6년 ERA 평균을 구해볼까요? **game**을 가중치로 써야 합니다.

```
> era.all <- sum(game*era)/sum(game)
> era.all
[1] 4.2
```

물론 "*"는 연산기호로 '곱하기'를 나타냅니다. 사실은 이것도 R 함수입니다. 즉,

```
game*era
```

는

```
"*"(game, era)
```

와 같습니다.

앞에서 era를 벡터라고 한 바 있는데 벡터의 공식적 정의는 다음과 같습니다.

정의: $\boldsymbol{x} = (x_1, x_2, \cdots, x_n)$은 길이 n의 벡터(vector)이다. 여기에서 $x_1, x_2, \cdots, x_n$은 일련의 데이터 값.

이에 따라 era뿐 아니라 game과 year도 벡터입니다 (길이 6). 또한 평균 자책점 평균인 era.all도 벡터입니다 (길이 1). 다음과 같이 **is.vector()** 함수를 쓰면 확인이 됩니다 (= "is this a vector?"). 예컨대

```
> is.vector(era)
[1] TRUE
```

정수와 실수(유동수) integer and floating number

앞 절의 era, 즉 평균 자책점은 실수(real number) 값을 취하는 벡터입니다. 반면, 연도 year는 정수값을 취하는 벡터입니다. 수학에서는 정수가 실수의 한 부분이지만 컴퓨터에서는 아닙니다. 정수(integer)는 컴퓨터 메모리에서 32개 비트(bit)로, 실수는 컴퓨터에서 64개 비트로 자리 잡습니다.[2] R에서는 정수(벡터)는 **integer**라고 하고 실수는 **numeric**이라고 합니다. 다음을 보십시오.

```
> class(era)
[1] "numeric"
> class(game)
[1] "numeric"
```

2) 실수는 컴퓨터 용어로는 유동 수(floating number)라고 합니다. 소수점의 위치를 점(.) 아래 첫 수가 영이 아니도록 옮겨 찍는다는 의미입니다. 예컨대 12.3은 0.123×10^2으로, 0.0123은 0.123×10^{-1}으로 보는 셈입니다.

```
> class(year)
[1] "integer"
```

서브벡터 subvector

벡터의 일부를 서브벡터(부벡터, subvector)라고 하는데 서브벡터는 벡터 인덱스의 부분집합을 활용하여 얻어집니다. 즉 era의 두 번째 요소(element)는

```
> era[2]
[1] 4
```

이고 두 번째 요소와 세 번째 요소는

```
> era[2:3]
[1] 4 3
```

입니다. 물론 era[2]와 era[2:3]도 스스로 벡터입니다. era 전체는

```
> era[1:6]
[1] 5 4 3 4 5 6
```

과 같습니다.

벡터와 벡터 간 연산: +, -, *, /

산술연산(arithmetic operation) 4개 기호 "+", "-", "*", "/"의 용법은 다음과 같습니다. 즉, $\boldsymbol{x} = (x_1, x_2, \cdots, x_n)$, $\boldsymbol{y} = (y_1, y_2, \cdots, y_n)$에 대하여

x + y 는 $(x_1 + y_1, \cdots, x_n + y_n)$, x - y 는 $(x_1 - y_1, \cdots, x_n - y_n)$,

x * y 는 $(x_1 y_1, \cdots, x_n y_n)$, x / y 는 $(x_1/y_1, \cdots, x_n/y_n)$

입니다. 결과로 길이 n의 벡터가 생깁니다.

2. 함수 functions

R 언어의 상당 부분은 함수입니다. 여기서 함수(函數, function)란 수학에서와 같이 $\boldsymbol{x}$를 입력 받아 y를 출력하는 상자(函, box)를 일컫습니다. 즉,

$$f(x_1, x_2, \cdots, x_n) \rightarrow y.$$

이를

$$y \leftarrow f(x_1, x_2, \cdots, x_n), \quad \text{또는} \quad y = f(x_1, x_2, \cdots, x_n)$$

으로 쓰는 것이 더 관례적입니다. 예를 들어 n개의 수치값 $x_1, x_2, \cdots, x_n$들의 합을 구하는 `sum()`은 함수입니다:

정의: $\boldsymbol{x} = (x_1, x_2, \cdots, x_n)$에 대하여, `sum(`$\boldsymbol{x}$`)`는 $\sum_{i=1}^{n} x_i$이다.

이것이 R에서는

```
> game
[1] 1 2 8 6 4 4
> sum(game)
[1] 25
```

로 사용자에게 제공됩니다. R의 내부에서 `sum()`이 어떻게 코딩되어 있을까요?

다음은 수치값 $x_1, x_2, \cdots, x_n$들의 합 $\sum_{i=1}^{n} x_i$을 산출하는 사용자 정의 함수(user-defined function)의 코딩입니다.

```
> sum.1 <- function(x) {
+    temp <- 0
+    for (i in 1:length(x)) temp <- temp + x[i]
+    return(temp)
+    }
> sum.1(game)
[1] 25
```

앞에서 `length(x)`는 벡터 $\boldsymbol{x} = (x_1, x_2, \cdots, x_n)$의 길이 n을 산출하는 R 함수입니다. (그렇다면 `length()`는 어떻게 얻어질까요...?)

그런데 실은 R의 `sum()` 함수가 `sum.1()`으로 코딩되어 있지는 않습니다. R은 인터프리터 언어(interpreter language)라고 해서 한 줄 한 줄씩 컴퓨터가 이해하므로 `sum.1()`에서와 같이 R 반복문(loop)을 사용하면 시간이 엄청 걸리게 됩니다. 그런 이유로 `sum()`과 같은 기본 함수들은 C나 C++와 같은 컴파일러 언어(compiler language)로 코딩과 컴파일 되어 R 시스템에 들어가 있습니다.

```
> sum
function (..., na.rm = FALSE)  .Primitive("sum")
```

그렇기에 스스로의 함수로 특정 기능을 R이 제공하는 경우 R 함수를 쓰는 것이 좋습니다. 코딩이 간결하기도 하지만 빠르고 정확하기 때문입니다.

앞에서 말했듯이 R 언어의 상당 부분이 함수입니다. 따라서 R 프로그래밍을 잘 한다는 것은 R 함수를 잘 조합해내는 것과 거의 같습니다.

응용: 벡터 x 에 포함된 홀수의 개수 (Matloff, Section 1.3)

길이 n의 정수 벡터 $\boldsymbol{x} = (x_1, x_2, \cdots, x_n)$에 몇 개의 홀수가 있는지를 세어보는 문제입니다. 이 문제를 풀기위해 미리 알아야 할 것은 "%%" 연산입니다.

정의: "a %% k"는 a를 k로 나누었을 때의 나머지이다. 예컨대
"8 %% 3"은 2이고 "10 %% 3"은 1이다.

홀수의 개수를 세기 위해 다음과 같이 사용자 정의 함수를 만들 수 있겠습니다.

```
> oddcount <- function(x){
+    count <- 0
+    for (i in 1:length(x)){
+        if(x[i] %% 2 == 1) count <- count+1
+    }
+    return(count)
+ }
```

잘 작동되는지 확인해 볼까요?

```
> oddcount(c(1,3,4,5,6,9))
[1] 4
> oddcount(c(4,5,6,9,111))
[1] 3
```

사용자 정의 함수 oddcount()는 내부에서 count를 계산합니다. 그런데 다음을 보세요.

```
> count
Error: object 'count' not found
```

와 같이 count 값이 나올질 않습니다. 그 이유는 count가 함수 내부에서만 값을 갖는 지역변수(local variable)이기 때문입니다. 이런 변수들은 함수 내에서 일시적으로 생성되었다가 사용자가 함수를 빠져나오면 소멸됩니다. 지역변수와 대조되는 용어는 전역변수(global variable)입니다.

질문: oddcount() 함수를 1개 줄로 정의할 수 있습니다. 뭘까요? R에 대해 좀 더 알면 답할 수 있습니다.

3. 데이터를 담는 그릇 data containers

이제까지는 데이터를 담는 R 오브젝트로 벡터만을 썼습니다. 벡터가 데이터 오브젝트의 기본 유형이기는 하지만 유일한 유형은 아닙니다. 데이터를 담는 그릇에는 벡터 외에 행렬, 리스트, 데이터 프레임 등이 있습니다.[3)]

벡터(vectors) $\boldsymbol{x} = (x_1, x_2, \cdots, x_n)$은 한 종류의 자료 값들로 형성됩니다. 자료값 형태에는 숫자와 문자열이 있습니다.

1) 숫자: 실수 또는 정수

예
```
> era <- c(5, 4, 3, 4, 5, 6)
> class(era)
[1] "numeric"
```

3) 그릇(container)은 R의 공식 용어가 아닙니다.

```
> game <- c(1L, 2L, 8L, 6L, 4L, 4L)
> class(game)
[1] "integer"
```

2) 문자열(character strings)

예
```
> e <- c("Park", "LA Dodgers")
> class(e)
[1] "character"
```

앞에서 벡터는 한 종류의 자료 값들로 구성된다고 하였으므로 숫자인 5, 4, 3과 문자열인 "LA Dodgers"는 1개 벡터에 넣어지지 않습니다. 그러나 R에서 이들이 `c()`로 묶여지기는 합니다. 아래를 보십시오.

```
> c(5, 4, 3, "LA Dodgers")
[1] "5"          "4"          "3"          "LA Dodgers"
```

잘 살펴보면 숫자들이 모두 문자열로 변환된 것을 볼 수 있습니다. 숫자를 보다 낮은 수준인 문자열로 바꿔 한 종류의 자료 값으로 만든 것입니다. 따라서 이 벡터의 데이터 형은 문자열입니다.

```
> class(c(5, 4, 3, "LA Dodgers"))
[1] "character"
```

R이 이렇듯 융통성을 발휘하는 것을 보면 기특하기는 합니다만 이런 식으로 데이터 형이 자동 변환되도록 하는 것은 좋지 않습니다. 프로그래머로서 가급적 원칙을 지키기는 것이 좋은 태도입니다.

$n \times p$ **행렬** (matrix)은 수학에서와 같이

$$M = (m_{ij}),\ i = 1, \cdots, n;\ j = 1,\ \cdots, p$$

로 표기되는데 이때 p개 열은 길이 n의 벡터이고 모든 열이 자료 값의 한 가지 형입니다. 예를 들어 year, game, era가 1절에서와 같이 정의되었을 때

```
> cbind(year, game, era)
     year game era
[1,] 2001    1   5
[2,] 2002    2   4
```

```
[3,] 2003   8   3
[4,] 2004   6   4
[5,] 2005   4   5
[6,] 2006   4   6
```

은 6×3 행렬입니다. 여기서 `cbind()`는 같은 길이의 벡터를 열에 넣어 묶어주는 R 함수입니다.

```
> stat <- cbind(year, game, era)
> class(stat)
[1] "matrix"
> dim(stat)
[1] 6 3
> nrow(stat)
[1] 6
> ncol(stat)
[1] 3
```

행렬이 꼭 수치형인 것은 아닙니다. 문자열일 수도 있습니다. 아래에서 e, f, g는 각각 길이 2의 문자열 벡터인데 이것을 행으로 묶은 `rbind(e,f,g)`는 3×2 문자열 행렬입니다.

```
> e <- c("Park", "LA Dodgers")
> f <- c("Choo", "Cleveland Indians")
> g <- c("Kang", "Pittsburgh Pirates")
> rbind(e, f, g)
  [,1]   [,2]
e "Park" "LA Dodgers"
f "Choo" "Cleveland Indians"
g "Kang" "Pittsburgh Pirates"
```

여기서 `rbind()`는 같은 길이의 벡터들을 행에 넣어 행렬로 만드는 함수입니다.

```
> M <- rbind(e, f, g)
> class(M)
[1] "matrix"
```

```
> dim(M)
[1] 3 2
> nrow(M)
[1] 3
> ncol(M)
[1] 2
```

리스트(list)는 p개의 벡터로 구성되는 데이터 오브젝트로 각 요소 벡터의 데이터 형태나 길이는 독립적입니다. 즉 리스트 L은 다음과 같이 표현됩니다.

$$L = (l_j),\ j = 1, \cdots, p\ ;\ l_j\text{는 길이 } n_j\text{의 벡터이다.}$$

예컨대 앞에서 정의된 game, era, e에 대하여 **list(game, era, e)**는 3개의 요소로 구성된 리스트입니다.

```
> L <- list(game, era, e)
> L
[[1]]
[1] 1 2 8 6 4 4
[[2]]
[1] 5 4 3 4 5 6
[[3]]
[1] "Park"        "LA Dodgers"
> class(L)
[1] "list"
```

리스트 L을 인덱싱(indexing)하기 위해서는 **"[["**을 씁니다.[4)]

```
> L[[1]]
[1] 1 2 8 6 4 4
> L[[2]]
[1] 5 4 3 4 5 6
```

---

4) > "[["(L,1)
[1] 1 2 8 6 4 4

```
> L[[3]]
[1] "Park"       "LA Dodgers"
```

`list()` 함수 내에서 등호 “=”의 왼편에 이름을 제시하면 리스트의 각 요소에 이름이 부여됩니다. 예컨대

```
> L.1 <- list(game=game, era=era, player=e)
> L.1
$game
[1] 1 2 8 6 4 4
$era
[1] 5 4 3 4 5 6
$player
[1] "Park"       "LA Dodgers"
```

와 같습니다. 각 요소에 이름이 있는 리스트는 `"name"` 또는 `$name`으로 인덱싱을 할 수 있습니다.

```
> L.1[[1]]
[1] 1 2 8 6 4 4
> L.1["game"]
$game
[1] 1 2 8 6 4 4
> L.1$game
[1] 1 2 8 6 4 4
> names(L.1)
[1] "game"   "era"    "player"
```

데이터 프레임(data frame)은 p개의 벡터로 구성되는 데이터 오브젝트로 각 요소 벡터의 데이터 형태는 다를 수 있으나 길이는 같습니다 $(=n)$. 즉 데이터 프레임 D는 다음과 같이 표현됩니다.

$D=(d_{ij}),\ i=1,\cdots,n;\ j=1,\cdots,p;$ D의 제 j열 $\boldsymbol{d}_j$는 길이 n의 벡터.

따라서 D는 형태적으로는 $n\times p$ 행렬과 같으나 열별로만 데이터 형이 같다는 점에서 행렬과 요건에서 차이가 있습니다. 데이터 프레임은 리스트의 일종입니다.

그러나 그 역은 성립하지 않습니다. 다음에서 데이터 프레임의 한 예를 봅시다.

```
> year <- 2011:2014
> winner <- c("SLN", "SFN", "BOS", "SFN")
> loser <- c("TEX", "DET", "SLN", "KCA")
> wins <- c(4, 4, 4, 4)
> losses <- c(3, 0, 3, 3)
> WS <- data.frame(year, winner, loser, wins, losses)
> WS
  year winner loser wins losses
1 2011    SLN   TEX    4      3
2 2012    SFN   DET    4      0
3 2013    BOS   SLN    4      3
4 2014    SFN   KCA    4      3
```

이 예의 데이터 프레임 WS는 5개의 벡터로 구성되어 있는데 그 중 3개는 수치형이고 2개는 문자열입니다.

str() 함수는 데이터 프레임의 구조를 파악하는 데 있어 매우 유용합니다. 개체(행)의 수와 변수(열)의 수, 그리고 변수 명, 일부 자료 값을 보여줍니다.

```
> str(WS)
'data.frame':   4 obs. of  5 variables:
 $ year  : int  2011 2012 2013 2014
 $ winner: Factor w/ 3 levels "BOS","SFN","SLN": 3 2 1 2
 $ loser : Factor w/ 4 levels "DET","KCA","SLN",..: 4 1 3 2
 $ wins  : num  4 4 4 4
 $ losses: num  3 0 3 3
> names(WS)
[1] "year"   "winner" "loser"  "wins"   "losses"
> nrow(WS)
[1] 4
> ncol(WS)
[1] 5
> dim(WS)
[1] 4 5
```

행과 열의 인덱싱 방법은 다음 예에서 보듯 여러 방법이 있습니다.

- 열(변수) 인덱싱

```
> WS$winner
[1] SLN SFN BOS SFN
Levels: BOS SFN SLN
> WS[,2]
[1] SLN SFN BOS SFN
Levels: BOS SFN SLN
> WS[[2]]
[1] SLN SFN BOS SFN
Levels: BOS SFN SLN
> "["(WS,2)
  winner
1    SLN
2    SFN
3    BOS
4    SFN
> "[["(WS,2)
[1] SLN SFN BOS SFN
Levels: BOS SFN SLN
```

- 행(개체) 인덱싱

```
> WS[3,]
  year winner loser wins losses
3 2013    BOS   SLN    4      3
> WS["3",]
  year winner loser wins losses
3 2013    BOS   SLN    4      3
```

4. 도움말 help

R 세션 중에 특정 R 함수에 대해 알고 싶은 경우엔 **help()** 함수가 유용합니다. 예컨대 **hist()** 함수의 용법에 대해 알고 싶다면

```
> help(hist)
```

를 넣습니다. 그러면 이 함수에 대한 여러 정보가 나타납니다: description(설명), usage(용법), arguments(인수), details(세부사항), value(산출물), references(참고문헌), examples(코딩의 예) 등. 도움말의 완전한 이해는 어느 누구에게도 쉽지 않습니다. 코드 예를 실행해보면서 이해의 범위를 점진적으로 넓혀야 합니다.

특정 R 함수를 지정하기 어려운 경우엔

```
> help.search("keywords")
```

를 활용합니다. 예컨대 R에서 히스토그램 기능 전체를 개괄하려면

```
> help.search("historgram")
```

을 넣습니다. 그러면 R의 기본 시스템에서뿐만 아니라 각종 팩키지에 들어있는 히스토그램을 그려내는 함수들의 리스트가 나타납니다.

물론 웹 검색을 하는 방법도 매우 유효합니다. 대표적인 웹 포털은

http://www.rseek.org

http://www.google.com

입니다. 앞의 사이트에 들어가 "histogram"을 넣어보세요. 그리고 뒤의 사이트에 들어가서 "histogram in r"을 넣어보세요.

5. 요약 summary

- 데이터를 담는 용기(컨테이너): 벡터, 행렬, 리스트, 데이터 프레임 등.
- 벡터(vector): 벡터는 데이터 컨테이너의 기본형이다.
- 함수(function): R 기능의 대부분은 함수가 해낸다.
- R의 활용능력은 **help()**의 이해 수준에 달려 있다.
- 다음 R 함수는 여러분 머리가 파뿌리가 될 때까지 뇌에 보존되어야 한다.

  - c(): 데이터 값을 묶어 벡터로 만드는 함수.
  - cbind(), rbind(): 벡터들을 열 또는 행으로 묶어 행렬로 만드는 함수.
  - list(), data.frame(): 리스트와 데이터 프레임을 만드는 함수.
  - str(): 데이터 프레임의 구조를 보여주는 함수.
  - class(): "numeric", "integer", "character", "matrix", "list", "data frame" 등 오브젝트의 클래스를 알려주는 함수.

2장. 벡터 vectors

이 장은 R에서 대표적 데이터 형태인 벡터의 활용방법을 더 알아볼 것입니다. **seq()**와 **rep()** 등 특수한 벡터를 만드는 방법, 벡터를 행렬로 배열하는 방법 등입니다. 아울러 **NA, NULL, which(), ifelse()**를 학습하여 R 언어의 구사 수준을 높여갈 것입니다. 확률분포로부터의 임의 수를 생성하는 방법도 다룹니다.

1. 벡터에 대해 더 알기 more on vectors

앞 장에서 말한 대로 R 데이터의 기본은 벡터입니다. 그러면 스칼라는 뭐죠? R에서 스칼라는 길이 1의 벡터입니다. 예컨대 $x = 1$이 그렇습니다. 다음을 보세요.

```
> x <- 1
> is.vector(x)
[1] TRUE
```

어떤 스칼라는 예약되어 있습니다. 예컨대 원주율 π가 그렇습니다.

```
> pi
[1] 3.141593
```

왜 무리수인 π가 소수점 아래 6자리에서 끝이 났는가 하면, R에서 특별히 지정하지 않으면 일곱 개 숫자로 보여주기 때문입니다. 특별히 더 보고 싶으면 다음과 같이 하면 됩니다.[1)]

```
> print(pi, 16)
[1] 3.141592653589793
```

벡터는 사전에 길이(length)가 선언되어야 합니다. 벡터 길이를 하나 둘 씩 늘려가는 것은 가능하기는 하지만 바람직하지는 않습니다.

---

1) 유효숫자 수의 디폴트 값을 7에서 k로 바꾸려면 `options(digits =`k`)`를 넣으십시오. 그러나 유효숫자 수 k를 16개 보다 크게 하는 것은 의미가 없습니다.

예 1. $f_1 = f_2 = 1$, $f_i = f_{i-1} + f_{i-2}$ for $i = 3, 4, \cdots$

로 정의되는 피보나치 수열(Fibonacci sequence)을 계산해봅시다. 첫 항을 넣으려 다음을 시도하면 오류가 뜹니다:

```
> f[1] <- 1
Error in f[1] <- 1 : object 'f' not found
```

왜냐하면 f가 정의되지 않은 상태에서 인덱싱을 하였기 때문입니다.

```
> f <- vector(length=10)
> f[1] <- 1
> f[2] <- 1
> for (i in 3:10) f[i] <- f[i-1] + f[i-2]
```

이제 맞습니다.

```
> f
 [1]  1  1  2  3  5  8 13 21 34 55
```

행렬(matrix)은 벡터의 2차원 배열입니다. 아래 예에서는 `1:12`, 즉 1부터 12까지 길이 12의 벡터가 4×3 행렬로 바뀝니다.

```
> M <- matrix(1:12, nrow=4, ncol=3)
> M
     [,1] [,2] [,3]
[1,]    1    5    9
[2,]    2    6   10
[3,]    3    7   11
[4,]    4    8   12
```

벡터의 요소 값들이 행렬에 들어갈 때 디폴트 순서는 열별(columnwise)입니다. 즉, `matrix()`에서 `'byrow=F'`가 디폴트입니다. `'byrow=T'`로 놓으면 벡터의 요소 값들이 행별로 들어갑니다. 아래를 보세요.

```
> M.1 <- matrix(1:12, nrow=4, ncol=3, byrow=T)
```

```
> M.1
     [,1] [,2] [,3]
[1,]    1    2    3
[2,]    4    5    6
[3,]    7    8    9
[4,]   10   11   12
```

행렬을 만드는 과정에서 소스 벡터가 요구되는 길이에 못 미치는 경우 벡터의 앞부분을 재사용(recycling)합니다. 아래 예에서는 4×3 행렬을 만드는 것이 목표이므로 요구되는 벡터 길이는 12이나 제공된 벡터는 길이가 10이므로 데이터 값 2개가 부족합니다. 따라서 소스 벡터 **1:10**의 앞부분 2개가 재사용됩니다.

```
> M.2 <- matrix(1:10, nrow=4, ncol=3)
Warning message:
In matrix(1:10, nrow = 4, ncol = 3) : data length [10] is not a
sub-multiple or multiple of the number of rows [4]
> M.2
     [,1] [,2] [,3]
[1,]    1    5    9
[2,]    2    6   10
[3,]    3    7    1
[4,]    4    8    2
```

경고(warning) 문이 뜬다는 것은 뭔가 좋지 않다는 R의 메시지입니다. 가급적이면 경고문이 나오지 않도록 코딩을 다듬을 필요가 있습니다. 예컨대 앞의 문제에서 아래와 같이 하면 경고문이 뜨지 않습니다.

```
> M.2 <- matrix(c(1:10,1,2), nrow=4, ncol=3)
> M.2
     [,1] [,2] [,3]
[1,]    1    5    9
[2,]    2    6   10
[3,]    3    7    1
[4,]    4    8    2
```

인덱싱(indexing): 벡터의 일부분을 끌어내기 위해서는 해당 인덱스 집합을 지정합니다.

```
> f
 [1]  1  1  2  3  5  8 13 21 34 55
```

10번째 요소를 끌어내려면

```
> f[10]
[1] 55
```

3번째 요소부터 10번째 요소를 끌어내려면[2)]

```
> f[3:10]
[1]  2  3  5  8 13 21 34 55
```

첫 번째 요소와 두 번째 요소를 제외한 나머지 요소들을 끌어내려면

```
> f[-c(1,2)]
[1]  2  3  5  8 13 21 34 55
```

2, 4, 6, 8, 10번째 요소를 끌어내려면

```
> f[c(2,4,6,8,10)]
[1]  1  3  8 21 55
```

2. 특수한 함수, 특별한 값, 필터링

seq() 함수와 rep() 함수는 특수한 패턴의 벡터를 생성해냅니다.

seq(k1, k2, by=k3)는 k1부터 k2까지 k3 간격의 등차수열을 만듭니다. 예컨대

```
> seq(0, 10, by=2.5)
[1]  0.0  2.5  5.0  7.5 10.0
```

seq(k1, k2, length=n)은 k1부터 k2까지 길이가 n인 일정 간격의 수열을 만듭니다. 예컨대

2) "3:10"은 c(3L,4L,5L,6L,7L,8L,9L,10L)과 같다.

```
> seq(0, 10, length=10)
[1]  0.000000  1.111111  2.222222  3.333333  4.444444  5.555556
[7]  6.666667  7.777778  8.888889 10.000000
```

rep(x, times=k)는 x가 k번 반복된 벡터입니다 (k는 정수). 여기서 x는 통상적으로 벡터입니다. 예컨대

```
> rep(0, times=10)
[1] 0 0 0 0 0 0 0 0 0 0
> rep(NA, 10)
[1] NA NA NA NA NA NA NA NA NA NA
> rep(c(1,2,3), 2)
[1] 1 2 3 1 2 3
```

다음 예는 좀 까다롭습니다. times 인수 k가 정수 벡터인 경우인데요, x와 k의 길이가 같은 경우, x의 각 요소가 k의 각 요소씩 반복된 벡터를 만듭니다.

```
> rep(c(1,2,3), c(1,2,3))
[1] 1 2 2 3 3 3
```

NA는 "not available" (결측, missing)이고 NULL은 "존재하지 않음"입니다.

```
> x <- c(1,2,NULL,6)
> x
[1] 1 2 6
> mean(x)
[1] 3
```

반면 NULL을 NA로 대체하면 아래와 같이 됩니다.

```
> x <- c(1,2,NA,6)
> x
[1]  1  2 NA  6
> mean(x)
[1] NA
```

앞에서 mean(x)가 NA인 이유는 이 함수가 NA가 포함된 x에 대하여는 계산을 거부하기 때문입니다. NA 값을 제외한 나머지 데이터 값들에 대한 평균을 구하려면

mean(x) 함수에 "na.rm=T"를 추가 인수로 넣어야 합니다.

```
> mean(x, na.rm=T)
[1] 3
```

필터링(filtering)은 조건에 부합하는 데이터 값만 남기는 기법입니다. 이를 위해서는 조건을 명시할 필요가 있겠죠. 제시 된 2개의 오브젝트가 같은가는 등호를 두 번 써서 묻습니다. 아래와 같이...

```
> z <- c(1,8,9,2,7,10,5,6,4,3)
> z[z %% 2 == 1]
[1] 1 9 7 5 3
```

앞에서 "z %% 2 == 1"은 z를 2로 나누었을 때 나머지가 1인가를 묻는 것이므로 z의 짝수인 요소들에 대하여는 FALSE(=F)이고, 홀수인 요소들에 대하여는 TRUE (=T)입니다. 따라서 "z %% 2 == 1"은 c(T,F,T,F,T,F,T,F,F,T)와 같습니다. 그러므로 "z[z %% 2 == 1]"은 z[c(T,F,T,F,T,F,T,F,F,T)]와 일치합니다. 따라서 풀어서 코딩하면 아래와 같습니다.

```
> index <- (z %% 2 == 1)
> index
 [1]  TRUE FALSE  TRUE FALSE  TRUE FALSE  TRUE FALSE FALSE  TRUE
> z[index]
[1] 1 9 7 5 3
```

이것은 다음과도 같습니다.

```
> subset(z, z %% 2 == 1)
[1] 1 9 7 5 3
```

3. ifelse(), identical(), all(), names()

ifelse(test, yes, no)는 test가 TRUE이면 yes를 값으로 하고 FALSE이면 no를 값으로 배출합니다. 여기서 test, yes, no는 모두 벡터입니다. 아래 예를 보십시오. $x > 0$에 대하여는 x를 배출하고 $x \leq 0$에 대하여는 $2x$를 배출하여 새로운 벡터에 넣습니다.

```
> x <- c(-0.6, 0.2,-0.8, 1.6, 0.3,-0.8, 0.5, 0.7, 0.6,-0.3)
> x.1 <- ifelse(x > 0, x, 2*x)
> rbind(x, x.1)
    [,1] [,2] [,3] [,4] [,5] [,6] [,7] [,8] [,9] [,10]
x   -0.6  0.2 -0.8  1.6  0.3 -0.8  0.5  0.7  0.6  -0.3
x.1 -1.2  0.2 -1.6  1.6  0.3 -1.6  0.5  0.7  0.6  -0.6
```

이것에 상응하는 제어문은 다음과 같습니다.[3] 결과는 같지만, R에서 루프(loop)는 비효율을 초래합니다. 이에 비해 ifelse() 함수는 벡터 연산을 하므로 상대적으로 훨씬 낫습니다.

```
> x.1 <- x
> for (i in 1:length(x)){
+     if (x[i] > 0) x.1[i] <- x[i] else x.1[i] <- 2*x[i]
+ }
> rbind(x, x.1)
    [,1] [,2] [,3] [,4] [,5] [,6] [,7] [,8] [,9] [,10]
x   -0.6  0.2 -0.8  1.6  0.3 -0.8  0.5  0.7  0.6  -0.3
x.1 -1.2  0.2 -1.6  1.6  0.3 -1.6  0.5  0.7  0.6  -0.6
```

identical(x, y)는 x와 y가 동일한 벡터(오브젝트)인가를 알려줍니다.

```
> x <- 1:3                           # integer
> y <- c(1,2,3)                      # numeric
> identical(x, y)         # x는 integer이고 y는 numeric이다.
[1] FALSE
> z <- seq(1,3,1)         # numeric
```

3) R 제어문에 대하여는 7장에서 본격적으로 다룹니다.

```
> identical(y, z)
[1] TRUE
```

R에는 all()이라는 함수도 있는데 all(u)는 벡터 u의 모든 요소 값이 TRUE인 경우에만 TRUE이고 그렇지 않으면 FALSE입니다. 앞의 x와 y에 대하여 "x==y"에 all()을 적용해볼까요?

```
> all(x == y)
[1] TRUE
```

좀 의외이지 않습니까? x는 integer이고 y는 numeric이므로 FALSE일 것 같았는데요... "all(x==y)"가 TRUE인 이유는 numeric인 y와의 비교를 위해 integer인 x가 numeric으로 전환되었기 때문입니다.

```
> all(y == z)
[1] TRUE
```

이것은 당연하죠.

names(x)는 벡터 x의 개별 요소에 이름을 부여합니다.

```
> era <- c(5, 4, 3, 4, 5, 6)
> era
[1] 5 4 3 4 5 6
> names(era) <- paste("y", 2001:2006, sep=".")
```

여기서 paste()는 2개의 문자열 벡터를 붙이는 기능을 합니다. 두 문자열 사이에 sep 인수 값이 들어갑니다. 따라서

```
> era
y.2001 y.2002 y.2003 y.2004 y.2005 y.2006
     5      4      3      4      5      6
> era[2]
y.2002
     4
> era["y.2002"]
y.2002
     4
```

4. 산술연산과 관계연산 arithmetic and relational operators

R에는 다음과 같은 연산기호들이 있습니다. 대부분은 앞에서 이미 소개한 바 있거나 상식적인 것들입니다. “x != y”는 “x == y”의 부정입니다.

산술연산	관계연산
x + y	x < y
x - y	x > y
x * y	x <= y
x / y	x >= y
x ^ y	x == y
x %% y	x != y
x %/% y	

응용: run lengths

수치 열(sequence)에서 연이은 같은 값들을 ‘run’이라고 하는데 마지막 값에서는 run이 종료된다고 정의합니다. 예를 들어 아래에서 수치벡터 z는 길이 20인 수치벡터로서 각 요소 값은 성공확률이 0.5인 베르누이 분포로부터 생성되었습니다. 말하자면 앞면 확률이 0.5인 동전 던지기를 20번 해서 앞면이면 1, 뒷면이면 0을 기록하여 z에 넣었다고 보면 됩니다.

```
> set.seed(1)
> z <- rbinom(20, size=1, prob=0.5)
> z
[1] 0 0 1 1 0 1 1 1 1 0 0 0 1 0 1 0 1 1 0 1
```

위와 같은 z에 대하여 run length를 산출하면

```
0 0 1 1 0 1 1 1 1 0 0 0 1 0 1 0 1 1 0 1
--- --- - ------- ----- - - - - --- - -
2   2   1 4       3     1 1 1 1 2   1 1
```

입니다. 왜냐하면 첫 2개는 0이 2개 연속이므로 2, 다음엔 1이 2개 연속이므로 2, 다음엔 0이 연속 1개 이므로 1, 다음엔 1이 연속 4개이므로 4, ..., 이런 식이죠. 이것을 R로 계산해 봅시다.

z의 다음 값이 같다면, 즉 'run'이 지속되면 그런 차이는 0이고 run이 종료되면 그런 차이는 1이거나 -1이겠죠. 마지막 위치에서는 다음 값이 없는데 거기서는 run이 종료된다고 봅니다.

```
> n <- length(z)
> d <- z[2:n] - z[1:(n-1)]
> d
 [1]  0  1  0 -1  1  0  0  0 -1  0  0  1 -1  1 -1  1  0 -1  1
> sum(d != 0) + 1
[1] 12
```

이로부터 z에는 모두 12개의 run이 있음을 알 수 있습니다. 따라서 run이 종료되는 곳의 인덱스는

```
> index <- c(which(d != 0), length(z))
> index
 [1]  2  4  5  9 12 13 14 15 16 18 19 20
```

입니다 (which()는 무엇을 하는 함수일가요?). 따라서

```
> c(index[1], diff(index))
 [1] 2 2 1 4 3 1 1 1 1 2 1 1     → run lengths
```

참고. 'run length'를 찾아주는 R 함수가 있는지 알아보기 위하여

```
> help.search("run length")
```

를 시도해봅니다. 아래와 같이 뭔가 있군요.

```
Help files with alias or concept or title matching 'run length'
using fuzzy matching:
base::rle               Run Length Encoding
```

help(rle)로 rle() 함수의 용법을 파악해보고 바로 계산에 들어갑니다.

```
> run <- rle(z)
> run$lengths
 [1] 2 2 1 4 3 1 1 1 1 2 1 1
```

5. 임의 수 생성 random number generation

몇 개의 대표적인 확률분포로부터 임의 수(random number)를 끄집어내는 것은 여러모로 유용합니다. 통계학에서는 통계적 방법의 성질을 경험적으로 탐구하는 데 있어, 그리고 R에서는 함수들의 용법을 확인하거나 테스트하는 데 중요한 역할을 합니다.

이 절에서 소개할 임의 수의 종류와 R 함수는 다음과 같습니다.

- 연속형(**numerical**) 임의 수
  1) 정규분포 normal distribution: `rnorm(n, mu, sigma)`
  2) 균일분포 uniform distribution: `runif(n, a, b)`
  3) 지수분포 exponential distribution: `rexp(n, lambda)`
- 이산형 (**integer**)
  4) 이항분포 binomal distribution: `rbinom(n, k, p)`
  5) 포아송 분포 Poisson distribution: `rpoisson(n, mu)`
- 유한 모집단
  6) 임의표본추출 random sampling from a finite population :
     `sample(x, n, replace, prob)`

1) 정규분포 normal distribution: $N(\mu, \sigma)$

R 함수 **rnorm(n, mu, sigma)**는 n개의 $N(\mu, \sigma)$ 변수 값을 생성해냅니다. 여기서 μ는 모집단의 기댓값이고 σ는 표준편차입니다.

- 예:

```
> n <- 400
> x <- rnorm(n, 50, 10)
> hist(x, nclass=20, main="normal(50,10) distribution")
```

→ <그림 1>.

* 같은 임의 수 집합을 얻기 위해서는 rnorm() 함수의 앞에 **set.seed(k)**를 넣어야 합니다 (**k**는 정수). 다른 분포에 대하여도 마찬가지입니다.

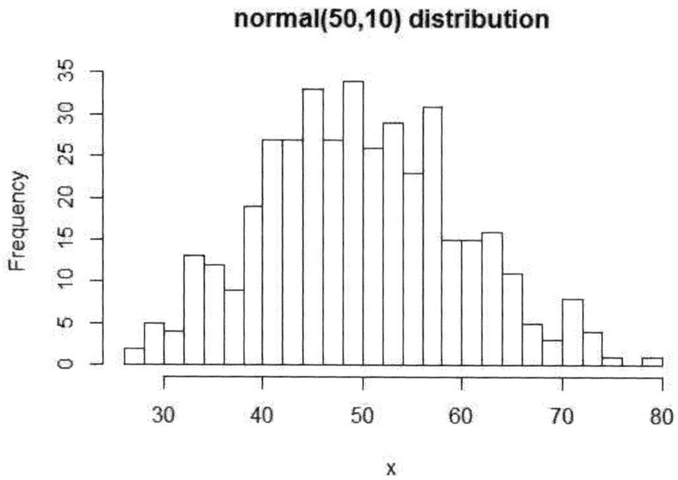

<그림 1> 정규분포 임의 수 400개의 히스토그램

2) 균일분포 normal distribution: $U(a,b)$

R 함수 `runif(n, a, b)`는 n개의 $U(a,b)$ 변수 값을 생성해냅니다. 여기서 a는 구간의 아래쪽 끝이고 b는 구간의 위쪽 끝입니다.

- 예:
```
> n <- 400
> x <- runif(n, 30, 70)
> hist(x, nclass=20, main="uniform(30,70) distribution")
```
→ <그림 2>.

3) 지수분포 exponential distribution: $Exp(\lambda)$

R 함수 `rexp(n, lambda)`는 n개의 $Exp(\lambda)$ 변수 값을 생성해냅니다. 여기서 λ는 발생률이고 $Exp(\lambda)$ 분포의 기댓값은 $1/\lambda$ 입니다.

- 예:
```
> n <- 400
> x <- rexp(n, 0.1)
> hist(x, nclass=20,
      main="exponential(0.1) distribution")
```
→ <그림 3>.

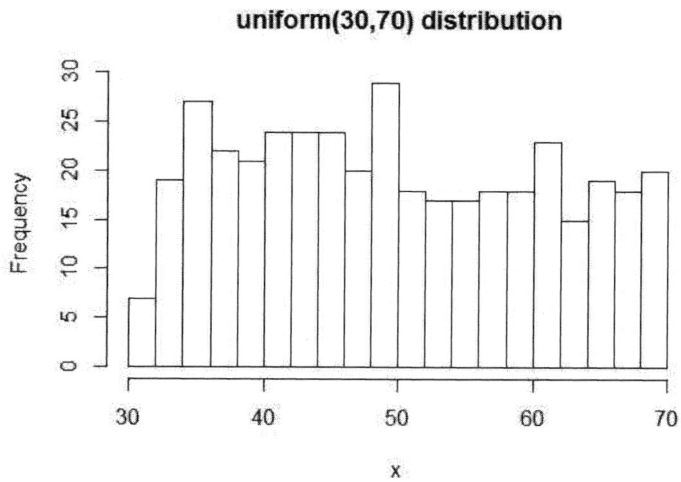

<그림 2> 균일분포 임의 수 400개의 히스토그램

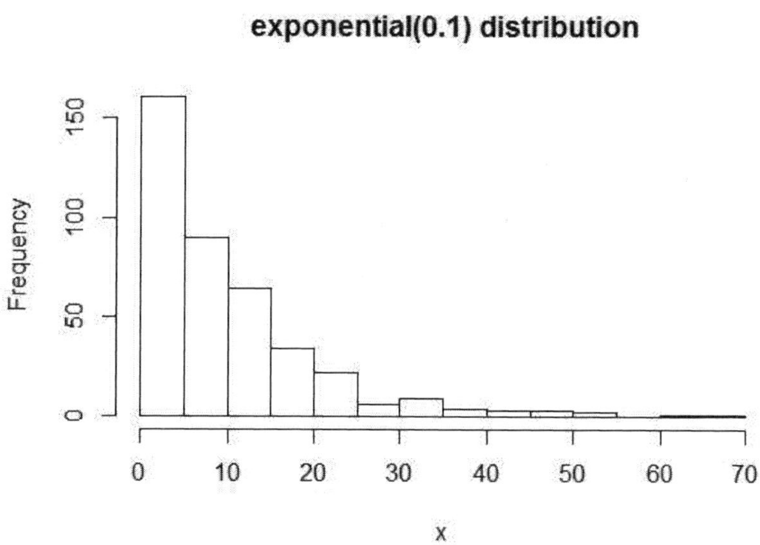

<그림 3> 지수분포 임의 수 400개의 히스토그램

4) 이항분포 binomial distribution: $B(k,p)$

R 함수 **rbinom(n, k, p)**는 n개의 $B(k,p)$ 변수 값을 생성해냅니다. 여기서 k는 독립적인 0-1 (베르누이) 시행 수이고 p는 각 시행에서 1의 확률입니다. $B(k,p)$ 분포의 기댓값은 kp 입니다.

- 예:
```
> n <- 400
> x <- rbinom(n, 10, 0.25)
> barplot(table(x), ylab="Frequency",
     main="binomial(10,0.25) distribution")
```
→ <그림 4>.

5) 포아송 분포 Poisson distribution: $Poisson(\mu)$

R 함수 **rpois(n, mu)**는 n개의 $Poisson(\mu)$ 변수 값을 생성해냅니다. 여기서 μ는 이 분포의 기댓값입니다.

- 예:
```
> n <- 400
> x <- rpois(n, 2.5)
> barplot(table(x), main="poisson(2.5) distribution",
    ylab="Frequency")
```
→ <그림 5>.

6) 유한 모집단에서의 임의표본추출(random sampling from finite population)에는 비복원(without replacement) 추출과 복원(with replacement) 추출이 있습니다. 그리고 개체별로 피추출의 기회가 동등한 균등추출과 개체별로 피추출의 기회가 주어진 비율에 비례한 확률비례추출이 있습니다.

R 함수 **sample(x, n, replace, prob)**은 유한 모집단에서의 임의표본추출을 해냅니다. 여기서 x는 모집단이고 n은 표본크기인데 n이 지정하지 않으면 x의 길이로 간주됩니다. replace=F는 비복원 추출이고 replace=T는 복원 추출입니다. prob를 지정하지 않으면 균등추출이고 지정하면 확률비례추출입니다.

아래 예에 나타나는 **letters**는 "a"부터 "z"까지, LETTERS는 "A"부터 "Z"까지 각각 26개 알파벳을 요소로 갖는 문자열입니다 (즉, letters와 LETTERS는 R 시스템에서 이름이 지정된 벡터입니다).

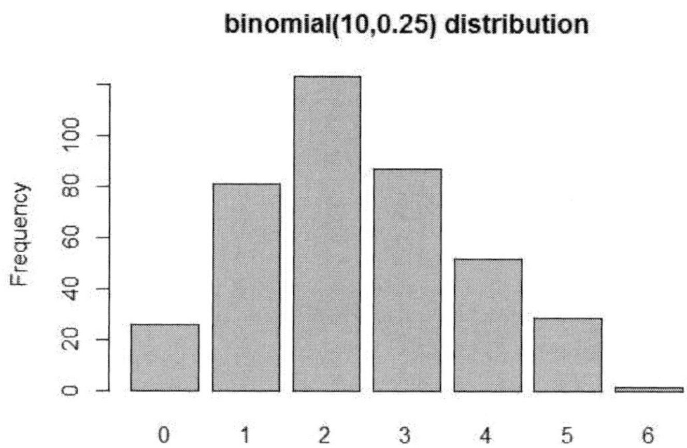

<그림 4> 이항분포 임의 수 400개의 막대그림

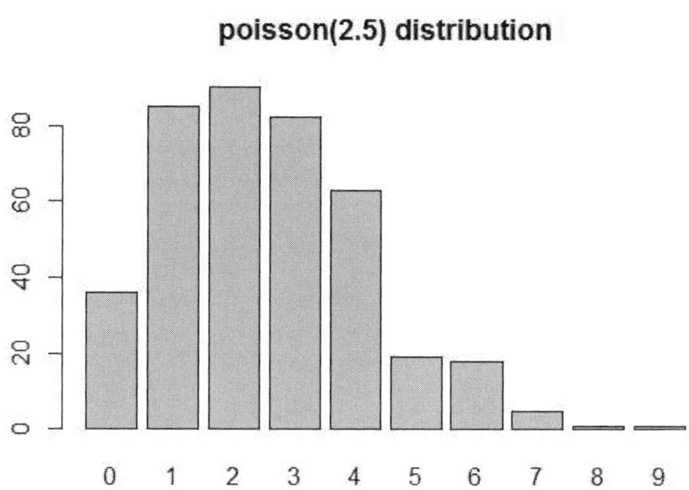

<그림 5> 포아송 분포 임의 수 400개의 막대그림

- 예 1.

```
> LETTERS[1:10]
[1] "A" "B" "C" "D" "E" "F" "G" "H" "I" "J"
> sample(LETTERS[1:10])
[1] "J" "F" "I" "H" "A" "E" "C" "B" "G" "D"
```

→ "A","B",...,"J"에서 표본크기가 10인 비복원추출을 합니다. 따라서 "A","B",...,"J"의 임의순열(random permutation)이 나옵니다.

```
> sample(LETTERS[1:10], replace=T)
[1] "E" "H" "F" "J" "F" "F" "H" "A" "C" "D"
```

→ "A","B",...,"J"에서 표본크기가 10인 복원추출을 합니다.

- 예 2. 영문 알파벳 빈도

영어에서 16개 알파벳 문자가 사용되는 빈도는 **"a"** 8.167%, **"b"** 1.492%, ..., **"z"** 0.074%입니다 (출처: wikipedia "letter frequency"). 알파벳 문자 분포에서 10,000개 문자를 복원추출하여 임의 문자를 만들고 히스토그램을 보기로 합니다.[4)]

```
> frequency <- read.table("letters.txt", header=T)
> frequency
   alphabet percent
1         a   8.167
2         b   1.492
3         c   2.782
4         d   4.253
5         e  12.702
6         f   2.228
:
24        x   0.150
25        y   1.974
26        z   0.074
```

4) R 코드에서 ASCII 텍스트 자료를 읽는 부분이 있으므로 working directory를 제대로 지정해놓아야 합니다.

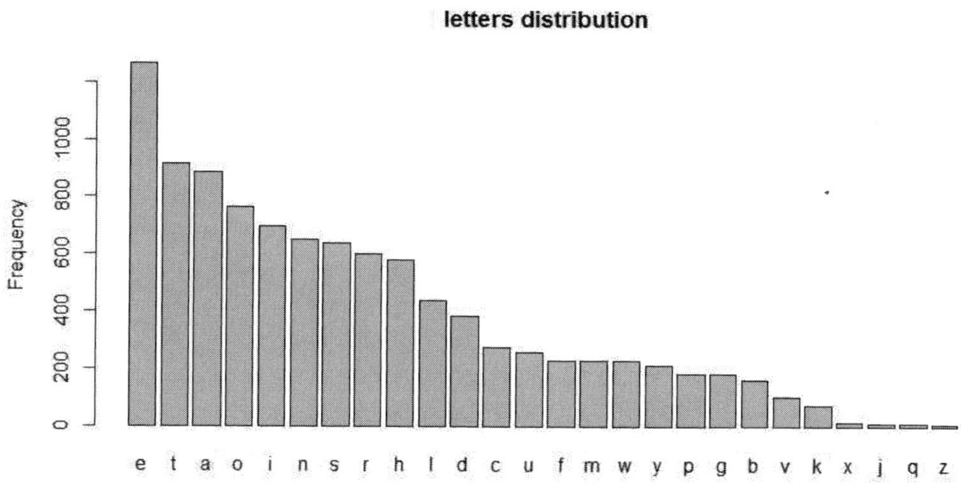

<그림 6> 알파벳 문자 분포

```
> par(mar=c(4,4,4,2))
> x <- sample(letters, 10000, replace=T,
     prob=frequency$percent)
> barplot(sort(table(x), decreasing=T), ylab="Frequency"
     main="letter distribution")
```

→ <그림 6>.

6. 요약 summary

- 스칼라, 벡터, 행렬... 이런 것들에 친해져야 데이터분석을 할 수 있다.
- 다음 몇 개의 함수는 필수이다. `matrix()`, `seq()`, `rep()`, `which()`.
- NA와 NULL은 다르다.
- 조건에 맞는 개체들만 선별해내는 필터링(filtering)을 할 수 있어야 한다.
- `ifelse()` 함수는 `if-then-else` 제어문(control statement)보다 효율적이다.

3장. 행렬 matrices

이 장의 목표는 R에서 행렬 계산을 해내는 데 있습니다. 통계적 방법들은 대부분 행렬계산을 필요로 하기 때문에 행렬을 능숙하게 다룰 수 있어야 합니다.

1. 행렬 matrix

1장에서 말한 대로 행렬은 p개의 길이 n 벡터를 열에 배치한 데이터 오브젝트입니다. 이때 p개 열은 모두 같은 형의 데이터여야 합니다. 따라서 길이 np의 벡터를 $n \times p$ 사각형 그리드에 넣으면 행렬이 됩니다. 예컨대 아래와 같이 길이 300 벡터 x가 100×3 행렬 A로 바뀌게 됩니다.

```
> n <- 100
> p <- 3
> x <- rnorm(n*p)
> x[1:6]
[1] -1.2893642 -0.6545686 -0.0573241  1.2567478  1.5874541
[6]  0.3194815
> A <- matrix(x, nrow=n, ncol=p)
> A[1:6,]
          [,1]        [,2]       [,3]
[1,] -1.2893642  1.53732754 -0.5116037
[2,] -0.6545686 -0.45577106  0.2369379
[3,] -0.0573241 -0.03265845 -0.5415892
[4,]  1.2567478  1.63675735  1.2192276
[5,]  1.5874541 -0.32904197  0.1741359
[6,]  0.3194815 -2.60403817 -0.6152683
```

위에서 적용된 matrix(x, n, p)는 벡터 x로부터 행 수 n, 열 수 p인 행렬을 만들어내는데 "byrow=F"가 디폴트입니다. 따라서 열별 순서로 벡터 요소들이 행렬에 들어가는 것이죠.

인덱싱과 필터링

$n \times p$ 행렬 A의 특정 행과 특정 열의 부행렬(submatrix)은 indexing으로 얻어집니다. 앞의 행렬 A에 대하여

```
> A[1:5, 1:2]
           [,1]        [,2]
[1,] -1.2893642  1.53732754
[2,] -0.6545686 -0.45577106
[3,] -0.0573241 -0.03265845
[4,]  1.2567478  1.63675735
[5,]  1.5874541 -0.32904197

> A[c(1,3,5), 1]
[1] -1.2893642 -0.0573241  1.5874541
```

입니다. $n \times 1$ 행렬은 길이 n의 벡터로 간주됩니다. 따라서 A[c(1,3,5), 1]이 수학적으로 3×1 행렬이지만 길이 3의 벡터로 출력된 것입니다.

행과 열을 인덱싱 하는 방법 외에 선별조건을 부여하면 filtering이 됩니다. 아래에서는 행렬 A의 첫 열의 자료 값이 0보다 큰 행만 남도록 조치되었습니다.

```
> A[A[,1] > 0,]
            [,1]       [,2]        [,3]
 [1,] 1.25674782  1.6367573  1.21922765
 [2,] 1.58745414 -0.3290420  0.17413588
 [3,] 0.31948146 -2.6040382 -0.61526832
 [4,] 0.38159162  0.5139838 -1.80689296
 [5,] 0.04805308 -0.9985384  2.04601885
  :
[51,] 0.73409874 -0.4604856  0.22685200
```

다음은 행렬 A의 첫 번째 열의 자료 값과 두 번째 열의 자료 값이 동시에 0보다

큰 행만 남도록 필터링하는 예입니다.

```
> A[A[,1] > 0 & A[,2] > 0,]
          [,1]      [,2]        [,3]
 [1,] 1.2567478 1.6367573  1.21922765
 [2,] 0.3815916 0.5139838 -1.80689296
 [3,] 0.2899337 2.4479980 -0.83599931
 [4,] 0.3346788 1.0310252  0.44129312
 [5,] 0.4324914 0.6861353  0.68075864
  :
[25,] 1.1462600 0.2467992 -1.04384462
```

필터링의 결과, 행 수가 100에서 25로 줄었습니다.

행렬 간 산술연산 arithmetic operation

행렬 A와 B의 합은 두 행렬이 같은 형태일 때 정의되고 "+"로 연산됩니다.

$$\text{For } A=(a_{ij})_{i=1,\cdots,n;\, j=1,\cdots,p} \text{ and } B=(b_{ij})_{i=1,\cdots,n;\, j=1,\cdots,p},$$
$$A+B=(a_{ij}+b_{ij})_{i=1,\cdots,n;\, j=1,\cdots,p}.$$

행렬 A와 B의 곱은 A의 열 수와 B의 행 수가 같을 때 정의되고 "**%*%**"로 연산됩니다.

$$\text{For } A=(a_{ij})_{i=1,\cdots,n;\, j=1,\cdots,p} \text{ and } B=(b_{jk})_{j=1,\cdots,p;\, k=1,\cdots,q},$$
$$A \text{ \%*\% } B=\left(\sum_{j=1}^{p} a_{ij}b_{jk}\right)_{i=1,\cdots,n;\, k=1,\cdots,q}:\ n\times q.$$

- 스칼라 c와 행렬 A의 곱 "*"는 다음으로 정의됩니다.

$$\text{For } A=(a_{ij})_{i=1,\cdots,n;\, j=1,\cdots,p},\ cA=(c\,a_{ij})_{i=1,\cdots,n;\, j=1,\cdots,p}.$$

- 행렬 A과 B의 요소별 곱(element-wise product) "*"는 두 행렬이 같은 크기일 때 다음으로 정의됩니다.

$$\text{For } A=(a_{ij})_{i=1,\cdots,n;\, j=1,\cdots,p} \text{ and } B=(b_{ij})_{i=1,\cdots,n;\, j=1,\cdots,p},$$
$$A*B=(a_{ij}\,b_{ij})_{i=1,\cdots,n;\, j=1,\cdots,p}.$$

- 행렬 A를 B로 나누기 "/"는 두 행렬이 같은 크기일 때 다음으로 정의됩니다.

For $A = (a_{ij})_{i=1,\cdots,n;\, j=1,\cdots,p}$ and $B = (b_{ij})_{i=1,\cdots,n;\, j=1,\cdots,p}$,

$$A\,/\,B = (a_{ij}/\,b_{ij})_{i=1,\cdots,n;\, j=1,\cdots,p}.$$

- 행렬 A의 전치(轉置, transpose)는 **t(A)**로 계산됩니다.

For $A = (a_{ij})_{i=1,\cdots,n;\, j=1,\cdots,p}$, $A^t = (a_{ji})_{j=1,\cdots,p;\, i=1,\cdots,n}$: $p \times n$.

- 정사각 행렬 C : $p \times p$가 정칙(nonsingular; 비특이 nonsingular)일 때, C의 역행렬(inverse matrix) C^{-1} : $p \times p$는 **solve(C)**로 계산됩니다. $C^{-1}C = I_p$, 여기서 I_p는 $p \times p$ 항등행렬(identity matrix).
- 정사각 행렬 중에는 비정칙(非正則)인 것이 있습니다. 비정칙(singular) 행렬은 역행렬을 갖지 못합니다.

이상을 바탕으로, 다음에 몇 개의 계산 예를 제시합니다.

```
> A <- matrix(6:1, 3, 2)
> A
     [,1] [,2]
[1,]    6    3
[2,]    5    2
[3,]    4    1
> t(A)
     [,1] [,2] [,3]
[1,]    6    5    4
[2,]    3    2    1

> C <- matrix(c(16,4,1,4,4,1,1,1,1), 3, 3)
> C
     [,1] [,2] [,3]
[1,]   16    4    1
[2,]    4    4    1
[3,]    1    1    1
```

```
> solve(C)
            [,1]        [,2]          [,3]
[1,]  0.08333333 -0.08333333  4.628188e-18
[2,] -0.08333333  0.41666667 -3.333333e-01
[3,]  0.00000000 -0.33333333  1.333333e+00
> solve(C) %*% C
             [,1]         [,2]         [,3]
[1,] 1.000000e+00 4.628188e-18 4.628188e-18
[2,] 1.665335e-16 1.000000e+00 5.551115e-17
[3,] 0.000000e+00 0.000000e+00 1.000000e+00
```

2. 응용: 선형회귀 linear regression

선형회귀 모형은 다음과 같이 표현됩니다.

$$\underset{n\times 1}{\boldsymbol{y}} = \beta_0 \underset{n\times 1}{\mathbf{1}_n} + \beta_1 \underset{n\times 1}{\boldsymbol{x}_1} + \cdots + \beta_p \underset{n\times 1}{\boldsymbol{x}_p} + \underset{n\times 1}{\underset{\sim}{\epsilon}},$$

여기서 $\underset{\sim}{\epsilon}$의 요소들 $\epsilon_1, \cdots, \epsilon_n$이 독립적으로 $N(0,\sigma)$ 분포를 따른다고 가정합니다. 간단하게, 선형회귀 모형의 추정에 대해 주요 결과를 정리하기로 합니다.

$\underset{\sim}{\beta} = \begin{pmatrix} \beta_0 \\ \beta_1 \\ \vdots \\ \beta_p \end{pmatrix}$에 대한 최소제곱 적합은

$$\hat{\underset{\sim}{\beta}} = (X^t X)^{-1} X^t \boldsymbol{y},$$

여기서 $X = (\boldsymbol{x}_0 : \boldsymbol{x}_1 : \ \cdots \ : \boldsymbol{x}_p)$입니다. 그리고 결정계수는

$$R^2 = 1 - \frac{\boldsymbol{r}^t \boldsymbol{r}}{\boldsymbol{y}_1^t \boldsymbol{y}_1},$$

여기서 $\boldsymbol{r}$은 잔차(residual)이고 $\boldsymbol{y}_1$은 $\boldsymbol{y}$의 중심화 편차입니다. 즉,

$$\boldsymbol{r} = \boldsymbol{y} - X\hat{\underset{\sim}{\beta}}, \quad \boldsymbol{y}_1 = \boldsymbol{y} - \bar{y}\mathbf{1}_n.$$

계산 예에서는 쓸 자료는 다음과 같이 모의 생성되었습니다 ($p=2$).

x_1, x_2, ϵ 는 i.i.d. $N(0,1)$이고 서로 무상관(not correlated). 그리고

$$\beta_0 = 0,\ \beta_1 = 1,\ \beta_2 = -1.$$

아래는 선형회귀모형의 최소제곱적합 계산을 위한 R 코딩입니다.

```
> set.seed(123)
> n <- 100
> x0 <- rep(1,n)
> x1 <- rnorm(n)
> x2 <- rnorm(n)
> e <- rnorm(n)
> y <- x1 - x2 + e

> X <- cbind(x0, x1, x2)
> b <- solve(t(X) %*% X) %*% (t(X) %*% y)
> round(b, 5)
       [,1]
x0  0.13507
x1  0.86683
x2 -0.97619

> r <- y - X %*% b
> y.1 <- y - mean(y)
> R.squared <- 1 - sum(r*r)/sum(y.1*y.1)
> round(R.squared, 4)
[1] 0.6422
```

실용적으로는 선형회귀 적합을 위한 R 함수인 `lm()`을 쓰는 것이 당연하겠죠.

```
> summary(lm(y ~ x1 + x2))

Residuals:
    Min      1Q  Median      3Q     Max
-1.8730 -0.6607 -0.1245  0.6214  2.0798
```

```
Coefficients:
            Estimate Std. Error t value Pr(>|t|)
(Intercept) 0.13507    0.09614   1.405    0.163
x1           0.86683    0.10487   8.266 7.29e-13 ***
x2          -0.97619    0.09899  -9.861 2.68e-16 ***
---
Signif. codes:  0 '***' 0.001 '**' 0.01 '*' 0.05 '.' 0.1 ' ' 1

Residual standard error: 0.9513 on 97 degrees of freedom
Multiple R-squared:  0.6422,    Adjusted R-squared:  0.6348
F-statistic: 87.03 on 2 and 97 DF,  p-value: < 2.2e-16
```

lm()의 출력이 앞에서 행렬로 계산한 결과와 일치함을 확인해보세요.

앞에서 행렬로 계산한 선형회귀 적합을 사용자 정의함수로 만들 수 있습니다. 사실 R 함수 lm()도 이런 것입니다.

```
> reg <- function(y, x1, x2){
    X <- cbind(rep(1,length(y)), x1, x2)
    b <- solve(t(X) %*% X) %*% (t(X) %*% y)
    r <- y - X %*% b
    y.1 <- y - mean(y)
    R.squared <- 1 - sum(r*r)/sum(y.1*y.1)
    return(list(beta=round(b,5), R.squared=round(R.squared,4)))
 }

> reg(y, x1, x2)
$beta
       [,1]
   0.13507
x1  0.86683
x2 -0.97619

$R.squared
[1] 0.6422
```

3. apply() 함수

행렬을 다루다보면 반복문(loop)을 넣고 싶은 경우도 있습니다. 그러나 인터프리터 언어인 R에서 반복문은 실행시간에 좋지 않은 영향을 줍니다. 이를 해결하는 방법은 벡터화(vectorization)가 구현된 R 함수를 쓰는 것입니다. **apply()** 함수의 용법은 다음 두 가지입니다.[1)]

- **apply(matrix, 1, f)**　　행렬의 행(row)에 함수 **f**를 적용
- **apply(matrix, 2, f)**　　행렬의 열(column)에 함수 **f**를 적용

예 1.
```
> M <- matrix(sample(1:6), 3, 2)
> M
     [,1] [,2]
[1,]    6    2
[2,]    1    5
[3,]    4    3
> apply(M, 1, sum)
[1] 8 6 7
> apply(M, 2, sum)
[1] 11 10
```

예 2. 척도화 scaling [평균-표준편차 표준화]

행렬의 각 열에 대하여, 평균 0과 표준편차 1이 되도록 선형적으로 변환하는 평균-표준편차 표준화(standardization)를 해봅시다.

$$x_{ij} \to \frac{x_{ij} - m_j}{s_j} \quad (:= z_{ij}),\ \ i = 1,\cdots,n;\ \ j = 1,\cdots,p\,.$$

여기서 m_j는 열 j의 평균이고 s_j는 열 j의 표준편차입니다.

```
> n <- 100; set.seed(1)
> X <- matrix(rnorm(n*4), n, 4)
> m <- apply(X, 2, mean)
> s <- apply(X, 2, sd)
```

1) 여기서 핵심은 함수 f()에 벡터화 연산이 탑재되어야 한다는 점입니다.

```
# X의 각 행에서 m을 뺀다. apply()의 출력을 전치하여 n×4 행렬로 반환한다.
> X.1 <- t(apply(X, 1, "-", m))
# X.1의 각 행을 s로 나눈다.
> X.2 <- t(apply(X.1, 1, "/", s))
> head(round(X.2, 2), 3)
      [,1]  [,2]  [,3]  [,4]
[1,] -0.82 -0.61  0.37  0.85
[2,]  0.08  0.08  1.60 -1.11
[3,] -1.05 -0.91  1.51  1.94
```

참고: 평균-표준편차 표준화는 R 함수 scale()에 구현되어 있습니다.

연습문제 1. 척도화 scaling [최소값-최대값 표준화]:

행렬의 각 열에 대하여, 최소값 0과 최대값 1이 되도록 선형적으로 변환하여 보세요. 즉,

$$x_{ij} \to \frac{x_{ij} - m_j}{M_j - m_j} \ (:= z_{ij}), \quad i = 1, \cdots, n; \ j = 1, \cdots, p.$$

여기서 m_j는 열 j의 최소값이고 M_j는 열 j의 최대값입니다.

예 3. 두 번째 작은 값 구하기

$x_1, x_2, \cdots, x_p$가 0과 1사이의 균일분포 $U(0,1)$에서 생성된다고 합시다. $p = 10$인 경우, 그 중에서 두 번째 작은 값 $x_{(2)}$가 어떤 분포를 따르게 되는지 몬테칼로 모의시행을 통하여 알아보기로 하겠습니다.[2)]

```
> n <- 1000  # 몬테칼로 반복 수
> p <- 10
# 1000개 행, 각 행은 10개의 균일분포 임의 수 → 행렬 M
> M <- matrix(runif(n*p), n, p)
> M.1 <- t(apply(M, 1, sort))  # 행별로 크기순서 정렬 → 행렬 M.1
```

2) 즉, $x_{(2)}$는 순서통계량 $x_{(1)} \leq x_{(2)} \leq \cdots \leq x_{(p)}$에서 두 번째 것.

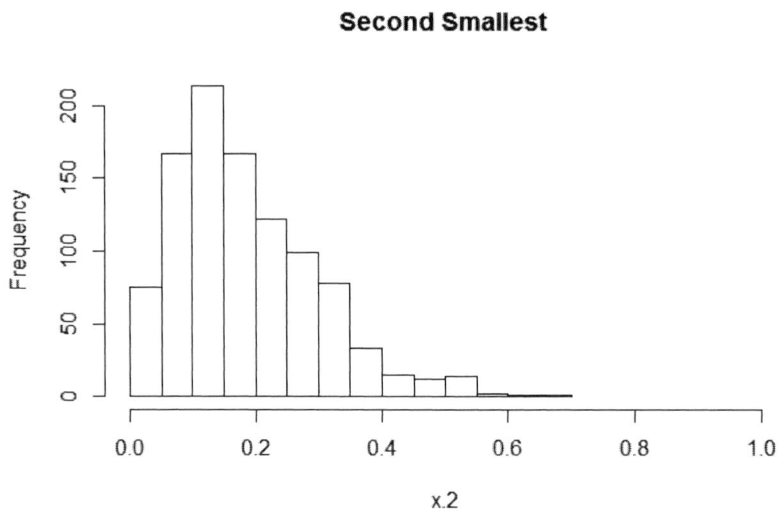

<그림 1> 10개 값 중 두 번째 작은 값의 표본추출분포

```
> head(M.1[,1:5])
            [,1]       [,2]      [,3]      [,4]      [,5]
[1,] 0.017882646 0.05061695 0.1689142 0.1764681 0.1789243
[2,] 0.133610933 0.16190021 0.2437701 0.4199795 0.4645259
[3,] 0.001879296 0.12158229 0.1534394 0.1956762 0.4530755
[4,] 0.166165188 0.32602980 0.4023403 0.4278014 0.4308370
[5,] 0.079472172 0.10107446 0.1178228 0.2357815 0.4300055
[6,] 0.074843679 0.14610916 0.2214105 0.2851463 0.4435876
> x.2 <- M.1[,2]
> hist(x.2, xlim=c(0,1), main="Second Smallest")
```

→ <그림 1>.

연습문제 2. 예 3에서 $10\,(=p)$개 값 중에서 두 번째 작은 값 $x_{(2)}$의 확률밀도함수는 다음과 같이 결정됨을 수리적으로 유도할 수 있습니다.

$$f_{x_{(2)}}(x) \propto x\,(1-x)^8,\ \ 0 < x < 1.$$

이 밀도함수를 <그림 1>의 히스토그램에 겹쳐 그려보세요.

4. rownames()와 colnames(), 범주형 변수의 더미 코딩

행렬의 행과 열에 레이블을 붙이면 자료 해석에 작지 않은 도움이 됩니다. 단지 보기 좋은 데 그치는 것이 아닙니다. **rownames()**와 **colnames()**는 각각 행과 열에 이름을 붙입니다.

예 1.
```
> n <- 10
> X <- matrix(round(rnorm(n*4, 50, 10)), n, 4)
> rownames(X) <- paste("S", 1:n, sep="")
> colnames(X) <- c("math", "engl", "science", "arts")
> X
    math engl science arts
S1    46   39      51   25
S2    39   73      47   41
S3    45   41      38   40
S4    46   51      50   50
S5    74   88      60   46
S6    74   39      66   52
S7    48   53      36   46
S8    40   39      48   54
S9    30   53      62   46
S10   55   41      39   62
```

범주형 변수의 더미 코딩

범주형 변수에 대하여 범주들을 지표 코딩(indicator coding)하여 빈도표를 작성하여 봅시다.

예컨대 20명(= n)으로부터 성별(변수명: gender)과 특정 질문에 대하여 응답(변수명: answer)을 3점 척도(1='dislike', 2='neutral', 3='like')로 받았다고 하죠. 우리의 목표는 gender, answer의 1원 빈도표와 gender*answer의 2원 교차표를 산출해내는 데 있습니다.[3)]

3) gender와 answer의 자료 값을 모의생성하여 예제에 사용하겠습니다.

```
> n <- 20
> gender <- sample(1:2, n, replace=T)    # 성별의 모의생성
> gender
 [1] 2 1 2 1 2 2 1 2 2 1 1 1 1 1 2 1 2 1 2 2
# 응답의 모의생성
> answer <- sample(1:3, n, replace=T, prob=c(0.25,0.5,0.25))
> answer
[1] 3 1 1 2 2 3 2 1 2 2 2 2 3 2 1 2 2 2 2 2
```

길이 n인 **gender** 벡터를 더미 코딩하여 $n \times 2$ 행렬 **gender.matrix**로 바꾸기로 합니다. 즉,

- gender =1이면 행렬의 col.1=1, 아니면 col.1=0
- gender =2이면 행렬의 col.2=1, 아니면 col.2=0

으로 하는 것입니다. **for** 루프를 사용한다면 다음과 같이 할 수 있습니다.

```
> gender.matrix <- matrix(0, n, 2)
> for (i in 1:n) gender.matrix[i, gender[i]] <- 1
> gender.matrix
      [,1] [,2]
 [1,]    0    1
 [2,]    1    0
 [3,]    0    1
 [4,]    1    0
 [5,]    0    1
   :
```

그러나 앞에서 거듭 말한 대로 R에서 루프(loop)는 가급적 피해야 합니다. 이런 상황에서 루프를 사용하지 않을 수 있을까요?

답은 "할 수 있습니다"입니다. 여기서 한 가지 미리 알아야 할 사항은 R에서 행렬의 칸은 2원 인덱스 (i,j)를 사용하는 대신 1원 인덱스 k로도 언급할 수 있다는 사실입니다. 여기서

$$k = n*(j-1)+i \tag{1}$$

의 관계가 있습니다. 행렬이 열별(columnwise)로 인덱싱되기 때문입니다.

```
> gender.matrix <- matrix(0, n, 2)
> gender.matrix[1:n + n*(gender-1)] <- 1
```

즉, gender가 1이면 gender.matrix의 첫 번째 열에 1이 들어갑니다. 반면 gender가 2이면 두 번째 열에 1이 들어갑니다. gender.matrix의 행과 열에 이름을 넣으면 보기 좋게 됩니다.

```
> colnames(gender.matrix) <- paste("gender", 1:2, sep=".")
> rownames(gender.matrix) <- paste("subject", 1:n, sep=".")
> head(gender.matrix, 10)
           gender.1 gender.2
subject.1         0        1
subject.2         1        0
subject.3         0        1
subject.4         1        0
subject.5         0        1
subject.6         0        1
subject.7         1        0
subject.8         0        1
subject.9         0        1
subject.10        1        0
```

따라서 gender의 빈도분포는 gender.matrix에 apply() 함수를 적용하여 얻을 수 있습니다. 즉,

```
> apply(gender.matrix, 2, sum)     # 성별 빈도표
gender.1 gender.2
      10       10
```

입니다. 마찬가지로 answer의 더미코딩 행렬과 빈도분포를 얻을 수 있습니다.

```
> answer.matrix <- matrix(0, n, 3)
> answer.matrix[1:n + n*(answer-1)] <- 1
> colnames(answer.matrix) <- paste("answer", 1:3, sep=".")
> apply(answer.matrix, 2, sum)     # 응답 빈도표
answer.1 answer.2 answer.3
       4       13        3
```

gender의 더미코딩 행렬과 answer의 더미코딩 행렬을 다음과 같이 곱하면 두 변수의 2원 교차표를 얻을 수 있게 됩니다.

```
> cross.tab <- t(gender.matrix) %*% answer.matrix
> cross.tab
         answer.1 answer.2 answer.3
gender.1        1        8        1
gender.2        3        5        2
```

* table() 함수를 활용하면 더미 코딩 없이 gender*answer의 2원 교차표를 한 순간에 얻을 수 있습니다:

```
> table(gender, answer)
      answer
gender  1  2  3
     1  1  8  1
     2  3  5  2
```

그러나 이것은 일종의 블랙박스를 쓰는 것이죠.

* nnet 패키지의 class.ind()는 문자열 벡터를 더미코딩 행렬로 바꿉니다.

5. 요약 summary

- 길이 np의 벡터를 n개 행과 p개 열에 체계적으로 배열한 것이 행렬이다.
- R은 행렬과 행렬의 합과 곱, 전치, 역행렬 등 계산 기능을 제공한다.
- 행렬계산 예로서 선형회귀 모형의 최소제곱 적합 등을 제시하였다.
- 여러 행렬계산을 `apply()` 함수를 써서 효율화할 수 있다.
- 범주형 변수에 대한 더미 코딩을 할 수 있다.
- 다음 R 함수는 언제든 쓸 수 있어야 한다.

  `matrix(), t(), solve(), rownames(), colnames(), apply()`

4장. 리스트 lists

이 장의 목표는 R에서 가장 일반적인 데이터 형태인 리스트를 설명하는 데 있습니다. 데이터 분석에 관한 R 함수의 출력도 대부분 리스트의 형태로 출력됩니다.

1. 리스트 lists

R에서 리스트는 가장 일반적인 데이터 형태입니다. 다음 장에서 다룰 데이터 프레임도 리스트의 일종이기 때문입니다. 리스트의 예를 보겠습니다.

팀에 7명의 구성원이 있고 구성원은 leaders, assistants, workers로 구분된다고 합시다. leader, assistants, workers에 각각 아무개, 아무개, 아무개가 있는 경우, 구성원 members는 아래와 같이 리스트로 표현될 수 있습니다.

```
> members <- list(leaders = c("park", "choi"),
                  assistants = "kang",
                  workers = c("lee", "kim", "hong", "song"))
> members
$leaders
[1] "park" "choi"
$assistants
[1] "kang"
$workers
[1] "lee"  "kim"  "hong" "song"
```

여기서 members는 3개의 요소 leaders, assistants, workers로 구성된 리스트입니다. 다음을 보십시오.

```
> class(members)
[1] "list"
> names(members)
[1] "leaders"    "assistants" "workers"
```

R 리스트에 접근하는 방법에는 여러 가지가 있습니다. 기본은 "[[ ]]" (대괄호 2개)입니다:

```
> members[[1]]
[1] "park" "choi"
> members[[2]]
[1] "kang"
```

"[]" (대괄호 1개)는 "[[ ]]" (대괄호 2개)와 달리 sublist를 지칭합니다:

```
> members[1]
$leaders
[1] "park" "choi"
> members[2]
$assistants
[1] "kang"
```

즉, members[[1]]은 벡터이고 members[1]은 리스트입니다:

```
> class(members[[1]])
[1] "character"
> class(members[1])
[1] "list"
```

다음 셋은 같습니다. 이름으로 인덱싱하는 것이 읽기가 쉽습니다.

```
> members[[1]]
[1] "park" "choi"
> members[["leaders"]]
[1] "park" "choi"
> members$leaders
[1] "park" "choi"
```

다음 둘도 같습니다.

```
> members[1]
$leaders
[1] "park" "choi"
```

```
> members["leaders"]
$leaders
[1] "park" "choi"
```

리스트 내 자료 값을 업데이팅하려면 다음과 같이 인덱싱으로 특정 요소를 지칭하고 대체합니다.

```
> members$leaders[1] <- "huh"
> members[[1]][2] <- "choi jr."
> members
$leaders
[1] "huh"      "choi jr."
$assistants
[1] "kang"
$workers
[1] "lee"  "kim"  "hong" "song"
```

다음은 복수의 리스트(members와 salaries)를 요소로 하는 리스트 team을 만드는 예입니다.

```
> salaries <- list(leaders = c(250, 200),
                   assistant = 100,
                   members = c(300, 200, 180, 120, 100))
> team <- list(m=members, s=salaries)
> team
$m
$m$leaders
[1] "huh"      "choi jr."
$m$assistants
[1] "kang"
$m$workers
[1] "lee"  "kim"  "hong" "song"
$s
$s$leaders
[1] 250 200
```

```
$s$assistant
[1] 100
$s$members
[1] 300 200 180 120 100
```

R의 `c()` 함수는 약방의 감초입니다. 그러나 **`list()`**와는 달리 단순 구조로 출력합니다.

```
> team.1  <- c(m=members, s=salaries)
> team.1
$m.leaders
[1] "huh"      "choi jr."
$m.assistants
[1] "kang"
$m.workers
[1] "lee"  "kim"  "hong" "song"
$s.leaders
[1] 250 200
$s.assistant
[1] 100
$s.members
[1] 300 200 180 120 100
> class(team.1)
[1] "list"
> length(team.1)
[1] 6
```

2. lapply()와 sapply()

행렬(matrix)에 **`apply()`** 함수를 쓰듯이 리스트에 **`lapply()`** 함수를 써서 각종 벡터 연산을 효율적으로 할 수 있습니다. **lapply**(list, f)는 list 내 요소들에 함수 f를 적용하여 결과를 리스트로 출력합니다.

앞 절의 salaries 리스트에는 3개의 요소 leaders, assistant, members가 있습니다. 이 요소들에 median을 적용해봅시다:

```
> lapply(salaries, median)
$leaders
[1] 225
$assistant
[1] 100
$members
[1] 180
> class(lapply(salaries, median))
[1] "list"
```

sapply()는 lapply()와 같은 계산을 하지만 결과를 단순화(simplify)하여 벡터(또는 행렬과 배열)로 출력합니다.

```
> sapply(salaries, median)
  leaders assistant   members
      225       100       180
> class(sapply(salaries, median))
[1] "numeric"
```

vapply() 함수를 써서 결과물의 형태를 지정하여 받을 수 있습니다.

```
> sapply(salaries, range)
     leaders assistant members
[1,]     200       100     100
[2,]     250       100     300
> vapply(salaries, range, c(min=0, max=0))
    leaders assistant members
min     200       100     100
max     250       100     300
```

3. unlist()

unlist(list)는 리스트 list의 내부 구조를 없애줍니다.

예컨대 1절의 리스트 salaries에 대하여 **median()**을 적용하여 모든 자료값에 대한 중간값(median)을 구해 봅시다.

```
> median(salaries)
Error in sort.int(x, na.last = na.last, decreasing = decreasing,
...) : 'x' must be atomic
```

뭔 이야기인지 이해하기 어려운 오류 메시지가 뜹니다. 오류 원인은 **median()**이 벡터가 아닌 리스트에 적용되었기 때문인데요... 따라서 리스트인 salaries를 벡터로 만들 필요가 있습니다. 이런 때 필요한 함수가 **unlist()** 입니다.

```
> unlist(salaries)
 leaders1  leaders2 assistant  members1  members2  members3
      250       200       100       300       200       180
 members4  members5
      120       100
> class(unlist(salaries))
[1] "numeric"
> median(unlist(salaries))
[1] 190
```

이제 되었습니다.

4. 응용

예 1. 사용자 정의 함수 summarize()

할 일은 수치벡터 x에 대하여 요약통계

- (평균, 표준편차)
- 다섯수치요약 (min, 25%, 50%, 75%, max)
- 특이점 outliers

을 산출하는 것입니다. 따라서 3개의 요소를 가진 리스트가 출력되어야 합니다. 각 리스트는 길이 2의 벡터, 길이 5의 벡터, 불특정 길이의 벡터입니다.

다음과 같이 사용자 정의 함수 summarize()를 만들 수 있겠습니다. 특이점의 정의는 상자그림(box plot)의 규정을 따르도록 했습니다.

```
> summarize <- function(x){
+     mean.sd <- c(m=mean(x), s=sd(x))
+     fivenum <- quantile(x, prob=c(0,0.25,0.5,0.75,1))
+     lower <- fivenum[2] - 1.5*(fivenum[4] - fivenum[2])
+     upper <- fivenum[4] + 1.5*(fivenum[4] - fivenum[2])
+     outliers <- c(x[x < lower], x[x > upper])
+     list(mean.sd=mean.sd, fivenum=fivenum, outliers=outliers)
+ }
```

이 함수를 임의 수 벡터 x에 적용하여 테스트해 봅시다.

```
> set.seed(1);  x <- rnorm(1000)
> summarize(x)
$mean.sd
          m           s 
-0.01164814  1.03491584 
$fivenum
        min         25%         50%         75%         max 
-3.00804860 -0.69737322 -0.03532423  0.68842795  3.81027668 
$outliers
[1] -2.888921 -3.008049 -2.939774 -2.996949  3.810277  3.055742
```

summarize()의 출력은 “리스트”입니다.

```
> class(summarize(x))
[1] "list"
```

summarize()의 출력을 소숫점 아래 2자리에서 반올림해 봅시다. lapply() 함수를 씁니다.

```
> lapply(summarize(x), round, 2)
$mean.sd
    m     s
-0.01  1.03
$fivenum
   0%   25%   50%   75%  100%
-3.01 -0.70 -0.04  0.69  3.81
$outliers
[1] -2.89 -3.01 -2.94 -3.00  3.81  3.06
```

예 2. 게임 카드 분류

목표는 게임카드 4종(Spade, Heart, Diamond, Club), 13장/종, 52장/세트의 4개 세트 총 208장(=52*4)에서 52장을 비복원(without replacement) 임의추출할 때 게임카드 종별로 몇 번째 순서에서 오픈되었는가를 기록하는 데 있습니다.

예컨대 Spade, Spade, Diamond, Club, Spade, Heart, ... 순서였다면

♠♠◇♣♠♡...

Spade의 위치는 1, 2, 5, ..., Diamond는 3, ... 등입니다.

```
> kinds <- c("Spade", "Heart", "Diamond", "Club")
> set.seed(1)
> cards <- sample(rep(kinds, 13*4), 52, replace=F)
> classified <- list()
> cards
 [1] "Club"    "Heart"   "Diamond" "Diamond" "Heart"
```

```
 [6] "Diamond" "Diamond" "Spade"   "Heart"   "Spade"
[11] "Spade"   "Diamond" "Diamond" "Diamond" "Heart"
[16] "Spade"   "Heart"   "Heart"   "Spade"   "Diamond"
[21] "Club"    "Club"    "Heart"   "Club"    "Heart"
[26] "Diamond" "Diamond" "Heart"   "Spade"   "Spade"
[31] "Heart"   "Diamond" "Diamond" "Spade"   "Club"
[36] "Club"    "Spade"   "Diamond" "Club"    "Spade"
[41] "Club"    "Spade"   "Heart"   "Club"    "Club"
[46] "Spade"   "Club"    "Spade"   "Heart"   "Diamond"
[51] "Club"    "Club"
```

이제 카드가 shuffle되고 52장이 뽑혔습니다. 이제 기록할 차례입니다.

```
> for (i in 1:52){
+     r <- cards[i]
+     classified[[r]] <- c(classified[[r]], i)
+ }
> classified
$Club
 [1]  1 21 22 24 35 36 39 41 44 45 47 51 52
$Heart
 [1]  2  5  9 15 17 18 23 25 28 31 43 49
$Diamond
 [1]  3  4  6  7 12 13 14 20 26 27 32 33 38 50
$Spade
 [1]  8 10 11 16 19 29 30 34 37 40 42 46 48
```

카드 종별로 몇 장씩 뽑혔는가를 볼까요?

```
> sapply(classified, length)
   Club   Heart Diamond   Spade
     13      12      14      13
```

예 3. 선형회귀 lm()의 활용

R 함수 **lm()**은 선형회귀뿐 아니라 분산분석 등 선형모형 일체를 적합해냅니다. 그러나 여기서는 다음 선형회귀 모형을 고려하기로 합니다.

$$y = \beta_0 + \beta_1 x_1 + \cdots + \beta_p x_p + \epsilon, \quad \epsilon \sim N(0, \sigma).$$

여기서 y는 수치형 반응변수이고 x_1부터 x_p는 수치형 설명변수입니다.

R 함수 **lm()**의 간단한 용법은 다음과 같습니다.

lm(*formula, data*)

여기서 *formula*는

y ~ x.1 + x.2 (x.1과 x.2가 설명변수인 경우)

또는

y ~ . (y 외 모든 변수가 설명변수인 경우)

입니다.

R 함수 **lm()**의 *value* (출력물)는 lm 클래스이지만 실제로 이것은 list입니다. 이제 한 수치 예를 통하여 **lm()**의 출력물을 활용하는 방법을 제시하고자 합니다.

gclus 팩키지의 ozone 자료:

```
> library(gclus)
> data(ozone)
> str(ozone)
'data.frame':   330 obs. of  9 variables:
 $ Ozone : int  3 5 5 6 4 4 6 7 4 6 ...
 $ Temp  : int  40 45 54 35 45 55 41 44 54 51 ...
 $ InvHt : int  2693 590 1450 1568 2631 554 2083 2654 5000 111 ...
 $ Pres  : int  -25 -24 25 15 -33 -28 23 -2 -19 9 ...
 $ Vis   : int  250 100 60 60 100 250 120 120 120 150 ...
 $ Hgt   : int  5710 5700 5760 5720 5790 5790 5700 5700 5770 ...
 $ Hum   : int  28 37 51 69 19 25 73 59 27 44 ...
 $ InvTmp: num  47.7 55 57 53.8 54.1 ...
 $ Wind  : int  4 3 3 4 6 3 3 3 8 3 ...
```

Ozone을 반응변수로 보고 이에 대한 설명변수로 Temp (온도)와 Pres (기압)을 고려하겠습니다. 선형회귀 모형이 아래와 같이 적합 됩니다. 결과물을 reg.2로 명명하고 이를 요약합니다.

```
> reg.2 <- lm(Ozone ~ Temp + Pres, data=ozone)
> summary(reg.2)

Call:
lm(formula = Ozone ~ Temp + Pres, data = ozone)

Residuals:
     Min       1Q   Median       3Q      Max
-10.6612  -3.5151  -0.3274   3.1176  15.2777

Coefficients:
              Estimate Std. Error t value Pr(>|t|)
(Intercept) -14.760083   1.210578 -12.193   <2e-16 ***
Temp          0.425360   0.019386  21.942   <2e-16 ***
Pres          0.015424   0.007848   1.966   0.0502 .
---
Signif. codes:  0 '***' 0.001 '**' 0.01 '*' 0.05 '.' 0.1 ' ' 1

Residual standard error: 4.992 on 327 degrees of freedom
Multiple R-squared:  0.6141,    Adjusted R-squared:  0.6117
F-statistic: 260.1 on 2 and 327 DF,  p-value: < 2.2e-16
```

결과물 reg.2의 클래스는 lm입니다. 이것은 여러 일반함수(generic function)들을, 예를 들면 summary나 predict 등을 lm에 특화하여 작동하도록 하기 위함입니다. reg.2를 탐색하기 위해서는 **names()** 함수를 활용하는 것이 좋습니다.[1)]

```
> class(reg.2)
[1] "lm"
> mode(reg.2)     # typeof(reg.2)
[1] "list"
```

1) **str()** 함수의 출력은 너무 길기 때문입니다.

```
> names(reg.2)
 [1] "coefficients" "residuals"     "effects"
 [4] "rank"         "fitted.values" "assign"
 [7] "qr"           "df.residual"   "xlevels"
[10] "call"         "terms"         "model"
```

이를 통해 알 수 있는 것은 결과물 reg.2가 리스트이며 이 안에 coefficients (회귀계수), residuals (잔차), fitted.values (적합값) 등이 들어있다는 것입니다. 이 중에서 residuals (잔차)을 꺼내 분석해보겠습니다.

잔차에 대해 상자그림(box plot)을 만들고 이를 통해 잔차 중 특이점(outlier)을 탐지할 것입니다.

```
> resid.2 <- boxplot(reg.2$residuals)
> class(resid.2)
[1] "list"
```

<그림 1>이 잔차의 상자그림입니다. boxplot()의 출력물은 그래프 외에 각종 통계값들이 리스트에 들어가 있습니다. 따라서 출력물에 names()를 적용합니다.

```
> names(resid.2)
[1] "stats" "n"     "conf"  "out"   "group" "names"
```

특이점은 이 중에서 out에 있습니다. 이것을 찍어보면 아래와 같습니다.

```
> resid.2$out
      53      124      220
15.27769 13.73127 13.62695
```

모두 3개이군요. 이들은 케이스 번호 53, 124, 220입니다.

```
> names(resid.2$out)
[1] "53"  "124" "220"
> ids.out <- as.numeric(names(resid.2$out))
> ids.out
[1]  53 124 220
```

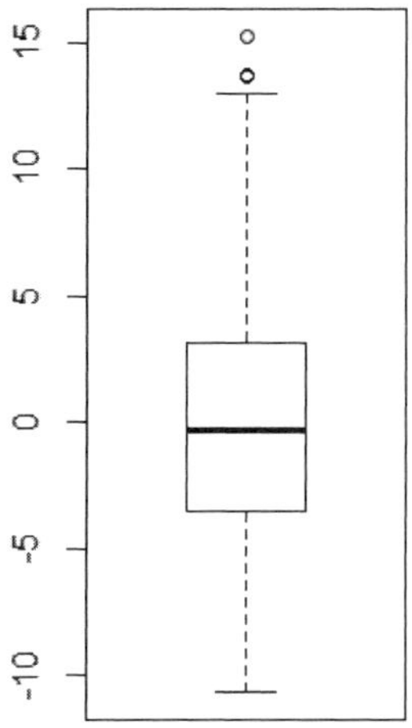

<그림 1> 잔차의 상자그림

이제는 오존의 관측값(수직축) 대 선형회귀 적합값(수평축)의 산점도에 특이점 3개를 표지(標識, marking)해 넣어보도록 하겠습니다.

```
> plot(ozone$Ozone ~ reg.2$fitted.values, xlab="fitted",
       ylab="observed", ylim=c(-5,40), main="ozone")
> text(reg.2$fitted.values[ids.out], ozone$Ozone[ids.out]+2,
       ids.out, col="red", cex=0.8)
```

<그림 2>가 출력입니다.

선형회귀의 잔차(수직축) 대 적합값의 산점도를 그려봅시다. 그리고 위의 특이점 3개를 표지해보기로 합시다. 그런데 ...

```
> plot(residuals ~ fitted.values, data=reg.2)
Error in as.data.frame.default(data): cannot coerce class ""lm""
to a data.frame
```

와 같이 잘 되질 않습니다. 왜 그럴까요? residuals(=잔차)와 fitted.values(=적합값)이 모두 reg.2에 있는데요. 원인은 reg.2가 lm 클래스이고 이것이 (다음 장에서 다룰 데이터 프레임이 아니라) 실제로는 리스트이기 때문입니다.

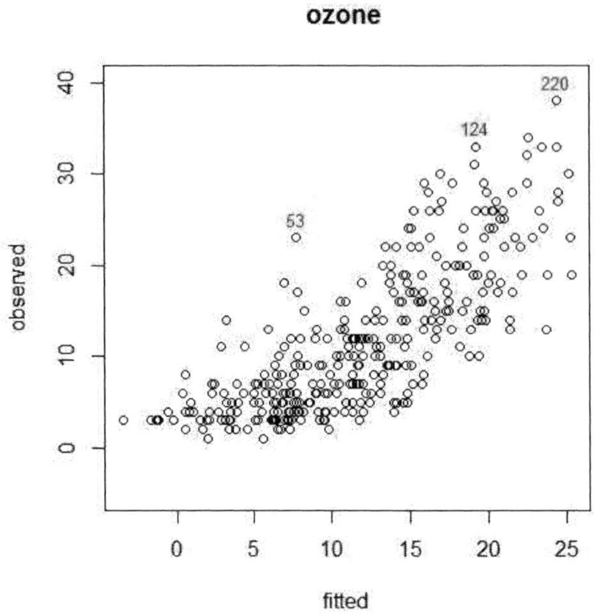

<그림 2> 오존자료의 선형회귀 적합값 대 관측값: 적색 케이스 번호는 특이점

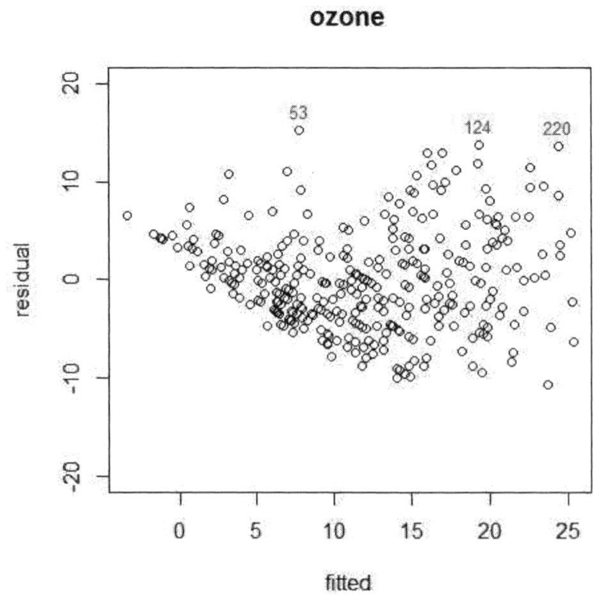

<그림 3> 오존자료의 선형회귀 적합값 대 잔차: 적색 케이스 번호는 특이점

따라서 다음과 같이 reg.2$residuals(=잔차) 대 reg.2$fitted.values(=적합값)의 산점도를 그리게 하여야 합니다. <그림 3>이 출력입니다.

```
> plot(reg.2$residuals ~ reg.2$fitted.values, xlab="fitted",
      ylab="residual", ylim=c(-20,20), main="ozone")
> text(reg.2$fitted.values[ids.out],
      reg.2$residuals[ids.out]+2, ids.out, col="red", cex=0.8)
```

5. 요약 summary

- 자료 형태에서 행렬과 리스트의 차이는 다음과 같다.
  행렬: n개 line으로 구성된다. line들의 길이는 모두 p로 같다.
  리스트: n개 line으로 구성된다. line들의 길이 p_i는 행별로 다를 수 있다.
- 자료 값 유형에서 행렬과 리스트의 차이는 다음과 같다.
  행렬: n개 line으로 구성된다. line들은 모두 한 가지 속성으로 되어 있다.
  리스트: n개 line으로 구성된다. line 별로 각각 다른 속성이어도 된다.
- 자료 추가가 행렬의 경우 불가능하다. 그러나 리스트는 line 추가가 가능하다.
- line 별 함수 적용. 행렬에서는 `apply()` 함수를 쓴다. 리스트에 대하여는 `lapply()`와 `sapply()`를 쓴다.
- 선형회귀 `lm()`의 출력물에 모형 적합값(fitted values)와 잔차(residual) 등 많은 정보가 포함되어 있다.

5장. 데이터 프레임 data frames

이 장에서는 통계적 모형화에서 표준적인 데이터 형태인 데이터 프레임을 만드는 방법, 2개 데이터 프레임의 병합(merging) 방법 등을 다룹니다.

1. 데이터 프레임 data frame

<그림 1>의 csv (comma separated variables) 파일을 R 시스템에 넣기 위하여 다음을 따라 해봅시다.[1] 이 때 생기는 R 데이터 형식이 데이터 프레임입니다.

```
> exams <- read.csv("exams.csv", header=T)
> str(exams)
'data.frame':   26 obs. of  3 variables:
 $ course.id: int  1 2 3 4 5 6 7 8 9 10 ...
 $ mid      : int  8 22 25 25 21 12 12 29 40 25 ...
 $ final    : int  11 24 31 13 34 26 6 36 34 38 ...
```

즉, 데이터 프레임은 $n(=26)$개 개체(units)에 대한 $p(=3)$개 변수(variables, features) 값으로 구성된 사각형 배열입니다. 따라서 행이 개체이고 열이 변수인 엑셀 시트를 생각하면 됩니다. 이때 각 열은 벡터입니다.

```
> class(exams)
[1] "data.frame"
> dim(exams)
[1] 26  3
> colnames(exams)
[1] "course.id"  "mid"     "final"
```

데이터 프레임은 리스트의 일종입니다. 단, p개 열의 길이가 같습니다 ($= n$). 변수 이름은 `colnames()`에 있습니다.

1) 여기서 "exams.csv" 파일이 작업 디렉터리에 있음을 가정합니다. 만약 그렇지 않다면 R GUI ▸ File ▸ Change directory를 해 두어야 합니다.

	A	B	C
1	course.id	mid	final
2	1	8	11
3	2	22	24
4	3	25	31
5	4	25	13
6	5	21	34
7	6	12	26
8	7	12	6
9	8	29	36
10	9	40	34
⋮			
25	24	2	NA
26	25	32	36
27	26	25	26

<그림 1> 데이터 프레임 exams

```
> is.list(exams)
[1] TRUE
> length(exams)
[1] 3
> names(exams)
[1] "course.id" "mid"       "final"
```

데이터 프레임은 “[row, column]”으로 인덱싱 됩니다.

```
> exams[exams$course.id==10, ]
   course.id mid final
10        10  25    38
> exams[c(10,20), ]
   course.id mid final
10        10  25    38
20        20  27    16
> exams[exams$course.id==10, "final"]
[1] 38
```

데이터 프레임의 특정 열은 벡터입니다. 데이터 프레임 exams의 각 열은 수치 벡터이므로 mean()이나 median() 같은 R 함수를 적용할 수 있습니다.

```
> median(exams[,2])
[1] 25
> median(exams$mid)
[1] 25
```

NA(값없음, not available; 빈칸)는 요주의 대상입니다. 데이터 프레임 exams의 final 변수(열)에 median()을 적용해보면 다음과 같이 성공적이지 않습니다.

```
> median(exams$final)
[1] NA
```

final 변수 값을 잘 살펴보면 24번 학생이 결시한 것을 알 수 있습니다. 이런 경우엔 median() 함수에서 "na.rm=T" 옵션을 적용하여 NA를 제외한 데이터만 사용할 것임을 지시해야 합니다.

```
> median(exams$final, na.rm=T)
[1] 29
```

* NA에 대해 명확히 대처할 것을 권고합니다. 예컨대, "결시 ⇒ 0" 처리가 원칙이라면 데이터 처리에 앞서 NA를 0으로 대치해야겠죠. 이때, 유용한 함수가 is.na()입니다. 이 함수는 NA인 경우 T를, 아닌 경우 F를 생성해냅니다.

```
> exams$final[is.na(exams$final)] <- 0
> exams[21:26, ]
   course.id mid final
21        21  34    29
22        22  40    36
23        23  30    26
24        24   2     0
25        25  32    36
26        26  25    26
> median(exams$final)
[1] 27.5
```

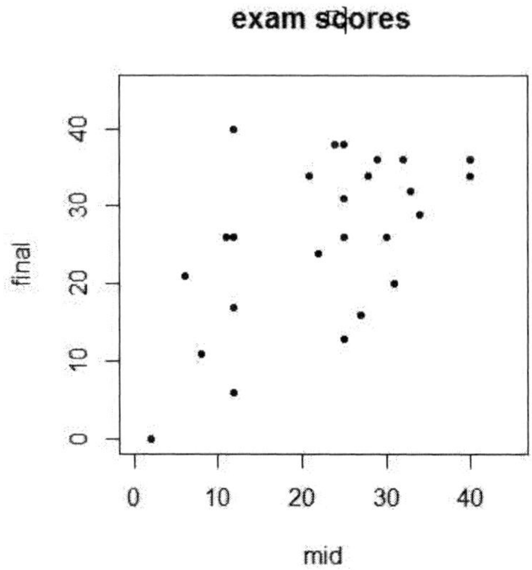

<그림 2> mid 대 final의 산점도

산점도(scatter plot)는 두 개의 수치형 변수 간 관계를 살펴보는 데 있어 아주 요긴한 그래프입니다. 두 변수 x와 y가 1개의 데이터 프레임 DF에 있는 경우

`plot(x, y, data=DF)` 또는 `plot(y ~ x, DF)`

로 산점도를 그릴 수 있습니다. 예컨대

```
> plot(final ~ mid, data=exams, pch=20, xlim=c(0,45),
       ylim=c(0,45), main="exam scores")
```

또는

```
> with(exams, plot(final ~ mid, pch=20, xlim=c(0,45),
       ylim=c(0,45), main="exam scores"))
```

<그림 2>에서 두 변수 간 산점도를 보십시오. 더불어 두 변수 간 상관을 계산하기 위한 아래의 스크립트를 보십시오. R은 때론 꽤 까칠합니다.

```
> cor(mid, final, data=exams)
Error in cor(mid, final, data = exams): unused argument (data =
exams)
> with(exams, cor(mid, final))
[1] 0.5709343
```

2. 두 데이터 프레임의 병합

앞 절의 데이터 프레임 exams는 한 클래스 수강생들의 시험성적 mid와 final의 기록이었고 고유번호인 course.id 순서로 정렬되어 있었습니다. 아래에서 읽을 데이터 프레임 book2는 같은 클래스 수강생들의 과제물 homework와 프로젝트 project에 대한 기록으로 학생이름 student.name의 순서로 정렬되어 있습니다.

```
> book2 <- read.csv("book2.csv", header=T)
> str(book2)
'data.frame':   26 obs. of  4 variables:
 $ student.name: Factor w/ 26 levels "bd","ce","cn",..: 1 2 3 ..
 $ homework    : int  22 36 31 24 37 36 37 28 37 34 ...
 $ project     : int  NA 7 NA NA 17 10 8 NA 4 10 ...
 $ course.id   : int  8 23 20 1 16 2 25 4 14 11 ...
```

이 절의 목표는 2개의 데이터 프레임 exams와 book2를 합쳐 1개의 데이터 프레임으로 만드는 데 있습니다. 그런데 잠깐, 작업을 더 진행하기 전에 book2의 내용을 확인해볼 필요가 있습니다.

```
> summary(book2[, 2:3])
    homework         project
 Min.   : 0.00   Min.   : 4.000
 1st Qu.:34.00   1st Qu.: 6.250
 Median :36.00   Median : 8.000
 Mean   :33.77   Mean   : 9.778
 3rd Qu.:38.00   3rd Qu.:10.000
 Max.   :40.00   Max.   :23.000
                 NA's   :8
```

이 절의 목표는 변수 project에 8개의 NA(값없음)이 있군요. 앞서 말한 대로 NA를 조심해야 합니다. 이것을 0점 처리하여 자료를 깨끗하게 만들어 놓습니다.

```
> book2$project[is.na(book2$project)] <- 0
```

2개의 데이터 프레임을 통합하고자 할 때 확인되어야 할 사항은 각 데이터 프레임에서 개체들의 정렬순서입니다.

1) 2개 프레임에서 순서가 같은 경우에는 열 묶음(column binding)을 합니다. 즉, 2개의 데이터 프레임 **exams**와 **book2**를

```
> class.record <- cbind(exams, book2)
```

로 묶습니다. 그런데 **exams**와 **book2**는 이 경우에 해당하지 않습니다.

2) 2개 프레임에서 그 순서가 같지 않은 경우.

두 프레임에서 공통 개체 식별자(unit identifier)를 찾아 정의해야 합니다. 이런 변수를 "key"라고 하는데 **merge()** 함수가 key 변수를 찾아주기도 합니다.

```
> class.record <- merge(exams, book2)
> str(class.record)
'data.frame':   26 obs. of  6 variables:
 $ course.id   : int  1 2 3 4 5 6 7 8 9 10 ...
 $ mid         : int  8 22 25 25 21 12 12 29 40 25 ...
 $ final       : num  11 24 31 13 34 26 6 36 34 38 ...
 $ student.name: Factor w/ 26 levels "bd","ce",...: 4 6 2 ..
 $ homework    : int  24 36 36 28 38 38 31 22 39 40 ...
 $ project     : num  0 10 0 0 8 0 0 0 20 16 ...
> head(class.record, 5)
  course.id mid final student.name homework project
1         1   8    11           de       24       0
2         2  22    24           ev       36      10
3         3  25    31           td       36       0
4         4  25    13           hi       28       0
5         5  21    34           yk       38       8
```

merge() 함수를 쓰지 않는 다른 방법도 있습니다. 위 보기에서 첫 번째 데이터 프레임 exams는 이미 key 변수인 course.id의 순서로 정렬되어 있습니다. 그러나 두 번째 데이터 프레임 book2는 그렇지 않습니다. 따라서 book2를 key 값의 순서로 정렬합니다. 그런 다음 두 데이터 프레임을 열 묶음(column binding)을 하는 것이죠. 이 방법이 데이터 프레임 병합(merging)의 원리를 보여줍니다.

```
> i.order <- order(book2$course.id)
> book2.sort <- book2[i.order,]
> head(book2.sort, 5)
   student.name homework project course.id
4            de       24       0         1
6            ev       36      10         2
20           td       36       0         3
8            hi       28       0         4
25           yk       38       8         5
> class.record.1 <- cbind(exams, book2.sort[,-4])
> head(class.record.1, 5)
   course.id mid final student.name homework project
4          1   8    11           de       24       0
6          2  22    24           ev       36      10
20         3  25    31           td       36       0
8          4  25    13           hi       28       0
25         5  21    34           yk       38       8
```

merge() 함수의 용법은

merge(x, y, by.x, by.y)   또는   merge(x, y, by)

입니다. 여기서 x와 y는 병합대상인 데이터 프레임이고 by.x는 x의 key 변수이고 by.y는 y의 key 변수입니다. by.x와 by.y가 같은 경우에는 by 하나만 써도 됩니다. merge() 함수의 활용 예를 봅시다.2)

```
> authors
   surname nationality deceased
1    Tukey          US      yes
2 Venables   Australia       no
3  Tierney          US       no
4   Ripley          UK       no
5   McNeil   Australia       no
> books
```

2) authors와 books의 정의는 help(merge)를 참조할 것.

```
      name                        title        other.author
1    TuKey   Exploratory Data Analysis                <NA>
2 Venables Modern Applied Statistics ...            Ripley
3  Tierney                    LISP-STAT               <NA>
4   Ripley          Spatial Statistics               <NA>
5   Ripley       Stochastic Simulation               <NA>
6   McNeil     Interactive Data Analysis             <NA>
7   R Core         An Introduction to R  Venables & Smith
> m1 <- merge(authors, books, by.x="surname", by.y="name")
> m1
   surname nationality deceased                       title other.author
1   McNeil   Australia       no   Interactive Data Analysis         <NA>
2   Ripley          UK       no          Spatial Statistics         <NA>
3   Ripley          UK       no       Stochastic Simulation         <NA>
4  Tierney          US       no                   LISP-STAT          <NA>
5    TuKey          US      yes   Exploratory Data Analysis         <NA>
6 Venables   Australia       no Modern Applied Statistics ...     Ripley
```

3. apply()

apply(x, 1, f)는 데이터 프레임 x의 행에 함수 f를 적용하고 apply(x, 2, f)는 x의 열에 f를 적용합니다. f가 벡터화 연산을 하는 함수인 경우 효율적입니다.

앞 절에서 만든 데이터 프레임 class.record에서 제2열 mid, 제3열 final, 제5열 homework, 제6열 project의 개체(학생)별 합계를 구해 봅시다.

```
> apply(class.record[,c(2,3,5,6)], 1, sum)
 [1]  43  92  92  66 101  76  49  87 133 119  71 109 114  93 124
[16] 105  77 106  69  74 108 122  99   2 113  91
```

아래와 같이 하면 기존 데이터 프레임에 새 변수로 붙습니다.

```
> class.record$total <- apply(class.record[,c(2,3,5,6)], 1, sum)
```

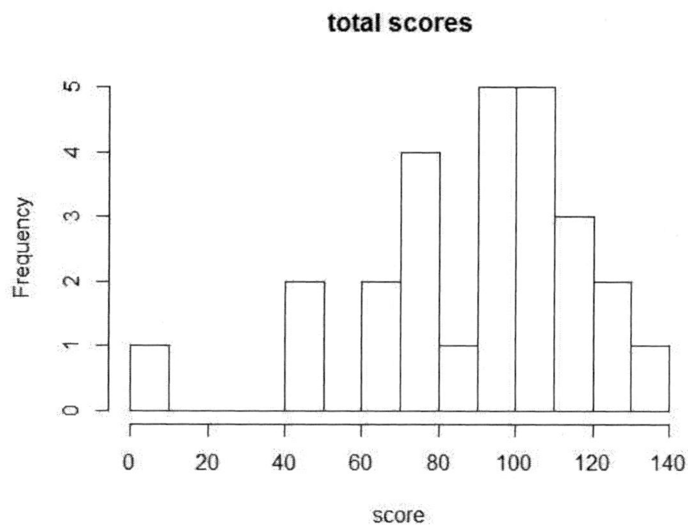

<그림 3> 총점수 score의 히스토그램

<그림 3>은 총점수(= score)의 히스토그램입니다.

```
> hist(class.record$total, xlab="score", nclass=10,
       main="total scores")
```

class.record에서 제2열 mid, 제3열 final, 제5열 homework, 제6열 project, 제7열 total의 각 변수에 대하여 min, 25% 분위수, 중간값, 75% 분위수, max를 추출해 봅시다.

```
> apply(class.record[,c(2,3,5,6,7)], 2, quantile,
    prob=c(0,0.25,0.5,0.75,1))
       mid final homework project  total
0%    2.00  0.00        0    0.00   2.00
25%  12.00 20.25       34    0.00  74.50
50%  25.00 27.50       36    6.50  92.50
75%  29.75 35.50       38    8.75 108.75
100% 40.00 40.00       40   23.00 133.00
```

이 출력은 행렬입니다. 다음과 같이 확인할 수 있습니다.

```
> output <- apply(class.record[,c(2,3,5,6,7)], 2, quantile,
        prob=c(0,0.25,0.5,0.75,1))
> class(output)
[1] "matrix"
```

4. 몇 가지 데이터 작업

문자열 벡터는 데이터 프레임에 들어가면서 인자(factor) 변수가 됩니다. 예컨대

```
> set.seed(1)
> g <- sample(c("A","B"), 100, replace=T)
> x <- rnorm(100, 50, 10)
```

와 같이 길이가 같은 문자열 벡터 g와 수치형 벡터 x가 있다고 합시다. g와 x를 한 데이터 프레임에 넣어봅시다 (g → grp, x → score).

```
> D <- data.frame(grp=g, score=x)
> str(D)
'data.frame':   100 obs. of  2 variables:
 $ grp  : Factor w/ 2 levels "A","B": 1 1 2 2 1 2 2 2 2 1 ...
 $ score: num  54 43.9 53.4 38.7 64.3 ...
> head(D)
  grp    score
1   A 53.98106
2   A 43.87974
3   B 53.41120
4   B 38.70637
5   A 64.33024
6   B 69.80400
```

str() 출력에서 문자열인 g가 인자형인 grp로 바뀌었음을 볼 수 있습니다. <그림 4>는 grp 수준별 score의 상자그림입니다.

```
> boxplot(score ~ grp, xlab="score", horizontal=T, data=D)
```

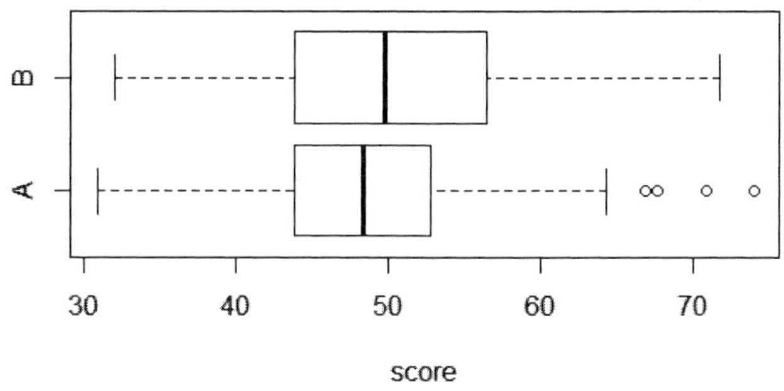

<그림 4> grp 수준별 score의 상자그림

`complete.cases()`는 결측이 없는 완전한 행(row)에 T를, 그렇지 않은 행에 F를 줍니다. 아래 스크립트에서는 길이 100의 수치 벡터 math와 engl 각각에 20개를 임의선택하여 NA (값없음)로 바꿔 넣었습니다. 이제 math와 engl이 모두 완전한 케이스들을 세어보면

```
> set.seed(1)
> x <- data.frame(math=rnorm(100), engl=rnorm(100))
> x[sample(1:100,20),1] <- NA
> x[sample(1:100,20),2] <- NA
> x.1 <- x[complete.cases(x),]
> sum(complete.cases(x))
[1] 61
> str(x.1)
'data.frame':   61 obs. of  2 variables:
 $ math: num  -0.626 -0.836 1.595 -0.82 0.738 ...
 $ engl: num  -0.62 -0.911 0.158 1.767 0.91 ...
```

로 61개입니다. 앞부분을 보면

```
> head(x.1)
        math       engl
1  -0.6264538 -0.6203667
3  -0.8356286 -0.9109216
4   1.5952808  0.1580288
```

```
6  -0.8204684  1.7672873
8   0.7383247  0.9101742
11  1.5117812 -0.6357365
```

와 같이 케이스 2, 5, 7, 9, 10 등이 새 데이터 프레임에 진입하지 못하였음을 볼 수 있습니다.

데이터 프레임 x를 벡터 a의 순서로 하려면, 또는 벡터 a, b의 순서로 정렬하려면 다음과 같이 코딩합니다.

```
> x[order(a),]
> x[order(a,b),]
```

예를 들어

```
> str(mtcars)
'data.frame':   32 obs. of  11 variables:
 $ mpg : num  21 21 22.8 21.4 18.7 18.1 14.3 24.4 22.8 19.2 ...
 $ cyl : num  6 6 4 6 8 6 8 4 4 6 ...
 $ disp: num  160 160 108 258 360 ...
 $ hp  : num  110 110 93 110 175 105 245 62 95 123 ...
 $ drat: num  3.9 3.9 3.85 3.08 3.15 2.76 3.21 3.69 3.92 ...
 $ wt  : num  2.62 2.88 2.32 3.21 3.44 ...
 $ qsec: num  16.5 17 18.6 19.4 17 ...
 $ vs  : num  0 0 1 1 0 1 0 1 1 1 ...
 $ am  : num  1 1 1 0 0 0 0 0 0 0 ...
 $ gear: num  4 4 4 3 3 3 3 4 4 4 ...
 $ carb: num  4 4 1 1 2 1 4 2 2 4 ...
```

에서

```
> mtcars[with(mtcars, order(cyl, disp)), ]
```

은 cylinder가 작은 것에서 큰 것의 순서로, 같은 cylinder에서는 disp가 작은 것에서 큰 것의 순서로 데이터 프레임 mtcars를 정렬합니다. 한편,

```
> mtcars[with(mtcars, order(cyl,-disp)), ]
```

은 cylinder가 작은 것에서 큰 것의 순서로, 같은 cylinder에서는 disp가 큰 것

에서 작은 것의 순서로 데이터 프레임 mtcars를 정렬합니다.

데이터 프레임 x의 일부 개체를 선택하고자 할 때는 다음과 같이 `subset()` 함수를 사용합니다.

```
> subset(x, criteria)
```

예를 들어

```
> str(airquality)
'data.frame':   153 obs. of  6 variables:
 $ Ozone  : int  41 36 12 18 NA 28 23 19 8 NA ...
 $ Solar.R: int  190 118 149 313 NA NA 299 99 19 194 ...
 $ Wind   : num  7.4 8 12.6 11.5 14.3 14.9 8.6 13.8 20.1 8.6 ...
 $ Temp   : int  67 72 74 62 56 66 65 59 61 69 ...
 $ Month  : int  5 5 5 5 5 5 5 5 5 5 ...
 $ Day    : int  1 2 3 4 5 6 7 8 9 10 ...
```

에서

```
> subset(airquality, Temp > quantile(Temp, 0.95))
```

은 데이터 프레임 `airquality`에서 조건 "`Temp > quantile(Temp, 0.95)`"에 맞는 개체들을 선별해냅니다.

5. 응용: 박찬호 선수의 투수기록과 연봉

북미 메이저리그 기록을 Lahman 팩키지에서 획득할 수 있습니다. 예컨대

```
> library(Lahman)
> data(Pitching);  str(Pitching)
> data(Salaries);  str(Salaries)
```

에 투수 자료와 연봉 자료가 있습니다. 이 절에서는 메이저리거 박찬호 선수의 연도별 연결 자료를 구성하여 ERA(평균자책점; earned run average) 대 연봉의 산점도를 그리는 데 목표를 두기로 합니다. 참고로 박찬호의 선수번호(playerID)는 `"parkch01"`입니다.

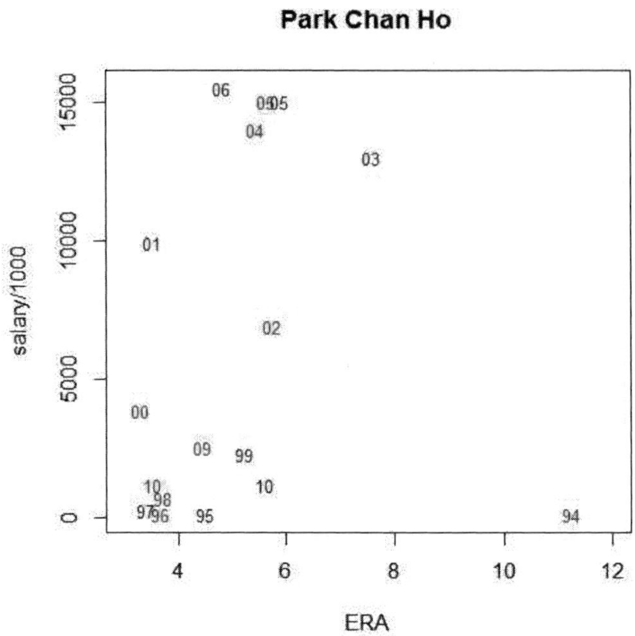

<그림 5> 박찬호 선수의 ERA 대 연봉 (단위: 1,000달러)

```
> Pitching.1 <- subset(Pitching, playerID == "parkch01")
> Salaries.1 <- subset(Salaries, playerID == "parkch01")
> str(Pitching.1)
> str(Salaries.1)
> Park <- merge(Pitching.1, Salaries.1, by = "yearID")
> str(Park)
> Park[, c(1:5,34)]
> with(Park, plot(ERA, salary/1000, xlim=c(3,12), type="n",
      main="Park Chan Ho"))
> with(Park, text(ERA, salary/1000, substring(yearID,3,4),
      col=c("red","blue"), cex=0.8))
```

<그림 5>가 출력 그래프입니다. 그래프 내 숫자는 연도입니다. 숫자의 컬러는 별 의미가 없습니다.

6. 요약 summary

- 데이터 프레임은 통계적 모형화에 적합한 표준적인 데이터 형태이다.
- NA(값없음)에 대하여는 명확한 대처가 필요하다. **is.na()** 함수를 써서 NA 케이스를 찾는다.
- 2개 데이터 프레임을 키(key) 변수를 기준으로 병합(merging)하여 연결 자료를 구성한다.
- 행렬에서와 같이 **apply()** 함수에서 데이터 프레임의 개체(행)과 변수(열)에 벡터화 연산을 적용한다.
- 특정 조건에 맞는 일부 개체를 선별하기 위해서 **subset()** 함수를 쓴다.

6장. 인자와 데이터 요약 factors and summaries

이 장에서는 범주의 코딩인 "factor"와 관련된 데이터 작업을 다룹니다. 빈도 표를 만들고 데이터를 factor의 수준별로 쪼개어 요약할 것입니다.

1. 인자(因子, factors)와 테이블

R에서 "factor"는 범주형 변수(벡터) 또는 비연속적 변수(벡터)를 지칭합니다.[1)]
인자 벡터는 문자열 벡터로부터 또는 수치형 벡터로부터 생성될 수 있습니다.

```
> set.seed(1)
> alpha <- sample(c("A", "B", "C"), 25, replace=T)
> f <- factor(alpha)
> alpha
 [1] "A" "B" "B" "C" "A" "C" "C" "B" "B" "A" "A" "A" "C" "B" "C"
[16] "B" "C" "C" "B" "C" "C" "A" "B" "A" "A"
> f
 [1] A B B C A C C B B A A A C B C B C C B C C A B A A
Levels: A B C
```

문자열인 **alpha**와 인자 벡터인 **f**가 같아 보이지만 미묘한 차이가 있습니다. 이후 차이가 점점 더 명확해질 것입니다.

```
> z <- sample(1:5, 25, replace=T)
> g <- factor(z)
> data.frame(f=f, g=g)
   f g
1  A 2
2  B 1
```

1) 그다지 마땅하지는 않지만 "factor"를 인자(因子)로 번역하겠습니다. 범주들의 숫자 코딩 정도로 이해하면 됩니다.

```
3  B 2
4  C 5
5  A 2
:
> str(data.frame(f=f, g=g))
'data.frame':   25 obs. of  2 variables:
 $ f: Factor w/ 3 levels "A","B","C": 1 2 2 3 1 3 3 2 2 1 ...
 $ g: Factor w/ 5 levels "1","2","3","4",..: 2 1 2 5 2 3 3 3 ...
```

table()은 인자 변수의 빈도표(1원, 2원)를 만들어냅니다. addmargins()는 빈도표의 주변 합을 테이블에 추가합니다.

```
> table(f)
f
A B C
8 8 9
> table(f, g)
   g
f   1 2 3 4 5
  A 1 2 0 4 1
  B 2 1 3 1 1
  C 1 0 4 3 1
> addmargins(table(f))
f
  A   B   C Sum
  8   8   9  25
> addmargins(table(f, g))
     g
f      1  2  3  4  5 Sum
  A    1  2  0  4  1   8
  B    2  1  3  1  1   8
  C    1  0  4  3  1   9
  Sum  4  3  7  8  3  25
```

다음 함수들도 테이블에 대하여 쓸모가 있습니다.

```
> class(tab)
[1] "table"
> dim(tab)
[1] 3 5
> rownames(tab)
[1] "A" "B" "C"
> colnames(tab)
[1] "1" "2" "3" "4" "5"
```

2. tapply()와 aggregate()로 데이터 요약하기

tapply(x, f, function)는 x를 f의 수준 별로 쪼개서 function을 적용합니다.

```
> set.seed(2);  x <- round(rnorm(25, 50, 10))
> data.frame(x=x, f=f)
   x f
1  41 A
2  52 B
3  66 B
4  39 C
5  49 A
:
> tapply(x, f, median)
   A    B    C
49.5 56.0 54.0
> tapply(x, f, max)
 A  B  C
70 70 71
> tapply(x, f, min)
 A  B  C
38 27 39
```

```
> tapply(x, f, function(t) max(t)-min(t))
 A  B  C
32 43 32
```

쪼갬의 대상이 벡터가 아니라 데이터 프레임인 경우에는 다음과 같이 **split()**과 **sapply()**를 함께 쓰는 것이 좋습니다.

```
> split(data.frame(x=x, z=z), f)
$A              $B              $C
    x z             x z              x z
1  41 2         2  52 1         4  39 5
5  49 2         3  66 2         6  51 3
10 49 5         8  48 3         7  57 3
11 54 4         9  70 1         13 46 1
12 60 4         14 40 4         15 68 3
22 38 1         16 27 5         17 59 4
:
> s <- split(data.frame(x=x, z=z), f)
> class(s)
[1] "list"
> sapply(s, apply, 2, median)
     A  B  C
x 49.5 56 54
z  4.0  3  3
```

aggregate(x, list(f,g), function**)**은 **x**(벡터 또는 데이터 프레임)를 **f**와 **g**의 조합으로 쪼개서 function을 적용합니다.

```
> aggregate(data.frame(x=x, z=z)$x, list(f), sum)
  Group.1   x
1       A 411
2       B 429
3       C 495
> aggregate(data.frame(x=x, z=z)$x, list(f,g), sum)
   Group.1 Group.2   x
```

```
1        A      1  38
2        B      1 122
3        C      1  46
4        A      2  90
5        B      2  66
6        B      3 174
7        C      3 230
8        A      4 234
9        B      4  40
10       C      4 180
11       A      5  49
12       B      5  27
13       C      5  39
```

3. cut()에 의한 구간화

cut(x, breaks)는 수치형 벡터 x를 breaks로 쪼개서 factor 변수로 만드는, 소위 구간화(binning)를 합니다.

```
> x <- runif(100,0,10)
> y <- 5 + 0.5*(x-5) + rnorm(100)
> x.cut <- cut(x, 0:10)
> class(x.cut)
 [1] "factor"
> cbind(x, x.cut)
                x x.cut
 [1,] 1.96971836     2
 [2,] 7.26081392     8
 [3,] 0.80651476     1
 [4,] 3.62379239     4
 [5,] 0.99572519     1
```

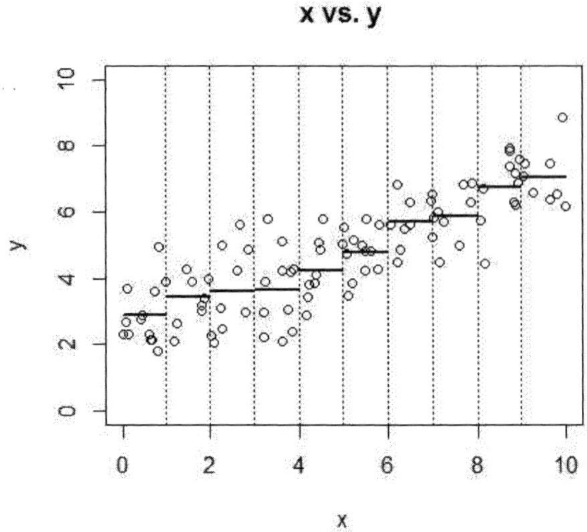

<그림 1> x의 구간화와 구간별 평균의 이동

다음은 (x, y)의 산점도에 x의 구간별 평균을 막대로 넣어 구간별 평균의 이동을 산출하는 R 스크립트입니다.

```
> y.local <- aggregate(y, list(x.cut), mean)
> y.local
  Group.1        x
1    (0,1] 2.885938
2    (1,2] 3.430808
3    (2,3] 3.631831
4    (3,4] 3.666272
:
10  (9,10] 7.071023
> plot(x, y, ylim=c(0,10), main="x vs. y")
> segments(0:9, y.local$x, 1:10, y.local$x, lwd=2)
> abline(v=1:9, lty="dotted", col="blue")
```

<그림 1>이 출력입니다. 일종의 비모수적 회귀분석입니다.

4. 응용: Major League Baseball

Lahman 패키지의 Salaries 데이터는 1985년 이후 MLB 선수들의 연봉기록을 담고 있습니다. 이 절의 목표는

1) 팀 중간값 연봉의 비교,
2) LA Dodgers 연봉 자료의 시각화

에 있습니다. 단, 분석 자료는 2013년에 한정하도록 합니다.

```
> library(Lahman)
> data(Salaries)
> str(Salaries)
'data.frame':   24758 obs. of  5 variables:
 $ yearID  : int  1985 1985 1985 1985 1985 1985 1985 1985 ...
 $ teamID  : Factor w/ 37 levels "ANA","ARI", ..: 3 3 3 3...
 $ lgID    : Factor w/ 2 levels "AL","NL": 2 2 2 2 2 2 2 2 ...
 $ playerID: chr  "barkele01" "bedrost01" "benedbr01" ...
 $ salary  : int  870000 550000 545000 633333 625000 800000 ...

> Salaries.2013 <- subset(Salaries, yearID==2013)
> attach(Salaries.2013)
```

team 별로 몇 명씩의 선수들이 등록되었나를 살펴보기 위하여 teamID의 빈도를 뽑아봅니다.

```
> table(teamID)
teamID
ANA ARI ATL BAL BOS CAL CHA CHN CIN CLE COL DET FLO HOU KCA LAA
  0  30  27  26  29   0  28  26  25  28  25  24   0  22  27  26
LAN MIA MIL MIN ML4 MON NYA NYM NYN OAK PHI PIT SDN SEA SFG SFN
 32  24  25  27   0   0  31   0  30  31  26  28  28  26   0  28
SLN TBA TEX TOR WAS
 28  23  29  31  25
```

빈도가 0인 7개 팀을 데이터 프레임에서 떼어 내겠습니다.

```
> tab <- table(teamID)
> teamID.1 <- factor(teamID)
> levels(teamID.1) <- names(tab)[tab > 0]
> dim(table(teamID.1))
[1] 30
```

이제 30개 팀이 남았습니다. 팀(teamID.1) 각각에 중간값 함수 **median()**을 적용합니다. 이런 목적으로는 **tapply()** 함수가 제격입니다.

```
> tapply(salary, teamID.1, median)
    ARI     ATL     BAL     BOS     CHA     CHN     CIN     CLE 
1562500  725000 1710000 4100000 1462500 2000000 2350000  875000 
    COL     DET     HOU     KCA     LAA     LAN     MIA     MIL 
1500000 3750000  495000 1000000 2812500 4230750  506450 1450000 
    MIN     NYA     NYN     OAK     PHI     PIT     SDN     SEA 
 520000 2850000  502586  550000 1375000 1125000 1197500 1025000 
    SFN     SLN     TBA     TEX     TOR     WAS 
1650000  518500 2000000 2000000 2750000 2500000 
```

보기에 불편합니다. 시각화를 하는 것이 좋겠습니다.

```
> tab <- table(teamID)
> par(family="mono")        # control of the font type
> barplot(tapply(salary/1000, teamID.1, median), horiz=T, las=1,
     main="median salary (in 1,000)")
```

그래픽 출력은 <그림 2>입니다. 그런데 막대의 배열순서가 teamID의 알파벳에 따른 것이어서 들쭉날쭉합니다.

이것을 중간값 순서로 배열하여 보겠습니다. <그림 3>을 보십시오. 보기에 훨씬 낫습니다.

```
> par(mar=c(2,4,4,2))
> barplot(sort(tapply(salary/1000, teamID.1, median)), horiz=T,
    las=1, main="median salary (in 1,000)")
```

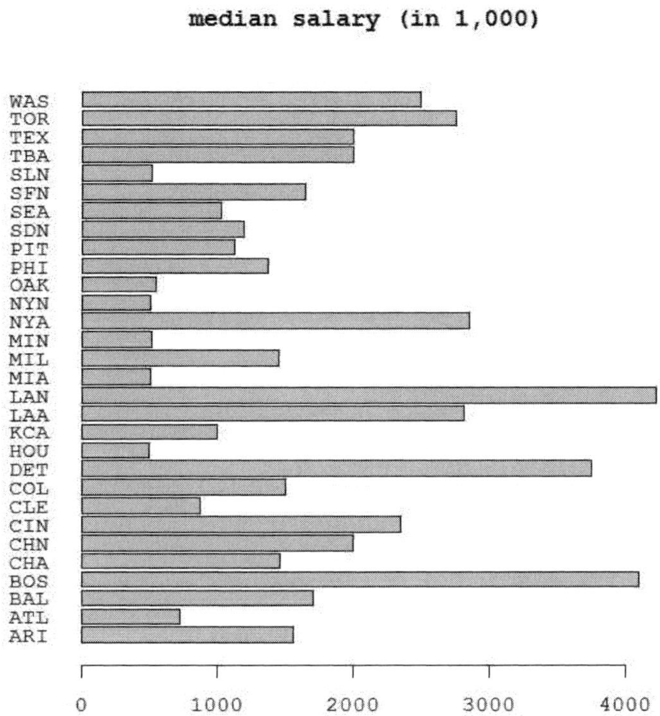

<그림 2> MLB 팀 중간값 연봉의 비교

이제 팀 내에서의 선수 별 연봉을 비교해보겠습니다. 일단 전체 30개 팀 자료를 팀 단위로 쪼갭니다.

```
> Salaries.2013.s <- split(Salaries.2013, teamID.1)
> class(Salaries.2013.s)
[1] "list"
> names(Salaries.2013.s)
 [1] "ARI" "ATL" "BAL" "BOS" "CHA" "CHN" "CIN" "CLE" "COL" "DET"
[11] "HOU" "KCA" "LAA" "LAN" "MIA" "MIL" "MIN" "NYA" "NYN" "OAK"
[21] "PHI" "PIT" "SDN" "SEA" "SFN" "SLN" "TBA" "TEX" "TOR" "WAS"
```

이 중에서 Dodgers 자료 Salaries.2013.s$LAN에 들어갑니다. 그리고 연봉 순서

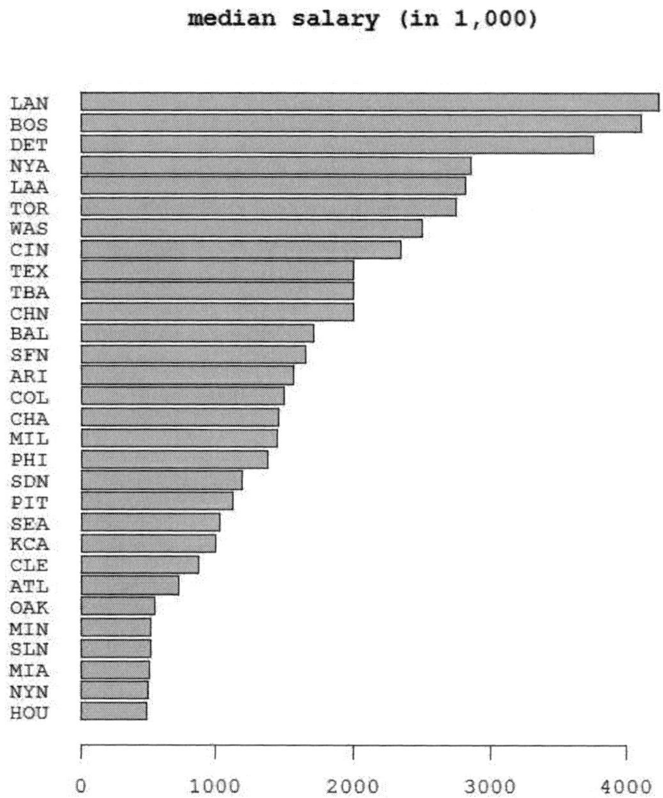

<그림 3> MLB 팀 중간값 연봉의 비교

로 막대그림을 그립니다.

```
> attach(Salaries.2013.s$LAN)
> names(salary) <- playerID
> par(mar=c(2,7,4,2))
> barplot(sort(salary/1000), horiz=T, las=1,
      main="LA Dodgers salary (in 1,000)")
```

<그림 4>를 보세요. 멋지기는 한데 선수들이 이름이 아니라 고유번호(playerID)로 식별되어 있어 읽는 데 어려움이 있습니다. 고유번호 대신 선수들의 성(last name)이 나오도록 하는 것이 좋겠는데 그 정보는 Master 데이터에 있습니다.

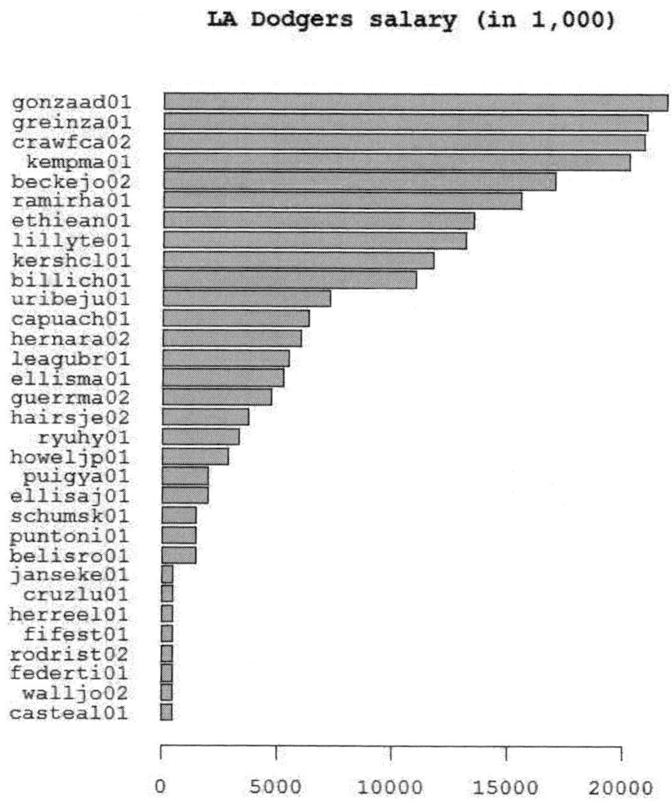

<그림 4> LA Dodgers 선수들의 연봉

따라서 다음과 같이 last name 정보(변수명 nameLast)를 Master 데이터에서 끌어옵니다.

```
> data(Master)
> str(Master)
'data.frame':   18589 obs. of  26 variables:
 $ playerID    : chr  "aardsda01" "aaronha01" "aaronto01" ...
 $ birthYear   : int  1981 1934 1939 1954 1972 1985 1854 1877 ...
 $ birthMonth  : int  12 2 8 9 8 12 11 4 11 10 ...
 :
```

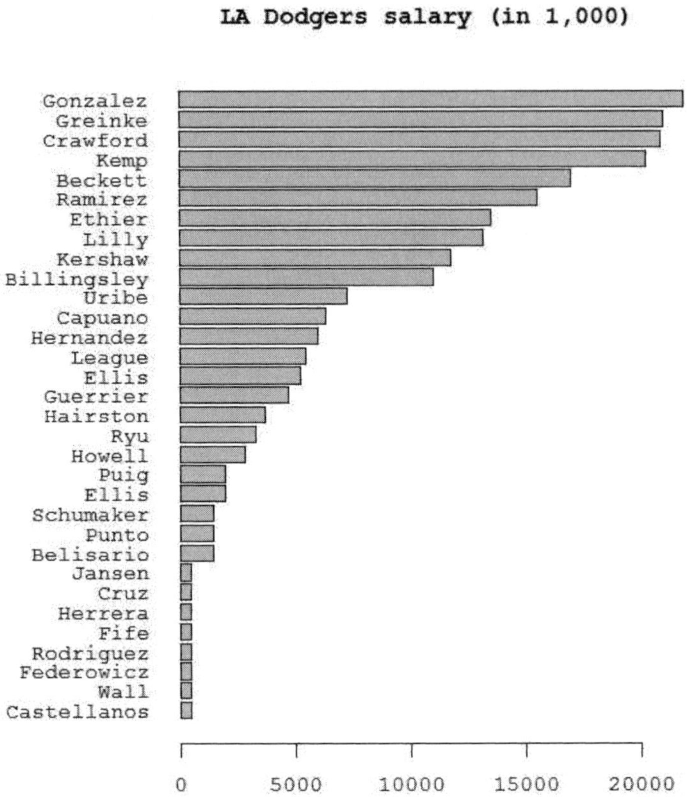

<그림 5> LA Dodgers 선수들의 연봉

```
 $ nameFirst   : chr  "David" "Hank" "Tommie" "Don" ...
 $ nameLast    : chr  "Aardsma" "Aaron" "Aaron" "Aase" ...
 $ nameGiven   : chr  "David Allan" "Henry Louis" "Tommie Lee" ...
 $ weight      : int  205 180 190 190 184 220 192 170 175 169 ...
 $ height      : int  75 72 75 75 73 73 72 71 71 68 ...
 $ bats        : Factor w/ 3 levels "B","L","R": 3 3 3 3 2 2 ...
 $ throws      : Factor w/ 2 levels "L","R": 2 2 2 2 1 1 2 2 ...
 :
> nameLast <- Master$nameLast[Master$playerID %in% playerID]
> names(salary) <- nameLast
```

이제 터치다운!

```
> barplot(sort(salary/1000), horiz=T, las=1,
          main="LA Dodgers salary (in 1,000)")
```

<그림 5>를 보세요.

추기: 야구를 좀 안다면 야구 데이터 이야기도 재미있을 것입니다. 야구 데이터 분석에 대하여 아주 좋은 책이 있습니다. 책 제목은

Analyzing Baseball Data with R

입니다. 저자는 Marchi와 Albert인데 2013년 Chapman and Hall (CRC)에서 출간되었죠. 이 책에서 다루는 데이터는

`Lahman` 팩키지의 Teams, Batting, Pitching, Salaries
`retrospect`: game-by-game, play-by-play
`PITCHf/x`: pitch-by-pitch

등입니다. 이 책의 부록 3개 장에 걸쳐 야구 이야기가 계속됩니다.

5. 카이제곱 검정 chi-square test for two-way tables

2원 $p \times q$ 교차표 $M(=m_{ij})$에 대하여 행과 열의 독립성 검정은

$$\chi^2 = \sum_{i=1}^{p} \sum_{j=1}^{q} (m_{ij} - e_{ij})^2 / e_{ij}$$

인데 여기서 e_{ij}는 독립성 전제하에서의 기대도수입니다. 즉,

$$e_{ij} = m_{i+} m_{+j} / n, \quad m_{i+} = \sum_{j=1}^{q} m_{ij}, \; m_{+j} = \sum_{i=1}^{p} m_{ij}, \quad n = \sum_{i=1}^{p} \sum_{j=1}^{q} m_{ij}$$

입니다. χ^2은 독립성 전제하에서 근사적으로 자유도(d.f.)가 $(p-1)(q-1)$인 카이제곱분포를 따릅니다. 독립성 전제하에서 각 칸의 잔차는

$$r_{ij} = (m_{ij} - e_{ij}) / \sqrt{e_{ij}}$$

이므로 결국 χ^2는 $\sum_i \sum_j r_{ij}^2$과 같습니다.

카이제곱 검정은 **chisq.test()** 함수에 의해 잘 구현되어 있습니다. 이 함수의 help에 다음 수치 예가 있습니다.

```
> M <- as.table(rbind(c(762, 327, 468), c(484, 239, 477)))
> dimnames(M) <- list(gender=c("F","M"),
                      party=c("Democrat","Independent","Republican"))
> M
      party
gender Democrat Independent Republican
     F      762         327        468
     M      484         239        477
> Xsq <- chisq.test(M)  # prints test summary
> Xsq
      Pearson's Chi-squared test
data:  M
X-squared = 30.07, df = 2, p-value = 2.954e-07
> Xsq$observed   # observed counts (same as M)
     party
gender Democrat Independent Republican
     F      762         327        468
     M      484         239        477
> Xsq$expected   # expected counts under the null
     party
gender Democrat Independent Republican
     F 703.6714    319.6453   533.6834
     M 542.3286    246.3547   411.3166
> Xsq$residuals  # Pearson residuals
     party
gender   Democrat Independent Republican
     F  2.1988558   0.4113702 -2.8432397
     M -2.5046695  -0.4685829  3.2386734
```

이상의 계산을 제공하는 사용자 정의 함수를 만들어보겠습니다.

```
> chisq4tab <- function(tab){
  row.sum <- apply(tab, 1, sum)
  col.sum <- apply(tab, 2, sum)
  n <- sum(tab)
  expected <- matrix(row.sum, ncol=1) %*% matrix(col.sum,
  nrow=1)/n
  dimnames(expected) <- dimnames(tab)
  residuals <- (tab - expected)/sqrt(expected)
  chisq <- sum(residuals^2)
  df <- (nrow(tab)-1)*(ncol(tab)-1)
  pvalue <- 1 - pchisq(chisq, df)
  return(list(observed=tab, expected=expected, residuals=residuals,
              chisq=chisq, df=df, pvalue=pvalue))
  }

> chisq4tab(M)
$observed
      party
gender Democrat Independent Republican
     F      762         327        468
     M      484         239        477
$expected
      party
gender Democrat Independent Republican
     F 703.6714    319.6453   533.6834
     M 542.3286    246.3547   411.3166
$residuals
      party
gender   Democrat Independent Republican
     F  2.1988558   0.4113702 -2.8432397
     M -2.5046695  -0.4685829  3.2386734
```

```
$chisq
[1] 30.07015
$df
[1] 2
$pvalue
[1] 2.953589e-07
```

6. 요약 summaries

- 인자(factor)는 범주형 변수(벡터) 또는 비연속적 변수(벡터)를 지칭한다.
- tapply(x,f,g)는 벡터 x를 인자 f의 수준별로 쪼개서 함수 g를 적용한다.
- split(df,f)는 데이터 프레임 df를 인자 f의 수준별로 리스트화 한다.
- cut(x,breaks)는 벡터 x를 breaks로 구간화된 인자(factor)로 변환한다.

7장. 프로그래밍 구조 programming structures

이제 프로그래밍이 초급 단계를 벗어나 순환반복(loop)과 조건부 나눔을 접할 차례가 되었습니다. 이 장에서는 R에서의 각종 loop 구문과 if-else 구문을 소개하고자 합니다. 또한 함수의 한 단계 높은 활용을 다룹니다.

1. 순환반복(loop)의 제어

가장 단순한 순환반복 구문은 for입니다. 이것의 용법은

```
for (name in expr_1) expr_2
```

입니다. 여기서 **name**은 R 변수이고 **expr_1**과 **expr_2**는 R 표현입니다. 그러면 **expr_1**이 만족되는 모든 **name**에서 **expr_2**가 실행됩니다.

예 1. $i = 1$부터 10까지 i^4의 합을 구하기, 즉 $\sum_{i=1}^{10} i^4$를 계산하기.

```
> temp <- 0
> for (i in 1:10) temp <- temp + i*i*i*i
> temp
[1] 25333
```

예 2. $x = 10, 7, 4, 1$에 대하여 $\sqrt{x}$의 합을 구하기.

```
> temp <- 0
> x <- 10
> for (n in 1:5){
    temp <- temp + sqrt(x)
    x <- x-3
  }
Warning message:
In sqrt(x) : NaNs produced
> temp
[1] NaN
```

순환반복 구문을 쓰다보면 괜찮은 스크립트 같은데도 오류가 뜨는 경우가 있습니다. 숨겨진 구멍이 있기 때문인데요, 어디에 구멍이 있는가를 알아내기 위한 기본 방법은 for 루프 내에 print() 문을 임시로 넣는 것입니다.

```
> temp <- 0
> x <- 10
> for (n in 1:5){
    print(x)
    temp <- temp + sqrt(x)
    x <- x-3
  }
[1] 10
[1] 7
[1] 4
[1] 1
[1] -2
Warning message:
In sqrt(x) : NaNs produced
```

이것을 보면 x가 -2가 된 후 sqrt(x)를 계산하는 과정에서 오류가 발생한 것을 알 수 있습니다. x가 -2가 되기 전에 실행을 멈추어야 하므로 for 문을 "for (n in 1:4)"로 고쳐야 합니다.

while 문도 순환반복의 제어에 상당히 유용합니다. 이것의 용법은

```
while (condition) expr
```

입니다. 여기서 condition은 R에 제시되는 조건이고 expr은 조건이 참인 동안 실행할 R 표현입니다.

예 3. $i = 1$부터 $i^4 < 100000$까지 i^4의 합을 구하기, 즉 $\sum_{i \geq 1,\, i^4 < 100000} i^4$.

```
> temp <- 0
> i <- 1
> while (i^4 < 100000) {
    temp <- temp + i^4
```

```
        i <- i+1
    }
> c(i-1, temp)
[1]     17 327369
```

repeat {} 문은 중괄호 내 작업을 반복하되 **break**를 만나면 작업을 중지합니다. 앞의 계산을 위해 코딩을 다음과 같이 할 수 있습니다.

예 3 [계속]. $i = 1$부터 $i^4 < 100000$까지 i^4의 합을 구하기.

```
> temp <- 0
> i <- 1
> repeat {
        if (i^4 >= 100000) break
        temp <- temp + i^4
        i <- i+1
    }
> c(i-1, temp)
[1]     17 327369
```

위 스크립트에서 사용된 **if** 문에 대하여는 바로 아래에 설명됩니다.

2. if-else 제어

if-else 문의 일반적 용법은

```
if (condition) statement1 else statement2
```

로서, 제시된 condition이 TRUE이면 statement1을 실행하고 FALSE이면 statement2를 실행합니다. **else statement2**는 생략이 가능합니다.

예 1 [baseball]. 야구 1 이닝에서 히트 수 구하기

히트로 진루하거나 아니면 아웃되는 '어린이 야구'에서 1 이닝 히트 수를 세어봅

니다. 물론 아웃 3개면 이닝이 종료됩니다. 아래의 몬테칼로 스크립트에서는 타자가 히트로 진루할 확률을 0.4로, 아웃될 확률을 0.6으로 두었습니다.

```
> outs <- 0
> hits <- 0
> repeat{
      x <- sample(c(0,1), 1, prob=c(0.6,0.4))
      print(x)
      if (x == 1) hits <- hits + 1 else outs <- outs+1
      if (outs >= 3) break
  }
[1] 1
[1] 1
[1] 0
[1] 1
[1] 0
[1] 1
[1] 0
> hits
[1] 4
```

예 2. [gambling] 매 게임 당 1$씩 배팅하다가 털리면 정지되는 도박

3$을 가지고 시작한다고 하고 각 게임에서 1$을 획득할 확률이 0.4이고
1$을 잃을 확률이 0.6이라고 합시다.

```
> position <- 3
> count <- 1
> repeat {
      x <- sample(c(0,1), 1, prob=c(0.6,0.4))
      print(x)
      position <- if (x == 1) position + 1 else position-1  #
      if (position <= 0) break
      count <- count + 1
  }
```

```
[1] 1
[1] 0
[1] 0
[1] 0
[1] 0
> count
[1] 5
```

앞의 스크립트에서 오른 쪽 끝에 # 기호가 붙은 구문은

```
position <- position + ifelse(x==1, 1, -1)
```

과 같습니다. **ifelse()**는 **if** 문과는 달리 벡터 계산이 가능합니다.

참고: **if-else** 제어문과 **ifelse** 함수의 차이

if-else 제어문과 **ifelse** 함수는 엇비슷해보여도 중요한 차이가 있습니다. **ifelse** 함수에서 조건의 표현에서는 진위 값 벡터가 허용되지만 **if-else** 제어문에서는 조건의 표현이 단일 값이어야 합니다. 예컨대

```
> cond <- sample(c("T","F"), 8, replace=T)
> cond
 [1] "F" "T" "F" "T" "F" "T" "T" "F"
```

if-else 제어문에 대한 **R**의 반응은 다음과 같습니다.

```
> if (cond) score <- "win" else score <- "lose"
Warning message:
In if (cond) score <- "win" else score <- "lose" :
the condition has length > 1 and only the first element will be used
> score
[1] "lose"
```

즉, **if-else** 제어문은 **cond**의 첫 번째 요소에 대해서만 일을 처리합니다. 그러나 **ifelse** 함수를 쓰면 R이 조건 표현의 **8**개 값 각각에 대하여 일을 합니다.

```
> score <- ifelse(cond, "win", "lose")
> score
 [1] "lose" "win"  "lose" "win"  "lose" "win"  "win"  "lose"
```

3. 사용자 정의 함수 user-defined functions

사용자 정의 함수는 좋은 프로그래밍에서 필수적입니다. 함수는 컴퓨팅 작업을 모듈화 하므로 디버깅이 명료하고 다른 프로그램에 가져가 쓸 수 있습니다. 용법은 다음과 같습니다.

```
f <- function(arguments) {
        statements
        :
}
```

예 1. [baseball] 다음은 앞 절의 예 1을 함수화한 것입니다.

```
> baseball <- function(prob){
     outs <- 0;  hits <- 0
     repeat{
         x <- sample(c(0,1), 1, prob=prob)
         if (x == 1) hits <- hits + 1 else outs <- outs+1
         if (outs >= 3) break
     }
     return(hits)
  }
```

이제 baseball()이라는 함수가 정의되었는데 인수 prob의 값에 따라 달리 기능합니다. 예컨대

```
> baseball(c(0.75,0.25))
[1] 3
```

입니다. 다음은 9 이닝 게임에서 한 팀의 히트 수를 모의실행해내는 스크립트입니다.

```
> game.hits <- 0
> for (i in 1:9) game.hits <- game.hits + baseball(c(0.75,0.25))
> game.hits
[1] 7
```

출력이 제대로 나옵니다. 그런데 다음을 시도해보십시오.

```
> outs
Error: object 'outs' not found
```

이런 오류가 뜨는 이유는 **outs**가 함수 내부에 있을 뿐 밖에는 나오지 않기 때문입니다. 이런 변수를 지역변수(local variable)라고 합니다.

지역변수를 밖으로 꺼내기 위한 방법에는 두 가지가 있습니다. 한 방법은 값을 넣는 기호로 "<-" 대신 "<<-"를 쓰는 것입니다. 그러면 해당 변수가 대역적(global) 변수가 되어 함수 밖에서도 존재하게 됩니다. 즉, 앞의 예에서 함수를

```
> baseball.1 <- function(prob){
      outs <<- 0
      hits <- 0
      repeat{
          x <- sample(c(0,1), 1, prob=prob)
          if (x == 1) hits <- hits + 1 else outs <<- outs+1
          if (outs >= 3) break
      }
      return(hits)
  }
```

로 코딩합니다. 그러면 다음과 같이 잘 작동합니다.

```
> baseball.1(c(0.75,0.25))
[1] 1
> outs
[1] 3
```

사용자 함수를 실행하여 2개 이상의 벡터를 반환 받고자 하는 경우에는 산출물을 **list()**로 묶어 반환(return)합니다. 예컨대, 앞의 예에서 outs를 지역변수로 남기되 밖으로 꺼내는 다른 한 방법은 다음과 같이 **hits**와 **outs**를 묶어 **return**하는 것입니다.

```
> baseball <- function(prob){
      outs <- 0
      hits <- 0
```

```
        repeat{
            x <- sample(c(0,1), 1, prob=prob)
            if (x == 1) hits <- hits + 1 else outs <- outs+1
            if (outs >= 3) break
        }
        return(list(hits=hits, outs=outs))
    }

> baseball(c(0.75,0.25))
$hits
[1] 1
$outs
[1] 3
```

4. 함수의 활용 예

예 1. baseball

야구에서 1 이닝 득점을 산출하는 함수 one.inning를 만들어보기로 합니다. 히트로만 진루할 수 있지만 히트의 1루타, 2루타, 3루타, 홈런을 모두 허용합니다.

```
one.inning <- function(prob=c(0.75, 0.15, 0.05, 0.025, 0.025)) {
    run <- 0
    out <- 0
    base <- c(0,0,0,0,0,0,0)
    repeat{
        hit <- sample(0:4, 1, prob=prob)
        if (hit > 0) {
                    base[hit + (1:3)] <- base[1:3]
                    base[hit] <- 1
                    if (hit > 1) base[1:(hit-1)] <- 0
                    run <- run + sum(base[4:7])
                    base[4:7] <- 0
         } else {
         out <- out+1
```

```
            if (out >= 3) break
            }
        }
        return(list(run=run, out=out, bases=base[1:3]))
    }
```

작동이 제대로 되는지 확인해봅니다. 다음은 팀 A와 팀 B의 타자들의 아웃과 1루타, 2루타, 3루타, 홈런의 확률을 각각 0.75, 0.15, 0.05, 0.025, 0.025로 세팅하였습니다.

```
> prob.A <- c(0.75, 0.15, 0.05, 0.025, 0.025)
> prob.B <- c(0.75, 0.15, 0.05, 0.025, 0.025)
> score.A <- 0
> score.B <- 0
> for (i in 1:9){
    score.A <- score.A + one.inning(prob.A)$run
    score.B <- score.B + one.inning(prob.B)$run
> }
> c(score.A, score.B)
[1] 5 3
```

예 2. quick sort

길이 n의 수치 벡터를 크기 순서로 정렬하는 문제입니다. 순서 정렬의 한 알고리즘인 "quick sort"는

1) 한 값(key)과 나머지들(therest)을 비교하여 작은 것들은 왼편(sv1)에, 큰 것들은 오른편(sv)에 붙이고

2) sv1과 sv2 각각에 앞의 과정을 반복하여 적용

하는 재귀적 작업의 반복을 하여 n개의 수치 값들을 순서대로 늘어놓습니다.

<그림 1>에서 개념도를 보세요. 편의상 key는 첫 번째 자료 값으로 합니다.

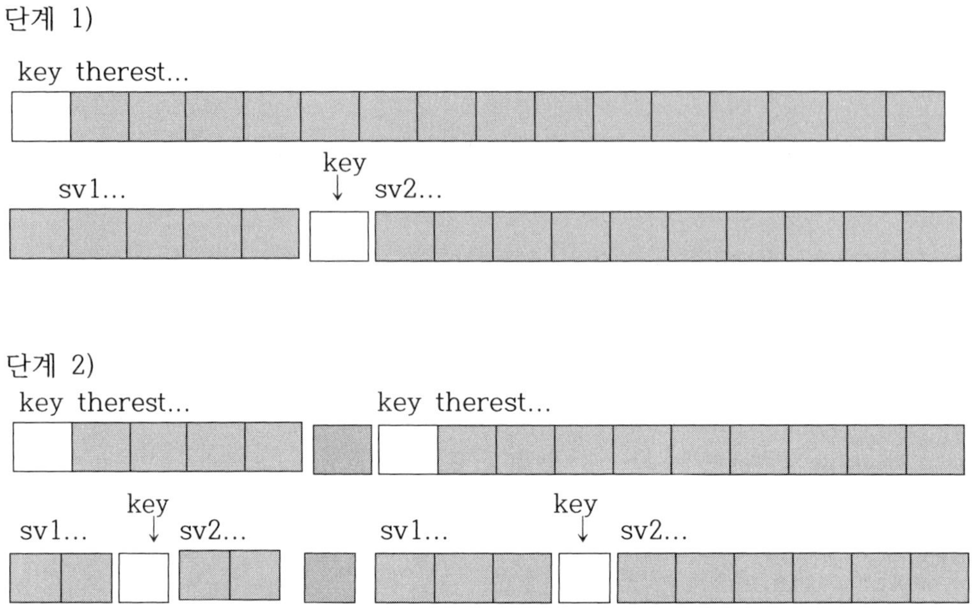

<그림 1> "quick sort" 알고리즘의 개념도

R에서는 이런 기법을 '함수의 재귀적 호출'(recursive calls of a function)이라고 합니다.

다음이 quick sort를 하는 R 스크립트입니다. 사용자 정의 함수 **quick()**의 내부에서 **quick()**이 2회에 걸쳐 호출되는 것을 볼 수 있습니다.

```
quick <- function(x){
    if (length(x) <= 1) return(x)
    pivot <- x[1]
    therest <- x[-1]
    sv1 <- therest[therest < pivot]
    sv2 <- therest[therest >= pivot]
    sv1 <- quick(sv1)
    sv2 <- quick(sv2)
    return(c(sv1, pivot, sv2))
}
```

```
> x <- round(runif(100), 2)
> quick(x)
  [1] 0.04 0.04 0.06 0.09 0.11 0.11 0.13 0.13 0.13 0.13
 [11] 0.15 0.18 0.21 0.22 0.24 0.24 0.24 0.25 0.25 0.26
 [21] 0.26 0.27 0.28 0.29 0.30 0.30 0.30 0.32 0.33 0.34
 [31] 0.35 0.36 0.36 0.36 0.37 0.38 0.38 0.40 0.41 0.41
 [41] 0.42 0.42 0.42 0.44 0.45 0.46 0.48 0.48 0.50 0.51
 [51] 0.52 0.53 0.54 0.55 0.56 0.56 0.57 0.57 0.58 0.58
 [61] 0.58 0.58 0.59 0.60 0.62 0.63 0.63 0.63 0.64 0.66
 [71] 0.66 0.67 0.69 0.70 0.70 0.70 0.71 0.72 0.73 0.75
 [81] 0.77 0.81 0.82 0.83 0.83 0.84 0.84 0.88 0.90 0.91
 [91] 0.91 0.94 0.95 0.95 0.96 0.97 0.98 0.98 0.98 0.99
```

예 3. binary search

순서 정렬된 길이 n의 수치 벡터 v에서 key 값 x의 위치를 검색하는 문제입니다. 구체적으로, 목표는 x에 가장 가까운 왼쪽(작은) 값과 오른쪽(큰) 값을 찾는 데 있습니다. binary search 알고리즘은

1) key 값 x를 검색대상의 중간위치 값과 비교하여, 작으면(or 크면) 검색 대상을 전반부(or 후반부)로 축소합니다. 이에 따라 검색대상의 길이가 n에서 대략 절반인 $n/2$로 줄어듭니다.

2) 앞의 과정을 반복합니다.

다음이 binary search를 하는 R 스크립트입니다 (`compare =` v).

```
search <- function(compare, x){
   n <- length(compare)
   n.1 <- 1;  n.2 <- n
   if (x <= min(compare)) print("x is not larger than the minimum")
   if (x >= max(compare))
                         print("x is not smaller than the maximum")
   if (x > min(compare) & x < max(compare)) {
      repeat{
         if (n.2 - n.1 <= 1) break
```

```
            k <- round((n.1+n.2)/2)
            if(compare[k] < x) n.1 <- k else n.2 <- k
        }
    return(c(n.1, n.2))
    }
}
```

사용 예:

```
> score <- sort(rnorm(100, 50, 10))
> z <- rnorm(1, 50, 10)
> search(score, z)
[1] 81 82
> index <- search(score, z)
> round(c(left=score[index[1]], x=z, right=score[index[2]]), 1)
 left     x right
 59.2  59.3  59.5
```

예 4. blackjack

간단한 블랙잭 (일명 21) 게임을 코딩하여 봅시다. 딜러 대 1인의 플레이어가 맞붙는 상황에서 트럼프 카드 게임을 하는데 다음 규칙이 적용된다고 합시다.

1) 딜러가 2장의 카드를 가져갑니다. “A” 카드는 11점으로, “J”, “Q”, “K” 카드는 각각 10점으로 환산됩니다. 나머지 숫자 카드는 숫자로 환산됩니다. 딜러 점수는 두 카드 점수의 합입니다. 따라서 딜러 점수의 최대값은 21입니다.
2) 플레이어도 2장의 카드를 가져갑니다. 카드의 점수 환산 방식은 앞에서와 같습니다.
3) 플레이어는 일정 값(14점)에 미달하는 경우 한 장을 더 가져갑니다. “A” 카드는 1점으로, 다른 카드의 점수 환산은 앞에서와 같이 합니다. 플레이어 점수를 업데이트합니다. 점수가 22점 이상이면 플레이어는 “bust” 됩니다 (패배 확정). 점수가 일정 값에 미달하는 경우 이 단계의 맨 앞으로 갑니다.

4) 딜러는 점수가 17점 미만이면 카드 한 장을 더 뽑습니다. 그 카드의 점수를 환산하는데 "A" 카드는 1점으로, 다른 카드의 점수 환산은 앞에서와 같이 합니다. 딜러 점수를 업데이트합니다. 점수가 22점 이상이면 딜러는 "bust" 됩니다. 점수가 17점 미만이면 다시 이 단계의 앞으로 갑니다.

5) 딜러만 "bust"된 경우, 게임은 플레이어 승리입니다. 딜러와 플레이어가 모두 bust되지 않은 경우 플레이어 점수가 딜러 점수보다 크면 플레이어 승리, 같으면 무승부, 작으면 플레이어 패배입니다.

다음이 이를 코딩한 R 스크립트입니다. `score()`와 `score.1()`은 각각 처음 두 카드와 추가 카드를 점수로 환산하는 함수입니다.

```
cards <- sample(rep(c("A",2:10,"J","Q","K"),4))
score <- function(x) {
     if (x %in% c("J","Q","K")) return(10)
     else if (x == "A") return(11)
     else return(as.numeric(x))
}
score.1 <- function(x) {
     if (x %in% c("J","Q","K")) return(10)
     else if (x == "A") return(1)
     else return(as.numeric(x))
}
d.cards <- cards[1:2]
p.cards <- cards[3:4]
count <- 4
d.score <- sum(sapply(d.cards, score))
p.score <- sum(sapply(p.cards, score))
while (p.score < 14) {
    p.cards <- c(p.cards, cards[count+1])
    p.score <- p.score + score.1(cards[count+1])
    count <- count + 1
}
p.bust <- ifelse(p.score >= 22, 1, 0)
while (d.score < 17) {
    d.cards <- c(d.cards, cards[count+1])
```

```
    d.score <- d.score + score.1(cards[count+1])
    count <- count + 1
}
d.bust <- ifelse(d.score >= 22, 1, 0)
if(p.bust==1) result <- "lose" else
    if(d.bust==1) result <- "win" else
        if(p.score > d.score) result <- "win" else
            if(p.score < d.score) result <- "lose" else
                result <- "draw"
result
p.cards
ifelse(p.bust==1, "player bust", p.score)
d.cards
ifelse(d.bust==1, "dealer bust", d.score)
```

한 판의 결과를 보도록 할까요? (시행결과는 매번 달라집니다).

```
> result
[1] "win"                     → 결과적으로는 플레이어가 이겼습니다.
> p.cards
[1] "A" "J"                   → 플레이어의 카드는 "A"와 "J"
> ifelse(p.bust==1, "player bust", p.score)
[1] 21                        → 플레이어의 점수는 21점, 최고점입니다.
> d.cards
[1] "3"  "9"  "10"            → 딜러의 카드는 "3", "9", "10"
> ifelse(d.bust==1, "dealer bust", d.score)
[1] "dealer bust"             → 딜러가 "bust"되었습니다.
```

연습문제 1. 앞의 블랙잭 게임을 1,000번 하여 플레이어의 전적을 산출해보세요. 플레이어가 새 카드를 받는 조건을 '14점 미만'에서 '13점 미만'으로 조정하면 승률이 어떻게 달라집니까?

5. 요약 summaries

- 가장 단순한 순환반복 구문은 `for` 문이다: `for (name in expr_1) expr_2`
- 순환반복의 제어에 유용한 `while` 문은 `while (condition) expr`
- `if-else` 문은 필수이다: `if (condition) statement1 else statement2`
- `ifelse(test, yes, no)`는 함수이다.
- 프로그래밍의 고수는 사용자 정의 함수를 잘 활용한다.

8장. 입력과 출력 input and output

데이터 분석을 위하여 R을 사용하는 경우 데이터의 입력과 분석 결과물의 출력만큼 절실한 것이 없습니다. 이 장에서는 csv 파일 등 각종 데이터 파일을 읽는 법, 그래픽 출력의 보관 등의 입력과 출력 방법을 다룹니다.

1. read.table()과 write.table()

가장 단순한 입력문은 `read.table()`입니다. 이것은 텍스트 파일을 읽어 내부 저장소에 데이터 프레임으로 자리 잡게 합니다.

예 1. exams.txt

아래에 텍스트 형태의 자료가 있습니다. 이 자료는 26명이 수강한 교과에서 시험 성적인데, 변수(field)는 course.id(일련번호), 중간시험, 기말시험 등 3개입니다.

```
course.id   mid   final
1           8     11
2           22    24
3           25    31
4           25    13
5           21    34
:
```

첫 번째 해야 할 작업은 데이터 파일이 있는 위치, 즉 working directory의 위치를 R에 알려주는 일입니다. 현재의 작업 디렉터리는

```
> getwd()
[1] "D:/"
```

인데, 데이터 파일의 위치가 `"D:/R_programming/chapter_08"`이라면

```
> setwd("D:/R_programming/chapter_08")
```

을 해줍니다 (inverse slash('\')가 아니라 slash!). 이제는 작업 디렉터리가

```
> getwd()
[1] "D:/R_programming/chapter_08"
```

입니다. 여기서 dir()을 넣으면 그 폴더에 있는 파일들의 리스트가 나옵니다.

```
> dir()
[1] "exams.csv" "exams.txt"
```

드디어 아래와 같이 데이터가 읽힙니다.

```
> read.table("exams.txt", header=T)
  course.id mid final
1         1   8    11
2         2  22    24
3         3  25    31
4         4  25    13
5         5  21    34
:
```

가장 왼쪽 열은 변수가 아니라 행(개체) 레이블입니다. R에서는 읽은 데이터가 객체(object)로 등록되어야 이후 활용이 가능합니다. 따라서 데이터를 그냥 읽는 대신, 데이터를 읽고 읽은 데이터에 특정이름을 부여할 필요가 있습니다. 이름이 있고 나서야 사물로서 존재하는 법입니다.

```
> exams <- read.table("exams.txt", header=T)
> str(exams)
'data.frame':   26 obs. of  3 variables:
 $ course.id: int  1 2 3 4 5 6 7 8 9 10 ...
 $ mid      : int  8 22 25 25 21 12 12 29 40 25 ...
 $ final    : int  11 24 31 13 34 26 6 36 34 38 ...
```

str() 함수의 출력에서 읽힌 데이터가 26개 개체 · 3개 변수의 데이터 프레임 exams로 잡힌 것을 확인하세요.

앞에서는 데이터 파일의 첫 줄에 3개의 변수 명 course.id, mid, final이 있었습니다. 그런데 여기에서 course.id를 지우고 mid, final을 남기면 데이터가 어떻게 읽힐까요? 즉 데이터 파일이 다음과 같다면 말입니다 (exams_2.txt).

```
      mid    final
  1    8      11
  2   22      24
  3   25      31
  4   25      13
  5   21      34
  :
```

이제는 변수 명이 2개이고 데이터 열은 3개로 데이터 열의 수보다 변수의 수가 1개 적은데, 이런 상황에서 R은 "똑똑하게도" 제 1열을 개체(행) 레이블로 간주합니다. 즉, 다음과 같이 되는 것이죠.

```
> exams_2 <- read.table("exams_2.txt", header=T)
> str(exams_2)
'data.frame':   26 obs. of  2 variables:
 $ mid  : int  8 22 25 25 21 12 12 29 40 25 ...
 $ final: int  11 24 31 13 34 26 6 36 34 38 ...
```

`write.table()`은 특정 데이터 프레임을 작업 디렉터리에 텍스트 파일로 씁니다. 1절의 예에서 데이터 프레임 exams의 mid와 final로부터 새 변수 total을 만들고 다음과 같이 `write.table()`를 실행하면 어떻게 될까요?

```
> exams$total <- exams$mid + exams$final
> write.table(exams, file="exams_t.txt", row.names=F)
```

작업 디렉터리에

```
"course.id" "mid" "final" "total"
1 8 11 19
2 22 24 46
3 25 31 56
4 25 13 38
5 21 34 55
:
```

이 `"exams_t.txt"`라는 파일로 들어갑니다.

2. read.table()과 stringsAsFactors=F

read.table()에서 "stringsAsFactors=F"는 문자열 변수가 factor 형이 되는 것을 막아냅니다. 그런 조치를 하지 않으면 문자열 변수는 자동으로 factor 형으로 전환됩니다. 예를 들어 다음 파일이 작업 디렉터리에 있다고 합시다.

"survey.txt"

```
gender  age preference
male     12   4
female   62   4
male     23   3
male     22   2
female   34   1
```

이 텍스트 파일을 read.table()로 읽습니다.

```
> survey <- read.table("survey.txt", header=T)
> str(survey)
'data.frame'   :   5 obs. of  3 variables:
 $ gender      :   Factor w/ 2 levels "female","male": 2 1 2 2 1
 $ age         :   int  12 62 23 22 34
 $ preference  :   int  4 4 3 2 1
```

gender 변수가 factor 형이고 2개의 수준 "female", "male"으로 되어 있음을 알 수 있습니다. factor 형 변수에 대하여는 엄격한 편집규칙이 적용됩니다. 예컨대 개체 1의 gender를 "child"로 바꿀 필요가 있는 경우

```
> survey[1,1] <- "child"
Warning message: In ..., invalid factor level, NA generated
```

는 받아들여지지 않습니다. 실제로 개체 1의 gender는 NA로 바뀝니다. 왜냐하면 gender 변수는 "female"과 "male" 만을 값으로 한다고 사전 정의된 탓입니다.

규칙의 엄격성은 대체로 데이터 질에 도움이 되지만 지나친 제약일 수 있습니다. 덜 엄격하게 해도 된다면 read.table()에서 옵션으로 "stringsAsFactors=F"

를 넣습니다. 그러면 문자열 변수가 자동으로 factor 형이 되는 것을 막습니다.

```
> survey.1 <- read.table("survey.txt", header=T, stringsAsFactors=F)
> str(survey.1)
'data.frame'   :   5 obs. of  3 variables:
 $ gender      :   chr  "male" "female" "male" "male" ...
 $ age         :   int  12 62 23 22 34
 $ preference  :   int  4 4 3 2 1
```

이제는 아무 문제없이 개체 1의 gender를 "child"로 바꿀 수 있습니다.

```
> survey.1[1,1] <- "child"
> survey.1
  gender age preference
1  child  12          4
2 female  62          4
3   male  23          3
4   male  22          2
5 female  34          1
```

3. read.csv()와 write.csv()

read.csv()는 csv(comma separated variables) 파일을 읽는다는 점 빼고는 read.table()과 같습니다. 다만, read.csv()에서는 header=T가 디폴트이므로 헤더가 없는 파일을 읽을 때는 반드시 header=F를 넣어줘야 합니다.

write.csv()도 csv 형식으로 쓴다는 점 빼고는 write.table()과 같습니다. 행(개체) 레이블이 필요 없다면 row.names=F를 넣어 출력 파일을 간소화하기 바랍니다.

4. scan()

scan() 함수는 비정형의 문자열 데이터를 읽는 데 유용합니다. 예를 들어 보죠. 다음은 비틀즈(Beatles)의 그 유명한 "Yesterday"의 가사입니다 (6연 20행).

```
Yesterday, all my troubles seemed so far away.
Now it looks as though they're here to stay.
Oh, I believe in yesterday.

Suddenly, I'm not half the man I used to be.
There's a shadow hanging over me.
Oh, yesterday came suddenly.

Why she had to go?
:
```

이것이 텍스트 파일 "yesterday.txt"로 있을 때 다음과 같이 scan() 함수로 읽을 수 있습니다.

```
> lyrics <- scan("yesterday.txt", what="")
Read 126 items
> str(lyrics)
 chr [1:126] "Yesterday," "all" "my" "troubles" "seemed" ...
```

모두 126개 문자열이 읽혀진 것을 알 수 있는데 그 구체적인 예들은 다음과 같습니다. 빈 칸을 구분자로 인식하여 구두점의 경우 앞 단어에 붙어 있습니다.

```
> head(lyrics, 10)
 [1] "Yesterday," "all"        "my"         "troubles"   "seemed"
 [6] "so"         "far"        "away."      "Now"        "it"
```

만약 줄(line, 행)을 데이터 단위로 하려면 줄 바꿈("\n")을 구분자(separator)로 선언하면 됩니다. 빈 줄은 무시됩니다.

```
> lyrics.2 <- scan("yesterday.txt", what="", sep="\n")
Read 20 items
```

```
> str(lyrics.2)
 chr [1:20] "Yesterday, all my troubles seemed so far away." ...
> head(lyrics.2, 10)
 [1] "Yesterday, all my troubles seemed so far away."
 [2] "Now it looks as though they're here to stay."
 [3] "Oh, I believe in yesterday."
 [4] "Suddenly, I'm not half the man I used to be."
 [5] "There's a shadow hanging over me."
 [6] "Oh, yesterday came suddenly."
 [7] "Why she had to go?"
 [8] "I don't know, she wouldn't say."
 [9] "I said something wrong."
[10] "Now I long for yesterday."
```

5. 웹 url에서 원격으로 데이터를 가져오기

웹(Web)에 많은 데이터가 편재해 있습니다. 그것을 R에 넣는 방법을 다루고자 합니다.[1] UCI Machine Learning Repository에 있는 Abalone Data Set을 예로 들어보기로 합니다. 이 데이터는 4177개 개체(행)으로 되어 있으므로 "copy and paste"는 통하지 않습니다. 일단 웹 검색을 통하여 url을 확보합니다.

```
> uci.abalone <- "https://archive.ics.uci.edu/ml/
        machine-learning-databases/abalone/abalone.data"
```

그리고 나서 read.csv()로 읽는데 이 데이터에는 헤더가 붙어 있지 않으므로

```
> abalone <- read.csv(uci.abalone, header=F)
https:// URLs are not supported by the default method: using "wininet"
```

을 실행합니다. 변수 명은 별도로 확보하여 붙입니다:

```
> colnames(abalone) <- c("Sex", "Length", "Diameter", "Height",
        "Whole", "Shucked", "Viscera", "Shell", "Rings")
```

1) Matloff 10.2.5절 참고.

이제 데이터 세트의 일부를 살펴봅니다:

```
> head(abalone)
  Sex Length Diameter Height  Whole Shucked Viscera Shell Rings
1   M  0.455    0.365  0.095 0.5140  0.2245  0.1010 0.150    15
2   M  0.350    0.265  0.090 0.2255  0.0995  0.0485 0.070     7
3   F  0.530    0.420  0.135 0.6770  0.2565  0.1415 0.210     9
4   M  0.440    0.365  0.125 0.5160  0.2155  0.1140 0.155    10
5   I  0.330    0.255  0.080 0.2050  0.0895  0.0395 0.055     7
6   I  0.425    0.300  0.095 0.3515  0.1410  0.0775 0.120     8
```

데이터에 대한 초급 이해를 위하여 간단한 기술통계와 그래프를 구해봅니다.

```
> with(abalone, table(Sex))
Sex
   F    I    M
1307 1342 1528
> with(abalone, boxplot(Length ~ Sex, main="abalone", ylim=c(0,1)))
```

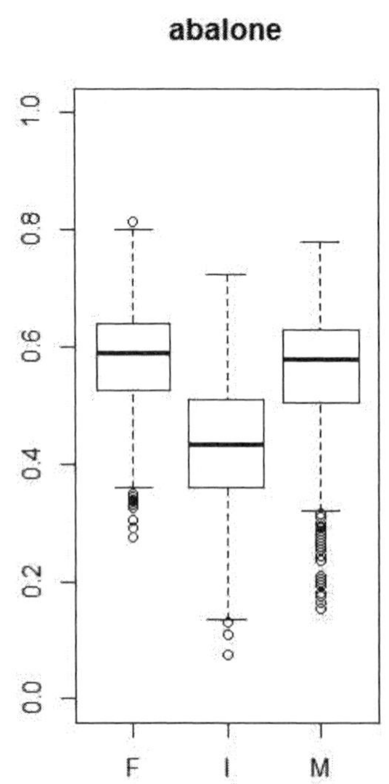

<그림 1> 전복 길이에 대한 성별 상자그림

6. SPSS 데이터와 Excel 데이터 읽기

foreign 팩키지의 **read.spss()**로 SPSS의 데이터 파일을 읽을 수 있습니다. **xlsx** 팩키지의 **read.xlsx()**로 엑셀 데이터 파일을 읽을 수 있습니다.

7. 텍스트 출력의 보존

sink()는 산출물을 "가라앉게" 합니다. 활용 예 중 하나는 텍스트 출력을 파일로 보존하는 데 쓰는 것이죠. 6절에서 이어 다음 R 스크립트를 실행해봅시다.

```
> sink("output summaries of abalone data.txt")          # 기록 시작
> summary(abalone[abalone$Sex == "M", 2:4])             # 텍스트 출력
     Length          Diameter          Height
 Min.   :0.1550   Min.   :0.1100   Min.   :0.0250
 1st Qu.:0.5050   1st Qu.:0.3950   1st Qu.:0.1300
 Median :0.5800   Median :0.4550   Median :0.1550
 Mean   :0.5614   Mean   :0.4393   Mean   :0.1514
 3rd Qu.:0.6300   3rd Qu.:0.5000   3rd Qu.:0.1750
 Max.   :0.7800   Max.   :0.6300   Max.   :0.5150
> summary(abalone[abalone$Sex == "F", 2:4])             # 텍스트 출력
     Length          Diameter          Height
 Min.   :0.2750   Min.   :0.1950   Min.   :0.015
 1st Qu.:0.5250   1st Qu.:0.4100   1st Qu.:0.140
 Median :0.5900   Median :0.4650   Median :0.160
 Mean   :0.5791   Mean   :0.4547   Mean   :0.158
 3rd Qu.:0.6400   3rd Qu.:0.5050   3rd Qu.:0.175
 Max.   :0.8150   Max.   :0.6500   Max.   :1.130
> sink()                                                # 기록 종료
```

이런 식이면 **sink("filename")**과 **sink()** 사이의 출력이 파일 **"filename"**에 넣어집니다. 물론 이 파일은 작업 디렉터리에 위치하게 됩니다.

8. 그래픽 출력의 보존

pdf("filename")과 **dev.off()**로 그래픽 출력을 pdf 파일로 보존할 수 있습니다. 앞 절에 이어

```
> pdf(file="output histograms of abalone data.pdf")
> par(mfrow=c(2,1))
> hist(abalone[abalone$Sex == "M", 2], xlim=c(0,1), xlab="Length",
       main="Males")
> hist(abalone[abalone$Sex == "F", 2], xlim=c(0,1), xlab="Length",
       main="Females")
> dev.off()
```

를 해봅니다. 그러면 <그림 2>의 그래픽 출력이 pdf 파일로 남습니다.

같은 방법으로 그래픽 출력을 jpeg, png, bmp 등의 format으로 보존할 수 있습니다. 그러나 기록 중에 **windows()** 함수로 그래프 크기를 바꿀 수 없습니다.

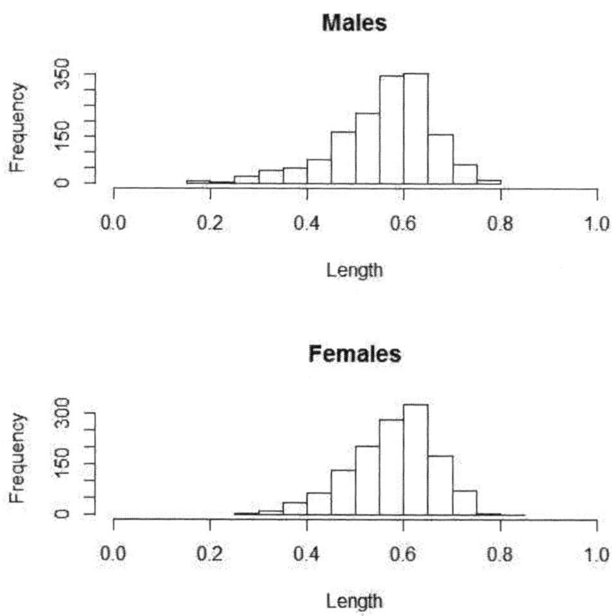

<그림 2> 성별 avalone의 길이

9. savePlot()

이 함수는 그래픽 윈도우에 출력된 그래프를 "png", "jpg", "jpeg", "bmp", "eps", "pdf", ... 형식의 파일로 보존합니다. 앞 절에 이어

```
> windows(width=8, height=4)
> par(mfrow=c(1,2))
> hist(abalone[abalone$Sex == "M", 2], xlim=c(0,1), xlab="Length",
       main="Males")
> hist(abalone[abalone$Sex == "F", 2], xlim=c(0,1), xlab="Length",
       main="Females")
```

로 그래프가 만들어졌고 <그림 3>과 같이 적당한 크기로 조절되었을 때

```
> savePlot("two histograms.png", type="png")
```

를 실행하면 윈도우 내부가 그래픽 파일로 남습니다. 이 방법은 그래프의 크기를 조정한 후에 적당한 크기가 되었을 때 출력할 수 있다는 점이 장점입니다.

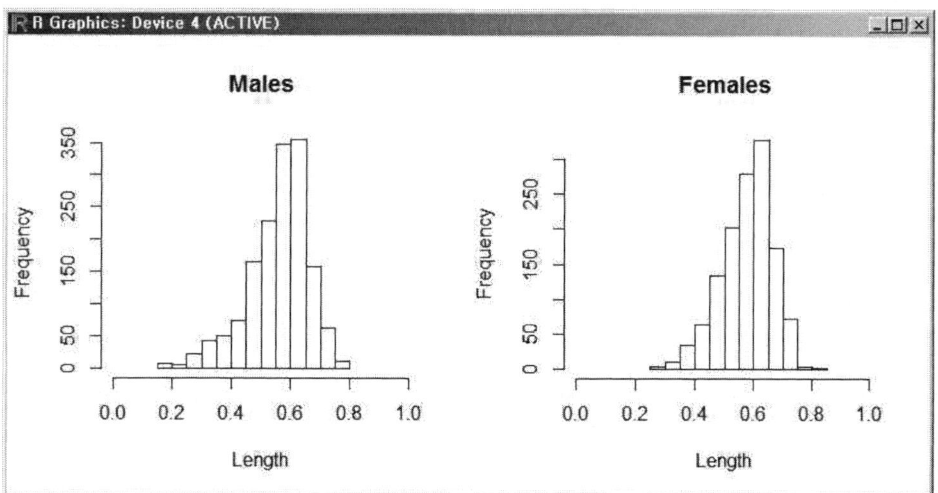

<그림 3> 성별 avalone의 길이

10. 요약 summaries

- `read.table()`은 텍스트 파일을 읽어 데이터 프레임을 만든다.
- `read.csv()`는 csv 파일을 읽어 데이터 프레임을 만든다.
- `scan()`은 비정형의 문자형 데이터를 읽는 데 유용하다.
- 웹에서 원격으로 데이터를 가져올 수 있다. SPSS와 Excel 데이터도 R에서 읽을 수 있다. 보다 세부적인 사항은 다음을 참조하라.

부록: R Data Import/Export

R에서의 데이터 입력과 출력에 대하여는 다음 매뉴얼을 우선적으로 참조하세요.
https://cran.r-project.org/doc/manuals/r-release/R-data.html#Encodings

9장. 문자열 작업 string manipulation

텍스트(문서) 데이터를 다룰 때는 문자열 작업이 필요합니다. 특정 문자를 찾아내어 변환 가공하는 일이 여기에 포함됩니다. 텍스트에서 추출한 단어들을 막대그림과 단어구름(word cloud)으로 시각화합니다.

1. grep()와 nchar()

grep(pattern, x)는 x에서 pattern이 있는 곳을 알려줍니다.

예를 들어 앞 장에서 다룬 Beatles의 Yesterday 가사를 다시 보겠습니다.

```
> lyrics <- scan("yesterday.txt", what="")
Read 126 items
> str(lyrics)
chr [1:126] "Yesterday," "all" "my" "troubles" "seemed" ...
```

이렇게 lyrics는 126개 요소(≃ 단어)로 된 문자 값 벡터인데 여기에 grep()를 넣어보면

```
> grep("Yesterday", lyrics)
[1]   1  63 105
> grep("yesterday", lyrics)
[1]  22  40  62  84 104 126
```

라고 나옵니다. 이것은 "Yesterday"는 1, 63, 105번째 요소에 있고 "yesterday"는 22, 40, 62, 84, 104, 126번째 요소에 있음을 알려줍니다. R이 대문자와 소문자를 구별하는 것은 다 알지요?

이번에는 물음표 "?"를 찾아보겠습니다. 언뜻 생각하면 grep("?", lyrics)라고 하면 될 것 같은데 그렇지 않습니다.

```
> grep("\\?", lyrics)
[1] 47 89
```

라고 해야 합니다. 그 이유는 "?"은 특별한 임무를 수행하는 meta character이기 때문입니다. 따라서 원래의 물음표를 지칭하고자 할 때는 "\\"을 앞에 넣어 메타 상태를 벗어나게 해야 합니다. 앞의 출력은 47번째 요소와 89번째 요소에 "?"가 있다는 것인데 이를 확인해보면 아래와 같이 맞습니다.

```
> lyrics[47]
[1] "go?"
> lyrics[89]
[1] "go?"
```

이런 식으로 마침표 "."가 몇 번이나 나오는지도 알 수 있습니다. 여기서도 "."가 메타 문자이므로 앞에 역 slash를 두 개 넣은 "\\."로 조회해야 합니다.

```
> grep("\\.", lyrics)
 [1]   8  17  22  32  38  42  53  57  62  71
[11]  79  84  95  99 104 113 121 126
```

R 함수 nchar(x)는 문자열 x의 길이를 알려줍니다 (빈 칸 포함). 예컨대

```
> nchar("yesterday")
[1] 9
> nchar("John Lennon")
[1] 11
```

입니다. nchar() 함수는 문자열 벡터에도 적용됩니다:

```
> nchar(lyrics)
[1] 10  3  2  8  6  2  3  5  3  2  5  2  6  7  4  2  5  3  1  7 ...
```

2. paste()와 substr(), strsplit()

paste(..., sep="")은 다수의 문자열을 붙여 하나의 문자열을 만들어냅니다.

```
> paste("John", "Lennon", sep=" ")
[1] "John Lennon"
```

앞의 paste()에서는 구분자가 sep=" " (빈칸 하나)로 지정되었으므로 John과 Lennon 사이에 빈칸 하나가 들어갔습니다. 구분자를 sep="" (빈칸 없음)으로 바꾸면 달라집니다.

```
> paste("John", "Lennon", sep="")
[1] "JohnLennon"
```

다음 예도 재미있습니다.

```
> paste(2016, 01, 19, sep="-")
[1] "2016-1-19"
> paste(2016, "01", 19, sep="-")
[1] "2016-01-19"
```

substr(x, start, stop)은 x에서 start부터 stop까지의 문자열을 뽑아냅니다.

```
> substr("20160119", 7, 8)
[1] "19"
> substr("20160119", 5, 8)
[1] "0119"
> substr("19Jan2016", 3, 5)
[1] "Jan"
```

strsplit(x, split)은 x를 split에서 분리합니다.

```
> strsplit("2016-01-19", "-")
[[1]]
[1] "2016" "01"   "19"
> unlist(strsplit("2016-01-19", "-"))
[1] "2016" "01"   "19"
> strsplit(c("2016-01-19", "2016-04-03"), "-")
[[1]]
[1] "2016" "01"   "19"
[[2]]
[1] "2016" "04"   "03"
```

3. gregexpr(), gsub(), LETTERS, letters

gregexpr(pattern, x)은 x에서 pattern이 발견되는 모든 위치를 알려줍니다.

```
> unlist(gregexpr("-", "2016-01-19"))
[1] 5 8
```

gsub(pattern, replace, x)은 x에 있는 pattern을 replace로 바꿉니다.

```
> gsub("-", ".", "2016-01-19")
[1] "2016.01.19."
> head(gsub("Yesterday", "yesterday", lyrics), 5)
[1] "yesterday," "all"        "my"         "troubles"   "seemed"
> head(gsub(",", "", lyrics), 5)
[1] "Yesterday" "all"       "my"        "troubles"  "seemed"
```

LETTERS는 영문 대문자 벡터이고 letters는 영문 소문자 벡터입니다.

```
> LETTERS
 [1] "A" "B" "C" "D" "E" "F" "G" "H" "I" "J" "K" "L" "M" "N" "O" "P"
[17] "Q" "R" "S" "T" "U" "V" "W" "X" "Y" "Z"
> letters
 [1] "a" "b" "c" "d" "e" "f" "g" "h" "i" "j" "k" "l" "m" "n" "o" "p"
[17] "q" "r" "s" "t" "u" "v" "w" "x" "y" "z"
```

tolower()는 대문자를 소문자로 바꾸는 함수이고 toupper()는 소문자로 대문자로 바꾸는 함수입니다.

```
> tolower("Yesterday")
[1] "yesterday"
> tolower("John Lennon")
[1] "john lennon"
> toupper("yesterday")
[1] "YESTERDAY"
> toupper("John Lennon")
[1] "JOHN LENNON"
```

4. 정규표현식

정규표현식(regular expression)은 일종의 wildcard character입니다. 예컨대 “.”은 마침표가 아니라 임의 문자를 뜻합니다.

예를 들어 Beatles의 Yesterday에서

```
> grep("y", lyrics, ignore.case=T)
 [1]   1   3   8  14  17  22  23  40  42  43  53  62  63  68  71  79
[17]  84  85  95 104 105 110 113 121 126
> grep("y.", lyrics, ignore.case=T)
 [1]   1   8  14  17  22  23  40  42  53  62  63  71  79  84  95 104
[17] 105 113 121 126
```

입니다. 차이가 나는 곳은 3, 43, 68, 85, 110이고 이곳에서 lyrics 요소는 "my", "Why", "easy", "Why", "easy"입니다. 이들에서는 "y"가 있지만 "y."가 있지 않습니다.

```
A <- grep("y", lyrics, ignore.case=T)
A.1 <- grep("y.", lyrics, ignore.case=T)
A %in% A.1
! (A %in% A.1)
A[! (A %in% A.1)]
index <- rep(F, length(lyrics))
index[A[! (A %in% A.1)]] <- T
subset(lyrics, index)
```

다른 한 예로서, 확장자가 “r”인 파일 찾기를 해보겠습니다 (Matloff 11.2.1절 참조). 아래에서 첫 번째 `grep()`에서는 확장자가 소문자 r인 것을 찾아졌고 두 번째 `grep()`에서는 확장자가 r 또는 R인 것이 찾아졌습니다.

```
> filelist <- c("yesterday.txt", "yesterday.r", "exercise.R",
               "graph.jpg", "output.dat")
> strsplit(filelist, ".", fixed=T)
[[1]] [1] "yesterday" "txt"
[[2]] [1] "yesterday" "r"
```

```
:
:
> sapply(strsplit(filelist, ".", fixed=T), "[", 2)
[1] "txt" "r"   "R"   "jpg" "dat"
> grep("r", sapply(strsplit(filelist, ".", fixed=T), "[", 2))
[1] 2
> grep("r", sapply(strsplit(filelist, ".", fixed=T), "[", 2),
       ignore.case=T)
[1] 2 3
```

앞의 `strsplit()`에서 **`fixed=T`**를 썼는데 이는 와일드카드를 문자 그대로의 형태로 넣는다는 의미입니다. 반면 디폴트인 **`fixed=F`**는 regular expression을 기대합니다. 따라서 **`strsplit(filelist, ".", fixed=T)`**는 **`strsplit(filelist, "\\.", fixed=F)`**와 같습니다.

파일 명에 숫자(digits)가 들어간 파일 찾기:

```
> filelist.2 <- c("survey_1.txt", "exam final.hwp", "records 21.sav",
                  "graph.jpg", "20160405")
> grep("\\d", filelist.2)
[1] 1 3 5
```

파일 명에 빈칸(space)이 들어간 파일 찾기:

```
> grep("\\s", filelist.2)
[1] 2 3
```

파일 명에 "_"(underline)이 들어간 파일 찾기:

```
> grep("\\_", filelist.2)
[1] 1
```

정규표현식(regular expression)이 적용되는 문자에는 다음과 같은 것들이 있습니다.

```
\ | ( ) [ { ^ $ * + ?
```

세부 사항에 대하여는 **`help(regex)`**를 참조하세요.

5. 응용: 텍스트 시각화

Beatles의 “Yesterday” 가사를 시각화하는 예입니다. 단어들의 빈도를 막대그림과 단어구름(word cloud)으로 표현하여 보겠습니다. 일단 단어들을 읽습니다.

```
> lyrics <- scan("yesterday.txt", what="character")
Read 126 items                              ↑ 변수유형
> str(lyrics)
chr [1:126] "Yesterday," "all" "my" "troubles" "seemed" ...
> head(lyrics)
[1] "Yesterday,"   "all"    "my"    "troubles"   "seemed"    "so"
```

당면 목표는 문자형 벡터 lyrics에서 쉼표 등 구두점 (“,”, “.”, “!”, “?”)을 제거하고 대문자를 소문자로 바꾸는 것입니다 (예: Yesterday → yesterday).

- 구두점 없애기: R 함수 gsub(expression, replacement, x)는 문자 벡터 x에서 특정 표현 expression을 찾아내 replacement로 바꿔줍니다.

  ```
  > lyrics.1 <- gsub(",", "", lyrics)
  > lyrics.1 <- gsub("\\.", "", lyrics.1)
  > lyrics.1 <- gsub("\\!", "", lyrics.1)
  > lyrics.1 <- gsub("\\?", "", lyrics.1)
  ```

  그 결과로 lyrics에 있는 4종의 구두점 (“,”, “.”, “!”, “?”)이 제거됩니다.
  : lyrics → lyrics.1

- 대문자를 소문자로 바꾸기: gsub()를 활용합니다.

  ```
  > gsub("Y", "y", c("Yesterday", "yesterday"))
  [1] "yesterday" "yesterday"
  ```

  앞은 한 단어씩 바꾸는 방법입니다. 그것보다는 한꺼번에 모두 바꾸는 것이 좋겠지요. 아래 for loop는 “A”부터 “Z”까지 26개의 알파벳 대문자를 소문자로 바꿔줍니다.

  ```
  > for (j in 1:26)
        lyrics.1 <- gsub(LETTERS[j], letters[j], lyrics.1)
  ```

다른 방법은 대문자를 소문자로 바꿔주는 **tolower()** 함수를 쓰는 것입니다. 이 함수는 loop 반복 없이 벡터 처리를 합니다.

```
> lyrics.1 <- tolower(lyrics.1)
```

이제 작업이 제대로 되었는지 확인해봅니다:

```
> head(cbind(lyrics, lyrics.1), 9)
      lyrics       lyrics.1
 [1,] "Yesterday," "yesterday"
 [2,] "all"        "all"
 [3,] "my"         "my"
 [4,] "troubles"   "troubles"
 [5,] "seemed"     "seemed"
 [6,] "so"         "so"
 [7,] "far"        "far"
 [8,] "away."      "away"
 [9,] "Now"        "now"
```

- 빈도를 구하여 막대그림으로 나타내기

lyrics.1 내 단어들의 빈도를 구하여(→ **tab.1**), 작아지는 순서로 정렬하고 (→ **tab.2**), 빈도가 **2** 이상인 것들(→ **tab.2a**)을 막대그림으로 나타냅니다.

```
> tab.1 <- table(lyrics.1)
> tab.2 <- sort(tab.1, decreasing=TRUE)
> tab.2a <- tab.2[tab.2 > 1]
> par(mar=c(4,6,4,4))
> barplot(rev(tab.2a), horiz=TRUE, las=2,
      main="Beatles' Yesterday", col="lightblue")
```

<그림 1>이 결과입니다.

- 빈도를 단어구름으로 나타내기

wordcloud 팩키지의 **wordcloud()** 함수를 활용하여 단어구름을 그립니다.

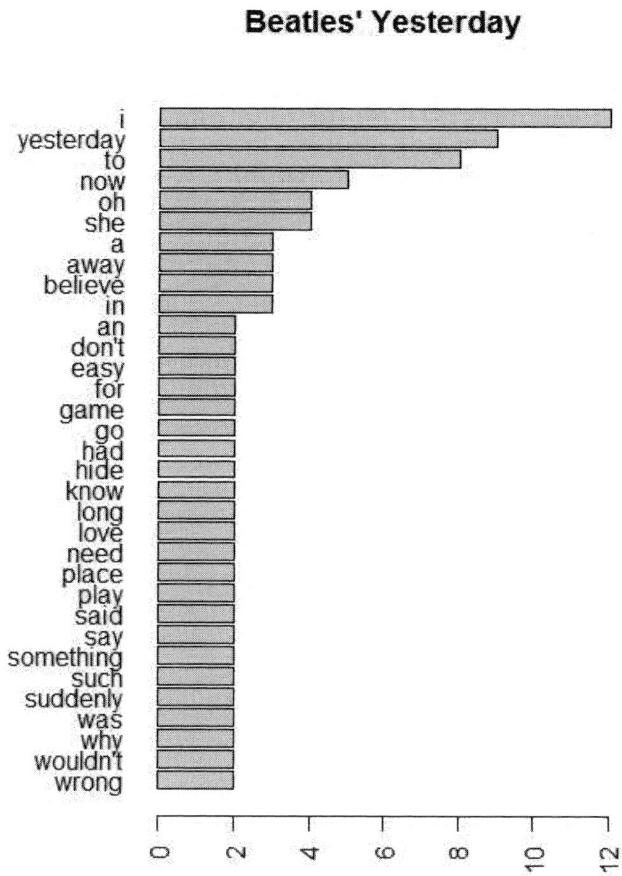

<그림 1> 비틀즈 "Yesterday"의 단어빈도

```
> library(wordcloud)
> windows(width=4, height=4); par(mar=c(2,2,2,2))
> set.seed(12345)
> wordcloud(words=names(tab.1), freq=tab.1, scale=c(5,0.5),
    min.freq=1, colors=rainbow(10), random.color=FALSE,
    random.order=FALSE, rot.per=0.25)
```

wordcloud() 함수에서 여러 인수들의 용도는 다음과 같습니다.

<그림 2> 비틀즈 "Yesterday"의 단어구름

- `scale=c(5,0.5)` 그래프 내 문자 크기의 최소값과 최대값
- `min.freq=1` 그래프 내 문자로 반영될 최소의 빈도
- `colors=rainbow(10)` 컬러. 여기서는 10 계급의 무지개 색을 사용
- `random.color=FALSE` 컬러 배정을 임의로 할 것인가?
- `random.order=FALSE` 문자의 위치를 임의로 할 것인가?
- `rot.per=0.25` 수직방향 문자의 상대적 빈도

<그림 2>가 결과입니다.

6. 요약 summaries

- grep(pattern, x)는 x에서 pattern이 있는 곳을 알려준다.
- substr(x, start, stop)은 x의 start부터 stop까지의 문자열을 제시한다.
- strsplit(x, split)은 x를 split에서 분리한다.
- cut(x,breaks)는 벡터 x를 breaks로 구간화된 인자(factor)로 변환한다.
- gregexpr(pattern, x)은 x에서 pattern이 발견되는 모든 위치를 알려준다.
- gsub(pattern, replace, x)은 x에 있는 pattern을 replace로 바꾼다.
- 정규표현식(regular expression)은 일종의 wild character이다.

10장. 데이터 프레임의 형태 바꾸기

reshaping data frames

통계 데이터의 표준적 형태는 n개 개체(unit) 각각의 p개 특성으로 채워진 이차원 배열(array)인 데이터 프레임(data frame)입니다. 이 장의 주제는 이 데이터 프레임의 형태 바꾸기, 즉 'reshaping'인데, 특정 통계적 방법을 쓰는 과정에서 형태 바꾸기가 요구됩니다. 그 방식에는 쌓기(stacking), 전치(transpose), array permutation, 너비/길이 바꾸기(reshape) 등이 있습니다.

1. stacking

k개의 처리(treatment), 반복횟수가 처리 당 n개인 실험 자료를 생각해봅시다. 이런 실험의 결과(outcome) 자료는 엑셀(Excel)에서 "k개 행$\times n$개 열"에 딱 들어갑니다. 그런데 이 자료의 통계 모형 수식은

outcome ~ treatment

이므로, 개체별 (outcome, treatment) 이변량 관측의 자료 형태가 요구됩니다. 즉, 데이터 세트를 $k \times n$ 프레임에서 $kn \times 2$ 프레임으로 바꿀 필요가 있습니다. 아래 예에서 처리 수는 $3\,(=k)$이고 반복 수는 $10\,(=n)$입니다.

```
> library(datasets)
> data(PlantGrowth)
> str(PlantGrowth)
'data.frame':   30 obs. of  2 variables:
 $ weight: num  4.17 5.58 5.18 6.11 4.5 4.61 5.17 4.53 5.33 5.14 ...
 $ group : Factor w/ 3 levels "ctrl","trt1",..: 1 1 1 1 1 1 1 1 ...
```

이 자료는 3개 처리 그룹(group="ctrl", "trt1", "trt2")별 10회 반복 측정된 작

물의 건조 중량(weight)입니다. 데이터 세트의 첫 10개 행을 살펴봅시다.

```
> head(PlantGrowth, 10)
   weight group
1    4.17  ctrl
2    5.58  ctrl
3    5.18  ctrl
4    6.11  ctrl
5    4.50  ctrl
6    4.61  ctrl
7    5.17  ctrl
8    4.53  ctrl
9    5.33  ctrl
10   5.14  ctrl
```

그러나 데이터 세트의 앞 부분 만으로는 이해하기가 어렵습니다. 다음과 같이 임의의 10개 행을 꺼내 보는 것이 나을 수 있습니다.[1]

```
> PlantGrowth[sample(1:nrow(PlantGrowth), 10),]
   weight group
2    5.58  ctrl
4    6.11  ctrl
22   5.12  trt2
13   4.41  trt1
24   5.50  trt2
6    4.61  ctrl
9    5.33  ctrl
18   4.89  trt1
21   6.31  trt2
10   5.14  ctrl
```

이렇듯 데이터 세트 PlantGrowth는 1원 분산분석에 투입될 채비가 되어 있습니다. PlantGrowth에 대한 1원 분산분석(one-way ANOVA)은 다음과 같습니다.

1) `set.seed(number)`로 제어하지 않는 경우 임의 행들이 꺼내지므로 출력이 달라집니다.

```
> anova(with(PlantGrowth, lm(weight ~ group)))
Analysis of Variance Table
Response: weight
          Df  Sum Sq Mean Sq F value  Pr(>F)
group      2  3.7663  1.8832  4.8461 0.01591 *
Residuals 27 10.4921  0.3886
---
Signif. codes:  0 '***' 0.001 '**' 0.01 '*' 0.05 '.' 0.1
```

PlantGrowth의 unstacked 형태 전환은 다음과 같이 `unstack()` 함수로 합니다.

```
> unstack(PlantGrowth, weight ~ group)
   ctrl trt1 trt2
1  4.17 4.81 6.31
2  5.58 4.17 5.12
3  5.18 4.41 5.54
4  6.11 3.59 5.50
5  4.50 5.87 5.37
6  4.61 3.83 5.29
7  5.17 6.03 4.92
8  4.53 4.89 6.15
9  5.33 4.32 5.80
10 5.14 4.69 5.26
```

```
> PlantGrowth.Tab <- unstack(PlantGrowth, weight ~ group)
```

분석 데이터 세트가 unstacked 형태인 PlantGrowth.Tab으로 제시되었다면[2] 어떻게 할 수 있을까요?

이제부터 이 절의 시작입니다. unstacked 형태의 자료 PlantGrowth.Tab에 `stack()` 함수를 적용하여 stacked 형태로 바꿉니다. 다음을 보세요.

---

2) `write.csv()` 함수를 써서 이것을 csv 파일로 남길 수 있습니다.

```
> write.csv(PlantGrowth.Tab, file="PlantGrowthUnstacked.csv")
```

```
> PlantGrowth.1 <- stack(PlantGrowth.Tab)
> head(PlantGrowth.1, 10)
   values  ind
1    4.17 ctrl
2    5.58 ctrl
3    5.18 ctrl
4    6.11 ctrl
5    4.50 ctrl
6    4.61 ctrl
7    5.17 ctrl
8    4.53 ctrl
9    5.33 ctrl
10   5.14 ctrl
```

stacking 대상인 수치 변수는 values에, 그룹요인은 ind (=indicator)에 들어갑니다. 따라서 values → weight, ind → group로 재명명하는 것이 좋습니다.

```
> names(PlantGrowth.1) <- c("weight", "group")
> head(PlantGrowth.1, 10)
   weight group
1    4.17  ctrl
2    5.58  ctrl
3    5.18  ctrl
4    6.11  ctrl
5    4.50  ctrl
6    4.61  ctrl
7    5.17  ctrl
8    4.53  ctrl
9    5.33  ctrl
10   5.14  ctrl
```

이제 2개의 데이터 세트 PlantGrowth와 PlantGrowth.1은 완전히 같습니다.

```
> identical(PlantGrowth, PlantGrowth.1)
[1] TRUE
```

* 연습문제 1. 데이터 프레임 PlantGrowth에서 group 별 weight에 대한 상자그림(box plot)은 다음의 command line으로 그릴 수 있습니다. 같은 그림을 unstacked 형태의 데이터 프레임 PlantGrowth.Tab에서 만들어 보세요.

```
> windows(height=5, width=4)
> with(PlantGrowth, boxplot(weight ~ group, main="PlantGrowth"))
```

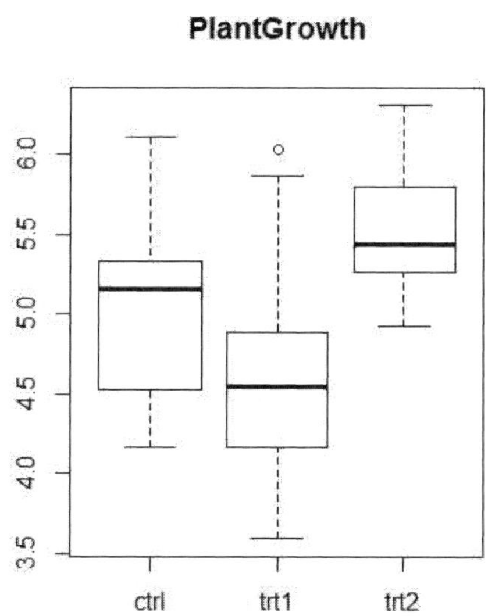

2. 전치(轉置) transpose

통상 통계분석에서 데이터 프레임의 행은 관측개체(observation unit)이고 열은 변수입니다. 그런데 제시된 데이터 프레임에서 행이 변수이고 열이 개체라면, 행과 열을 바꿀 필요가 있습니다. 즉 데이터 프레임 X에서 (i,j) 칸의 자료 값을 x_{ij}에서 x_{ji}로 바꿔 넣는 것입니다. 이런 자료형태의 변환을 전치(transpose)라고 합니다.

데이터 프레임 또는 행렬의 전치는 R에서 **t()** 함수로 할 수 있습니다. 한 예로서 1절의 데이터 프레임 PlantGrowth.Tab을 봅시다.

```
> PlantGrowth.Tab
   ctrl trt1 trt2
1  4.17 4.81 6.31
2  5.58 4.17 5.12
3  5.18 4.41 5.54
4  6.11 3.59 5.50
5  4.50 5.87 5.37
6  4.61 3.83 5.29
7  5.17 6.03 4.92
8  4.53 4.89 6.15
9  5.33 4.32 5.80
10 5.14 4.69 5.26
```

데이터 프레임 PlantGrowth.Tab의 전치는 **t**(PlantGrowth.Tab)입니다.

```
> PlantGrowth.Tab.1 <- t(PlantGrowth.Tab)
> PlantGrowth.Tab.1
     [,1] [,2] [,3] [,4] [,5] [,6] [,7] [,8] [,9] [,10]
ctrl 4.17 5.58 5.18 6.11 4.50 4.61 5.17 4.53 5.33  5.14
trt1 4.81 4.17 4.41 3.59 5.87 3.83 6.03 4.89 4.32  4.69
trt2 6.31 5.12 5.54 5.50 5.37 5.29 4.92 6.15 5.80  5.26
```

그런데 PlantGrowth.Tab.1의 클래스는 데이터 프레임이 아니라 행렬입니다. 즉,

```
> class(PlantGrowth.Tab.1)
[1] "matrix"
```

이참에 행렬인 PlantGrowth.Tab.1을 데이터 프레임으로 바꾸고 이것에 열 이름으로 rep.1 rep.2, ..., rep.10을 부여합시다. 그러면 다음과 같이 행렬인 PlantGrowth.Tab.1이 어엿한 데이터 프레임 PlantGrowth.Tab.2로 변신합니다.

```
> PlantGrowth.Tab.2 <- as.data.frame(PlantGrowth.Tab.1)
> colnames(PlantGrowth.Tab.2) <- paste("rep",1:10,sep=".")
> PlantGrowth.Tab.2
     rep.1 rep.2 rep.3 rep.4 rep.5 rep.6 rep.7 rep.8 rep.9 rep.10
ctrl  4.17  5.58  5.18  6.11  4.50  4.61  5.17  4.53  5.33   5.14
trt1  4.81  4.17  4.41  3.59  5.87  3.83  6.03  4.89  4.32   4.69
trt2  6.31  5.12  5.54  5.50  5.37  5.29  4.92  6.15  5.80   5.26
```

행렬인 PlantGrow.Tab.1의 열에 PlantGrowth.Tab.2의 열과 같은 이름을 주면[3] PlantGrowth.Tab.1과 PlantGrowth.Tab.2는 차이가 없어 보입니다. 그러나 세밀한 부분에서는 차이가 있습니다. 첫째, 특정 열(변수)을 지칭하려는 경우 데이터 프레임이 좋습니다. 예컨대, 데이터 프레임인 PlantGrowth.Tab.2의 10번째 열은

```
> PlantGrowth.Tab.2$rep.10
```
또는
```
> PlantGrowth.Tab.2[,10]
```

으로 지칭됩니다. 그러나 행렬인 PlantGrowth.Tab.1의 10번째 열은 후자로만 부를 수 있습니다. 둘째, 일종의 반대급부로서 행렬에 비해 데이터 프레임이 상대적으로 큰 메모리를 요구합니다.[4] 둘 다 가능한 경우, 메모리 측면에서 행렬이 데이터 프레임에 비해 가볍습니다.

---

3) `> colnames(PlantGrowth.Tab.1) <- paste("rep",1:10,sep=".")`

4)
```
> object.size(PlantGrowth.Tab.1)
968 bytes
> object.size(PlantGrowth.Tab.2)
1400 bytes
```

3. array permutation

배열(array)은 행렬(matrix)의 다차원 확장입니다. 다시 말하여, 행렬은 2차원 array입니다. 따라서 R도 행렬 A에 대하여 다음과 같이 반응합니다.

```
> A <- matrix(1:12, c(4,3))
> A
     [,1] [,2] [,3]
[1,]    1    5    9
[2,]    2    6   10
[3,]    3    7   11
[4,]    4    8   12
> is.matrix(A)
[1] TRUE
> is.array(A)
[1] TRUE
```

3차원 array는 $A = \{a_{ijk}\}$로 표기됩니다. A의 칸 (i, j, k) 값이 a_{ijk}임을 의미합니다. array의 차원은 3차원을 넘어 4차원 이상일 수도 있습니다. 그러나 이 절에서는 3차원 array만 다룰 것입니다.

데이터 세트가 array로 주어지는 경우 array의 각 차원 변수를 무엇으로 할 것인가를 신중하게 결정해야 합니다. 3차원 오브젝트인 이것이 노트북 화면이나 종이와 같이 2차원의 매체에 표출되어야하기 때문입니다. 그렇기에 제시된 array의 차원 변수를 바꿀 필요가 생깁니다. 이런 것이 이 절의 주제인 'array permutation'입니다.

예를 보자. 캘리포니아 버클리 대학교의 대학원 입학 자료인 UCBAdmission은 Admit(입학허용), Gender(성별), Dept(학과)의 3개 차원변수로 구성된 테이블입니다.[5] 다음 R 스크립트와 출력을 보세요.

5) R에서 table은 array입니다.

```
> library(datasets)
> data(UCBAdmissions)
> str(UCBAdmissions)
 table [1:2, 1:2, 1:6] 512 313 89 19 353 207 17 8 120 205 ...
 - attr(*, "dimnames")=List of 3
  ..$ Admit : chr [1:2] "Admitted" "Rejected"
  ..$ Gender: chr [1:2] "Male" "Female"
  ..$ Dept  : chr [1:6] "A" "B" "C" "D" ...
> is.array(UCBAdmissions)
[1] TRUE
> UCBAdmissions
, , Dept = A
          Gender
Admit      Male Female
  Admitted  512     89
  Rejected  313     19

[중간생략]

, , Dept = F
          Gender
Admit      Male Female
  Admitted   22     24
  Rejected  351    317
```

이상에서 보듯이 3차원 array $A = \{a_{ijk}\}$는 각 k에 대하여 행렬 $A_k = \{a_{ijk}\}$로 제시됩니다. 다시 말하면, 마지막 첨자인 k가 1차 분류의 수준입니다 (첫 첨자인 i가 아니라...). 버클리 입학자료에서는 학과별로 Gender와 Admit 간의 관계를 보는 것이 타당하므로 3차원 배열로서 UCBAdmissions는 잘 구성되어 있습니다.

array 자료의 시각화인 모자이크 플롯에서는 첫 번째 첨자 i가 1차 분류 수준이고 두 번째 첨자 j가 2차 분류 수준이고 세 번째 첨자 k가 3차 분류 수준입니다. 따라서 array를 단순하게 `mosaicplot()` 함수에 투입하면 해석이 어려운 그래프가 만들어질 수 있습니다. 다음을 보세요.

```
> mosaicplot(UCBAdmissions, off=c(2,2,5), dir=c("v","v","h"),
             col=rainbow(6), main="UCB Admissions")
```

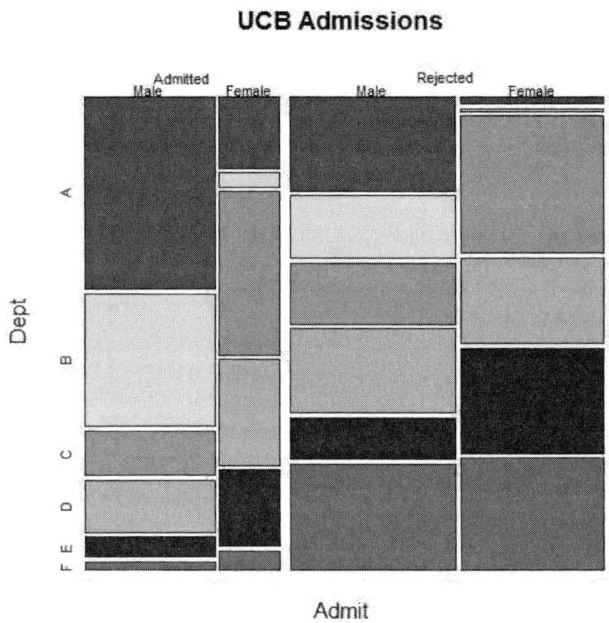

학과(A, B, C, D, E, F) 내에서 성별 입학허용 비율을 비교하기가 정말 어렵습니다. 따라서 array인 UCBAdmissions를 `mosaicplot()` 함수에 투입하기 전에 차원변수의 순서를 바꿀 필요가 있습니다. 다음과 같이...

제1 차원: Admit → Dept,
제2 차원: Gender → Gender,
제3 차원: Dept → Admit.

`aperm()`은 이런 때 쓰는 R 함수입니다. 함수의 첫 번째 인수는 array이고 두 번

째 인수는 차원변수의 새 순서인 permutation입니다. 다음과 같이 하면 됩니다.

```
UCB.321 <- aperm(UCBAdmissions, c(3,2,1))
mosaicplot(UCB.321, off=c(10,5,0), dir=c("v","v","h"),
                col=c("blue","gray"), main="UCB Admissions")
```

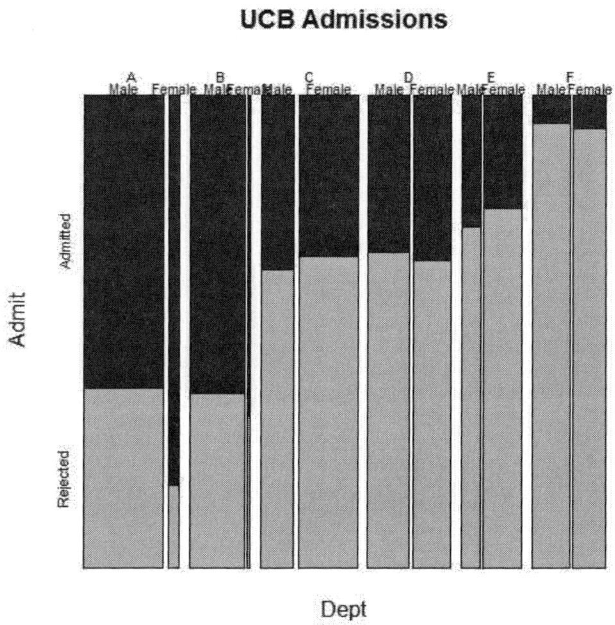

이제 학과(A, B, C, D, E, F) 내에서 성별 입학허용 비율을 비교하기가 쉬워졌습니다. 예컨대 학과 A에서 남자의 입학허용 비율이 여자의 입학허용 비율보다 작습니다. 학과 B에서도 그렇습니다. 학과 C에서는 그렇지 않습니다. 이런 식으로 보면 대체로 학과 내에선 성별 간 차이의 부호가 일치적이지 않고 차이의 절대적 사이즈도 크지 않습니다. 이 사례는 심프슨의 역설(Simpson's paradox)의 전형입니다.

* 연습문제 2. 행렬(matrix)을 전치(transpose)하는 함수를 `aperm()`을 써서 만들어 보세요. 그리고 그 출력을 `t()`의 출력과 비교하세요.

4. reshaping

경시적 자료(longitudinal data)는 여러 시점에 걸친 패널 개체들에 대한 기록입니다. 이때 통상적으로 개체×시점 별로 자료 줄이 갈리게 되지만 통계분석에서 기본단위는 개체이므로 자료형태의 변환이 요구됩니다.

경시적 자료의 일반적 표기와 통합 자료의 형식은 다음과 같습니다: 개체 수 $= n$, 시점 수 = 2, 측정변수 수 = 2인 예.

경시적 자료	개체	시점	측정값들
	1	t_1	x_{1t_1}, y_{1t_1}
	1	t_2	x_{1t_2}, y_{1t_2}
	2	t_1	x_{2t_1}, y_{2t_1}
	2	t_2	x_{2t_2}, y_{2t_2}
	⋮		
	n	t_1	x_{nt_1}, y_{nt_1}
	n	t_2	x_{nt_2}, y_{nt_2}

통합 자료	개체	측정값들	
	1	x_{1t_1}, y_{1t_1}	x_{1t_2}, y_{1t_2}
	2	x_{2t_1}, y_{2t_1}	x_{2t_2}, y_{2t_2}
	⋮		
	n	x_{nt_1}, y_{nt_1}	x_{nt_2}, y_{nt_2}

R에서는 `reshape()` 함수가 경시적 자료를 통합 자료로 바꾸는 기능을 합니다.[6)]

다음 예는 비(非)스테로이드계 항(抗)염증제인 인도메타신(indomethacin)의 약리학 연구에서 나온 것으로 피험자(개체) 6명에 대하여 11개 시점(time)에서 conc

6) 측정 변수가 1개인 경우에는 `unstack()` 함수로는 reshaping을 할 수 있습니다.

라는 변수가 있고 BP라는 변수도 있다고 합시다 (BP는 임의생성 값으로 채워짐).

```
> library(datasets)
> data(Indometh)      # pharmacokinetics of indomethacin
> set.seed(123)
> Indometh$BP <- round(rnorm(nrow(Indometh), 100, 15))
> head(Indometh, 11)
   Subject time conc  BP
1        1 0.25 1.50  92
2        1 0.50 0.94  97
3        1 0.75 0.78 123
4        1 1.00 0.48 101
5        1 1.25 0.37 102
6        1 2.00 0.19 126
7        1 3.00 0.12 107
8        1 4.00 0.11  81
9        1 5.00 0.08  90
10       1 6.00 0.07  93
11       1 8.00 0.05 118
```

reshape() 함수를 써서 경시적 자료를 통합 자료의 형태로 바꾸어 봅시다.[7)]

```
> Indometh.wide <- reshape(Indometh, idvar="Subject",
  v.names=c("conc","BP"), timevar="time", sep="_", direction="wide")
> Indometh.wide[, c(1,2,3,4,5,6,7)]
   Subject conc_0.25 BP_0.25 conc_0.5 BP_0.5 conc_0.75 BP_0.75
1        1      1.50      92     0.94     97      0.78     123
12       2      2.03     105     1.63    106      0.71     102
23       3      2.72      85     1.49     89      1.16      91
34       4      1.85     113     1.39    112      1.02     110
45       5      2.05     118     1.04     83      0.81      94
56       6      2.31     123     1.44     77      1.03     109
```

7) 통합 자료는 6줄입니다. 너비가 큰 wide 형태라서 오른쪽 열들은 제시하지 않았습니다.

idvar에는 개체식별 변수를, **v.names**에는 매 시점에서 측정된 변수(들)의 이름을, **timevar**에는 시간 변수를 넣고, **sep** (구분자, separator) 기호는 **="_"**로 하고, **direction**은 **"wide"**로 합니다.

reshape() 함수는 통합 자료를 다시 경시적 자료의 형태로 환원시키는 기능도 가지고 있습니다. **idvar**에는 개체식별 변수를, **varying**에 시점별로 측정된 변수들의 이름(들)을, **sep** (구분자, separator) 기호는 **="_"**로 하고, **direction**은 **"long"**으로 합니다.

```
> Indometh.wide.1 <- data.frame(Indometh.wide)
> Indometh.long.1 <- reshape(Indometh.wide.1, idvar="Subject",
  varying=colnames(Indometh.wide.1)[-1], sep="_", direction="long")
> head(Indometh.long.1, 12)
       Subject time conc  BP
1.0.25       1 0.25 1.50  92
2.0.25       2 0.25 2.03 105
3.0.25       3 0.25 2.72  85
4.0.25       4 0.25 1.85 113
5.0.25       5 0.25 2.05 118
6.0.25       6 0.25 2.31 123
1.0.5        1 0.50 0.94  97
2.0.5        2 0.50 1.63 106
3.0.5        3 0.50 1.49  89
4.0.5        4 0.50 1.39 112
5.0.5        5 0.50 1.04  83
6.0.5        6 0.50 1.44  77
```

* 연습문제 3. Indometh.wide의 클래스를 살펴보라. 순수한 데이터 프레임과 무엇이 다릅니까?

* 연습문제 4. **untack()** 함수를 활용하여 conc와 BP에 대한 경시적 자료인 Indometh를 통합하여 Indometh.wide와 동등한 자료를 만드세요.

5. 요약 summaries

- 데이터 프레임의 형태 바꾸기는 다양한 데이터 분석에서 빈번히 요구된다.[8)]
- `stack()`은 다수의 데이터 열을 1개의 데이터 열과 1개의 factor 정보 열로 변환한다. `unstack()`은 `stack()`의 역 과정을 해낸다.
- `t()`는 행렬 (또는 데이터 프레임)의 행을 열로, 열을 행으로 바꾼다.
- `reshape()`은 `unstack()`의 일반화로서 데이터를 다양한 형태로 바꾼다.

8) 전문적인 R 팩키지로는 reshape, reshape2, plyr, dplyr, data.table 등이 있습니다.

11장. *apply 함수와 내장함수의 활용

Family of apply functions

R 프로그래밍에서 가급적 피해야 하는 것이 순환반복, 루프(loop)의 사용입니다. 두 가지 이유에서인데, 그 중 한 가지는 loop 부분의 코딩이 읽기 어렵기 때문입니다. 데이터분석에서 여러 데이터세트에 동일한 처리가 적용되는 경우, 이 부분을 극복하는 방법은 `apply()`, `lapply()`, `sapply()`, `mapply()`, `tapply()` 등 *apply 함수의 활용입니다. 또한 다른 한 이유는 벡터화 연산에 있습니다. 이것은 R이 한 번에 한 줄씩 소스 코드를 해석하여 실행하는 고수준 interpreter language이기 때문에 생기는 문제인데, 이 문제는 벡터화 연산이 가능하도록 C 언어로 만들어진 R의 내장함수를 써서 해결될 수 있습니다. 이 장은 R에서 루프(loop) 문제를 다소나마 해결해주는 두 방법, 즉 간결한 코딩을 구현해주는 *apply 함수와 빠른 계산을 실현해주는 벡터화 연산 함수를 다룹니다.

1. apply()

데이터 프레임 A의 n개 행 각각에 대하여 f라는 동일한 함수를 적용할 필요가 있다고 합시다. 함수 f가 미리 정의되었다면, 이를 위한 단순한 코딩은

```
a <- rep(0, n)
for (i in 1:n) a[i] <- f(A[i,])
```

로서 n회 반복의 루프가 매번 해석되고 실행되는 구조입니다. `apply()` 함수에서 같은 연산을

```
a <- apply(A, 1, f)
```

로 할 수 있습니다. 여기서 두 번째 인수 값 "1"은 데이터 프레임 A의 각 행에 함수 f가 적용할 것을 지시합니다.

한 예로서 데이터 프레임 A가 10,000개 개체의 100개 변수로 구성되어 있고 당

면 목표가 개체별로 변수 값들의 최댓값을 구하는 것이라고 합시다. 아래 제시된 스크립트에서 사용할 데이터 프레임은 평균이 100이고 표준편차가 15인 정규분포 $N(100, 15)$로부터 임의 생성된 모의자료입니다.

```
> n <- 100000
> m <- 100
> A <- matrix(rnorm(n*m, 100, 15), n, m)
```

다음은 apply() 함수를 써서 각 행의 최대값을 구하고 그것들의 분포를 히스토그램으로 구하는 R 스크립트입니다.

```
> time <- proc.time()
> a.1 <- apply(A, 1, max)
> proc.time() - time
   user  system elapsed
   1.28    0.05    1.34
> windows(height=5, width=6)
> hist(a.1, xlim=c(120,180), xlab="x.max", main="Histogram of Maximums")
```

apply() 함수를 써서 10000개 행에 걸쳐서 100개 자료 값 중 가장 큰 값을 산출하는 데 1.34초가 경과한 것으로 나타났습니다. <그림 1>이 100개 자료값의 최대값의 분포를 보여주는 히스토그램입니다.

apply() 함수에 어떤 마술이 있을까요? 사실은 별 것 아닙니다. 다음 스크립트가 그것을 말해줍니다.

```
> apply.1 <- function(X, f) {
+     out <- rep(0, nrow(X))
+     for (i in 1:nrow(X)) out[i] <- f(X[i,])
+ }
```

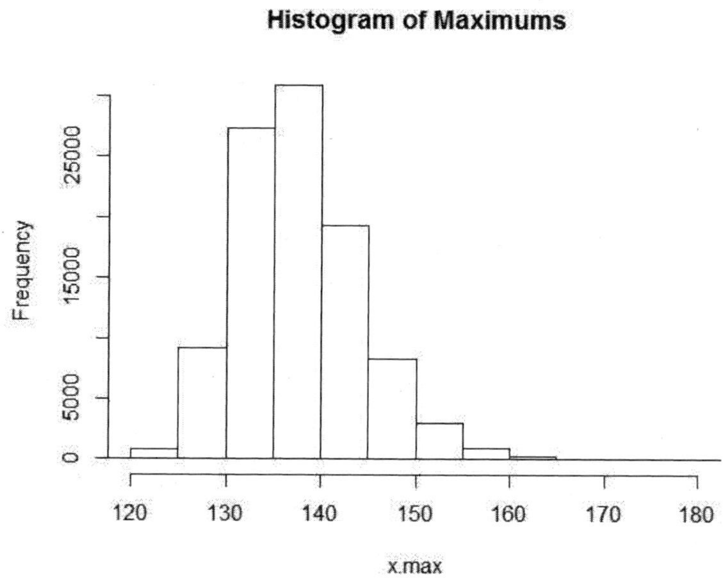

<그림 1> $N(100, 15)$ 에서 생성된 100개 자료값의 최대값 분포[1)]

```
> time <- proc.time()
> a.1 <- apply.1(A, max)
> proc.time() - time
   user  system elapsed
   1.06    0.00    1.07
```

앞의 **apply.1()** 함수는 데이터 프레임의 각 행에 함수 **f**를 적용하여 결과를 데이터 프레임의 행 수와 같은 길이의 벡터로 결과를 반환하는 사용자정의 함수입니다. 같은 계산을 하는데 경과시간이 1.07초로 R의 **apply()** 함수에 의한 계산에 비해 별 차이가 없습니다 (오히려 빠릅니다). 그러나 코딩의 줄 수는 5:1로 큰 차이가 있으므로 가독성(readability) 측면에서 사용자정의 함수를 쓰는 것보다는 R의 내장함수인 **apply()** 함수를 쓰는 것이 훨씬 낫습니다.

1) 지능지수(IQ)는 평균이 100, 표준편차가 15인 정규분포를 따르는 척도화된 지표입니다. 따라서 이 분포는 100명의 그룹에서 최대 지능지수가 어디에 위치하는지를 보여줍니다.

2. lapply()와 sapply()

apply() 함수가 데이터 프레임에 적용되는 데 반하여, lapply() 함수는 리스트 자료에 적용됩니다. 그리고 그 결과를 리스트로 반환합니다. 용법은

```
lapply(A, f, ...)
```

입니다. 여기서 A는 n개 요소로 구성된 리스트이고 f는 리스트 A의 각 요소에 적용할 함수입니다. "..." 부분은 필요에 따라 지정되는 함수 f의 인수입니다.[2)]

한 예로서 다음과 같이 임의 생성된 리스트 자료를 생각하기로 합시다. 리스트 A는 개체(요소) 수가 $10000\,(=n)$개이고 각 개체는 Poisson(m) 개의 $N(\mu, \sigma)$ 자료 값으로 구성되어 있습니다 ($m = 100$, $\mu = 100$, $\sigma = 15$). 데이터는 다음 스크립트로 만들어집니다.[3)]

```
> n <- 10000
> m <- 100
> s <- rpois(n, m)
> A <- vector(mode="list", length=n)
> for (i in 1:n) A[[i]] <- rnorm(s[i], 100, 15)
```

한 예로서 이제 리스트 내 각 요소에 있는 Poisson(m) 개 정규변량 자료값들의 최댓값을 구해보기로 합니다. 아래 스트립트를 보세요.

```
> time <- proc.time()
> a.1 <- lapply(A, max)
> proc.time() - time
   user  system elapsed
   0.11    0.01    0.13
```

2) 이 점은 apply() 함수에서도 마찬가지입니다.
3) 또는 더욱 간단하게 마지막 두 줄을 대신하여

```
> A <- sapply(s, rnorm, 100, 15)
```

을 넣으면 됩니다. 그러나 아직은 sapply() 함수를 소개하지 않았습니다.

총 경과시간은 0.13초입니다. 출력 **a.1**의 앞부분은 다음과 같습니다.

```
> head(a.1, 5)
[[1]] [1] 136.083
[[2]] [1] 140.3866
[[3]] [1] 135.398
[[4]] [1] 141.8416
[[5]] [1] 133.3445
```

반환된 **a.1**의 클래스가 리스트라서 컴팩트하지 않습니다. 오히려 다음이 어떤가요? **unlist()** 함수를 써서 리스트인 **a.1**을 numeric 벡터로 바꾸었습니다.

```
> head(unlist(a.1), 5)
[1] 136.0830 140.3866 135.3980 141.8416 133.3445
```

sapply() 함수는 **lapply()** 함수와 거의 같아서 용법도 **lapply()** 함수와 같이

```
sapply(A, f, ...)
```

로 씁니다. 그러나 반환되는 출력이 벡터 또는 행렬로 간결화 된다는 점이 다릅니다. 앞의 자료 예에 적용하면 다음과 같습니다.

```
> time <- proc.time()
> a.1 <- sapply(A, max)
> proc.time() - time
  user  system elapsed
  0.09    0.02    0.11
```

a.1의 클래스가 numeric 벡터이므로 히스토그램을 그리는 **hist()** 함수에 투입할 수 있습니다. <그림 2>를 보세요.

```
windows(height=5, width=6)
hist(a.1, xlim=c(120, 180), xlab="x.max", main="Histogram of Maximums")
```

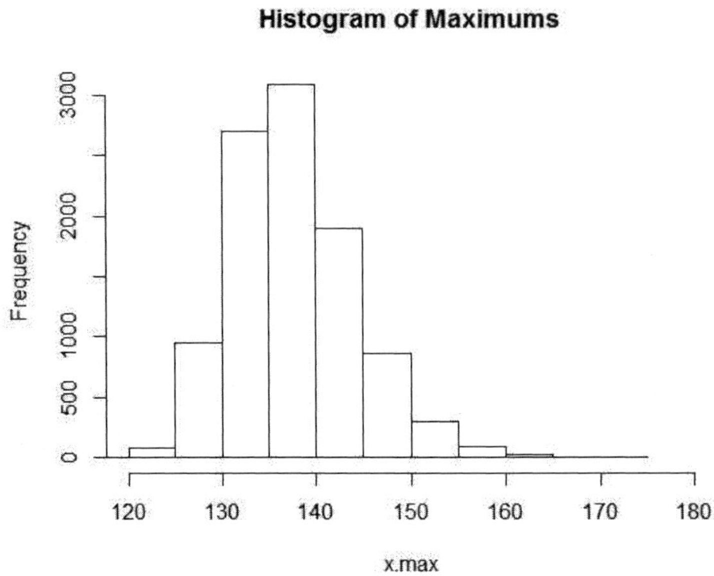

<그림 2> $N(100, 15)$에서 생성된 Poisson(100)개 자료값의 최대값 분포

다른 예 1. 앞의 리스트 A에서 $n(=10000)$개 요소별로 Poisson(100)개 자료값들의 절삭평균(trimmed mean)을 구해봅시다 (절삭율 $\alpha=0.1$). 즉 리스트의 각 요소에 적용할 함수는 **mean(x, trim=0.1)**입니다. 이런 때는 **lapply()** 함수에 제3의 인수로 "**trim=0.1**"을 넣습니다.

```
> a.2 <- lapply(A, mean, trim=0.1)
> head(a.2, 5)
[[1]] [1] 98.70837
[[2]] [1] 100.2343
[[3]] [1] 100.9517
[[4]] [1] 97.96962
[[5]] [1] 100.7037
```

sapply() 함수를 쓰는 경우도 마찬가지로 제3의 인수로 "**trim=0.1**"을 넣습니다. sapply()의 반환 값이 lapply()의 반환 값보다 깔끔합니다.

```
> a.2 <- sapply(A, mean, trim=0.1)
> head(a.2, 5)
[1]  98.70837 100.23435 100.95172  97.96962 100.70371
```

다른 예 2. 앞의 리스트 A에서 $n(=10000)$개 요소별로 Poisson(100)개 자료값들의 범위(range), 즉 (min, max)를 구하여봅시다. 적용할 함수는 길이 2의 벡터를 반환하는 range(x)입니다.

```
> a.3 <- lapply(A, range)
> head(a.3, 5)
[[1]] [1]  59.47899 136.08303
[[2]] [1]  62.29144 140.38662
[[3]] [1]  61.81514 135.39799
[[4]] [1]  55.51422 141.84165
[[5]] [1]  58.19307 133.34449
```

이처럼 lapply()의 반환 값은 길이 10000의 리스트이며 리스트의 각 요소는 2개 값으로 구성됩니다. 반면 아래에서처럼 sapply()의 반환 값은 $2\times n$ 행렬이며 각 행렬의 각 열은 2개 값 - min과 max -로 구성됩니다.

```
> a.3 <- sapply(A, range)
> str(a.3)
 num [1:2, 1:10000] 59.5 136.1 62.3 140.4 61.8 ...
> head(t(a.3), 5)
         [,1]     [,2]
[1,] 59.47899 136.0830
[2,] 62.29144 140.3866
[3,] 61.81514 135.3980
[4,] 55.51422 141.8416
[5,] 58.19307 133.3445
```

3. mapply()

mapply() 함수는 함수 f를 여러 번 적용하는 경우에 효과적으로 쓰일 수 있습니다. a, b, c가 길이 n의 벡터라고 할 때

```
mapply(f, a, b, c)
```

는

$$f(a_i, b_i, c_i),\ \ i = 1, 2, \cdots, n$$

을 계산하여 "SIMPLIFY=F"이면 리스트(list)로, "SIMPLIFY=T"이면 벡터 또는 행렬을 반환합니다.

예컨대, 각 $k\,(= 1, 2, \cdots, 100)$에 대하여, 정규분포 $N(k, k)$에서 40개의 관측값을 임의 생성하여 봅시다. 만약, 이것이 1개의 k에 대한 작업에 국한한다면

```
rnorm(40, k, k)
```

이면 될 것입니다. 따라서 이것이 1부터 100까지의 k에 대하여 반복되어야 하므로

```
X <- mapply(rnorm, rep(40,100), 1:100, 1:100, SIMPLIFY=T)
```

를 쓰면 40개 행, 100개 열의 행렬이 만들어집니다.

연습문제 1. 앞에서 만들어진 행렬 X에 대하여, 다음 R 스크립트를 실행하는 경우 어떤 출력이 예상됩니까?

```
> mean.x <- apply(X, 2, mean)
> sd.x <- apply(X, 2, sd)
> head(cbind(mean.x, sd.x), 5)
> tail(cbind(mean.x, sd.x), 5)
> windows(height=5, width=6)
> plot(mean.x, main="Trend of Mean")
> windows(height=5, width=6)
> plot(sd.x, main="Trend of SD")
```

4. tapply()

tapply(x, grp, f)는 벡터 x 내 자료값들을 인자 grp의 수준별로 분할하고 분할된 자료에 함수 f를 적용하여 grp와 같은 길이의 벡터 또는 grp의 길이와 같은 수의 요소를 갖는 리스트를 반환합니다. 따라서 이 함수는 수치 자료에 대한 통계적 집계 또는 요약에 자주 활용됩니다.

다음 예는 1,000,000 $(=N)$개의 수치값 자료 x를 대체로 크기가 같은 10,000 $(=n)$개의 임의 그룹 grp으로 분할하고 나서 그룹 별 최대값 max를 구하는 R 스크립트입니다.

```
> n <- 10000
> m <- 100
> N <- n*m
> x <- rnorm(N, 100, 15)
> grp <- sample(1:n, N, replace=T)
> time <- proc.time()
> x.1 <- tapply(x, grp, max)
> proc.time() - time
   user  system elapsed
   0.28    0.03    0.32
```

연습문제 2. 앞의 예에서 그룹 grp 별 요약통계를 구하기 위해 summary를 쓰는 경우 출력 오브젝트는 어떤 형태를 취하게 됩니까?

연습문제 3. R 함수 aggregate(x, by=list(grp), f)도 tapply(x, grp, f)와 기능이 같습니다. 계산시간에서도 비슷할까요? 앞의 예에서, aggregate()의 계산시간과 tapply()의 계산시간을 비교해보세요.

연습문제 4. 앞의 예에서 grp의 빈도표를 만들어 제시하세요. Poisson(100) 분포의 빈도 표와 어느 정도 일치합니까?

5. 루프

R이 한 번에 한 줄씩 소스 코드를 해석하여 실행하는 interpreter language입니다. 따라서 루프(loop)를 사용하는 경우 비효율이 발생합니다. 내장함수를 써서 루프를 대체할 수 있는 방안이 모색할 필요가 있습니다. 물론 모든 경우에 그런 것이 가능한 것은 아닙니다.

1절의 예를 다시 생각해 봅시다. 데이터 프레임 A가 10000개 개체의 100개 변수로 구성되어 있고 목표는 개체별로 변수 값들의 최댓값을 구하는 것입니다. 데이터 프레임은 평균이 100이고 표준편차가 15인 정규분포 $N(100, 15)$로부터 임의생성된 모의자료입니다.

```
> n <- 100000
> m <- 100
> A <- matrix(rnorm(n*m, 100, 15), n, m)
```

이를 위한 가장 좋은 코딩은 apply() 함수와 그 안에서 데이터 프레임 A의 행에 max()를 적용하는 것입니다.

```
> time <- proc.time()
> a.1 <- apply(A, 1, max)
> proc.time() - time
   user  system elapsed
   1.31    0.12    1.42
```

만약 이것을 apply()와 max()를 쓰지 않고 직접 코딩하였다면 어떠하였을까요?

```
> time <- proc.time()
> a.1 <- matrix(0, n)
> for (i in 1:n) {
     a.1[i] <- A[i,1]
```

```
    for (j in 2:m) if(A[i,j] > a.1[i]) a.1[i] <- A[i,j]
  }
> proc.time() - time
   user  system elapsed
  30.70    0.03   30.75
```

경과 시간이 1.42초에서 30.75초로 늘어난 것을 볼 수 있습니다. 무려 21.7배입니다. 만약 최대값 부분을 사용자 함수로 정의하여 쓰면 문제가 개선될 수 있을까요? 벡터 x내 원소들의 최대값을 구하는 함수를 만들어 쓰자는 것입니다. 즉,

```
max.1 <- function(x) {
   if(length(x) == 1) return(x)
   else {
       for (j in 2:length(x)) if(x[1] < x[j]) x[1] <- x[j]
       return(x[1])
   }
}
```

로 최댓값 함수 max.1()을 정의하고 이것을 "for (i in 1:n)"의 루프 안에서 쓰는 방안입니다.

```
> time <- proc.time()
> a.1 <- rep(0, n)
> for (i in 1:n) a.1[i] <- max.1(A[i,])
> proc.time() - time
   user  system elapsed
  21.34    0.05   21.42
```

apply()와 max()를 활용하는 제 1안에 비할 수는 없지만 apply()와 max()를 모두 직접 코딩한 제 2안에 비하면 낫습니다.

이 사례가 주는 교훈은 이렇습니다. R 프로그래밍에서는 가급적이면 내장함수를

쓰는 것이 좋다는 것, 만약 그런 것이 어려운 경우에서는 반복되는 특정부분을 사용자정의 함수로 만들어 활용하는 것이 좋다는 것입니다. 함수 활용의 부가적 이점은 프로그램의 가독성이 좋아진다는 점입니다.

연습문제 5. 앞 예의 행렬 A에 대하여 반올림하였을 때 홀수가 되는 자료 값의 비율을 행 단위에서 산출하고 그 분포를 보여주는 히스토그램을 제시하세요.
* 히스토그램은 다음과 같이 보여 질 것입니다.

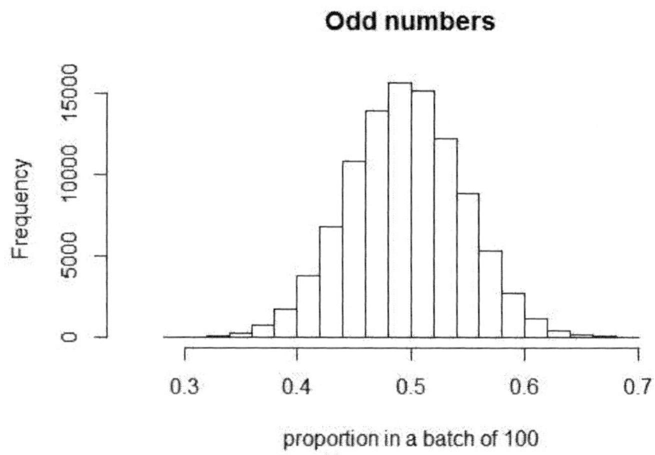

연습문제 6. 2절의 리스트 A에 대하여 각 요소(batch)별로 순서정렬(sorting)하여 두 번째 작은 값과 두 번째 큰 값의 중간을 batch의 “mid point”로 정의하겠습니다. 리스트 A의 10000개 batch에서 산출되는 “mid poins”의 분포를 보여주는 히스토그램을 제시하세요. * 힌트: “`lapply(A, "[", 2)`”는 리스트 A의 요소별로 두 번째 위치의 원소를 채집합니다.

6. 요약 summaries

- `apply()`는 데이터 프레임(또는 행렬)의 행 또는 열에 특정 함수를 적용하여 결과를 반환한다.
- `lapply()`와 `sapply()`는 리스트의 각 요소에 특정 함수를 적용하여 결과를 반환한다.
- `tapply(x, f, g)`는 벡터 `x`를 인자 `f`의 수준별로 쪼개서 함수 `g`를 적용한다.

12장. 응용 사례 case studies

이 장에서는 응용사례를 소개합니다. **rattle** 팩키지의 weather 자료와 MASS 팩키지의 Boston 자료를 다룹니다. 실제 데이터 분석에서 R이 어떻게 쓰이는지를 볼 수 있습니다.

1. weather 데이터 사례

이 절에서 분석할 weather 데이터는 **rattle** 팩키지에 있습니다. 그리고 **DAAG** 팩키지도 쓸 것이므로 **rattle**과 **DAAG**를 미리 load해 놓습니다.

```
> library(rattle)
> library(DAAG)
> data(weather)
> str(weather)
'data.frame':   366 obs. of  24 variables:
 $ Date         : Date, format: "2007-11-01" "2007-11-02" ...
 $ Location     : Factor w/ 49 levels "Adelaide","Albany",..: 10 10
 $ MinTemp      : num  8 14 13.7 13.3 7.6 6.2 6.1 8.3 8.8 8.4 ...
 $ MaxTemp      : num  24.3 26.9 23.4 15.5 16.1
 :
 $ RainTomorrow : Factor w/ 2 levels "No","Yes": 2 2 2 2 1 1 1 1 ...
```

366개 개체(행)의 24개 변수로 구성되어 있군요. 변수 명만 따로 보려면

```
> names(weather)
 [1] "Date"          "Location"      "MinTemp"       "MaxTemp"
 [5] "Rainfall"      "Evaporation"   "Sunshine"      "WindGustDir"
 [9] "WindGustSpeed" "WindDir9am"    "WindDir3pm"    "WindSpeed9am"
[13] "WindSpeed3pm"  "Humidity9am"   "Humidity3pm"   "Pressure9am"
[17] "Pressure3pm"   "Cloud9am"      "Cloud3pm"      "Temp9am"
[21] "Temp3pm"       "RainToday"     "RISK_MM"       "RainTomorrow"
```

데이터세트에 대해 더 알아볼 필요가 있겠는데 해당 정보는

```
> help(weather)
```

에 있습니다. 이 자료는 호주 캔버라 지역의 1년간 일별 기록이고 자료수집 기간은 2007년 11월 1일에서 2008년 10월 31일까지입니다. 데이터분석의 목표는 **"RainTomorrow"** (내일 비가 올 것인가?)의 예측에 있습니다.

직접 변수 명을 활용하기 위하여 데이터프레임을 attach하겠습니다.

```
> attach(weather)
```

목표 변수의 범주 별 빈도는 다음과 같습니다. 다음 날 비가 오지 않은 날이 300일이고 비가 온 날이 66일입니다.

```
> table(RainTomorrow)
   No Yes
  300  66
```

이 변수는 factor 형입니다. 추후의 활용성을 위해 이것을 0과 1로 수치 코딩하여 두기로 합니다 (변수 명 `RainTomorrow.1; "No" → 0, "Yes" → 1`).

```
> RainTomorrow.1 <- as.numeric(RainTomorrow) - 1
```

목표변수 `RainTomorrow`가 어떤 공변량과 관련성이 있는지를 살펴볼 차례입니다. 공변량에는 `MinTemp`(최저기온) 등 20개 정도 있는데 일단 `MinTemp`와의 관계를 예로 살펴보겠습니다.

산점도를 그려봅니다. x 변수는 연속형이지만 y 변수가 0, 1의 두 값만 취하므로 y 값을 흩뜨렸습니다 (jittering).

```
plot(MinTemp, RainTomorrow.1+rnorm(nrow(weather),0,0.05),
     col=c("red", "blue")[unclass(RainTomorrow)], pch=20,
     ylab="RainTomorrow", main="weather")
abline(h=c(0,1), lty="dotted")
```

앞에서 `rnorm(nrow(weather),0,0.05)`는 임의로 더해진 오차입니다.

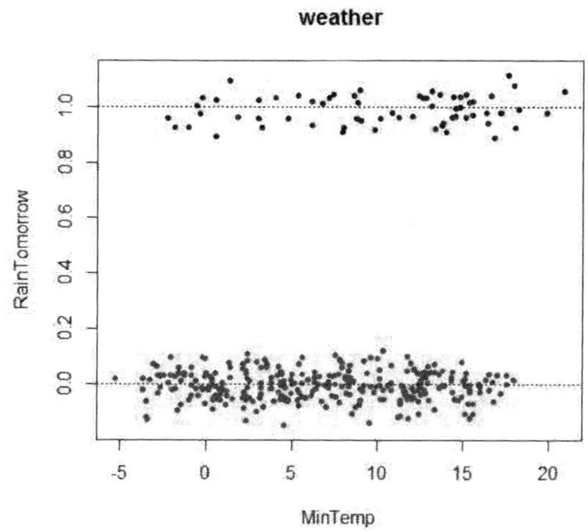

<그림 1> MinTemp와 RainTomorrow

<그림 1>이 그 결과입니다. 흩뜨림의 효과가 있음에도 불구하고, 연속형 공변량 x와 더미(0,1)형 반응변수 y 간 관계를 보는 데 있어 산점도는 근본적인 한계가 있어 보입니다.

y 값으로 구분된 2개의 히스토그램을 그려 대비시키는 것이 어떨까요?

```
par(mfrow=c(2,1))
hist(MinTemp[RainTomorrow.1==0], main="No Rain", xlab="MinTemp",
        xlim=c(-10, 30), breaks=seq(-10,30,2.5))
hist(MinTemp[RainTomorrow.1==1], main="Rain", xlab="MinTemp",
        xlim=c(-10, 30), breaks=seq(-10,30,2.5))
```

<그림 2>가 결과인데, 다음 날 비가 온 날들에서 MinTemp가 큰 경향이 있습니다. 따라서 MinTemp가 RainTomorrow에 영향을 주는 것으로 볼 수 있습니다.

그렇지만 직접적인 추론을 위해서는 MinTemp의 수준 별로 RainTomorrow의 분포가 어떻게 달라지는지를 볼 필요가 있습니다. 그런데 MinTemp가 연속형이므로 이를 이산화할 필요가 있습니다. 다음 R 코딩을 보십시오. MinTemp를 이산화하였고 (→ MinTemp.c) MinTemp.c와 RainTomorrow 간 관계를 모자이크 플롯로 살펴보았습니다.

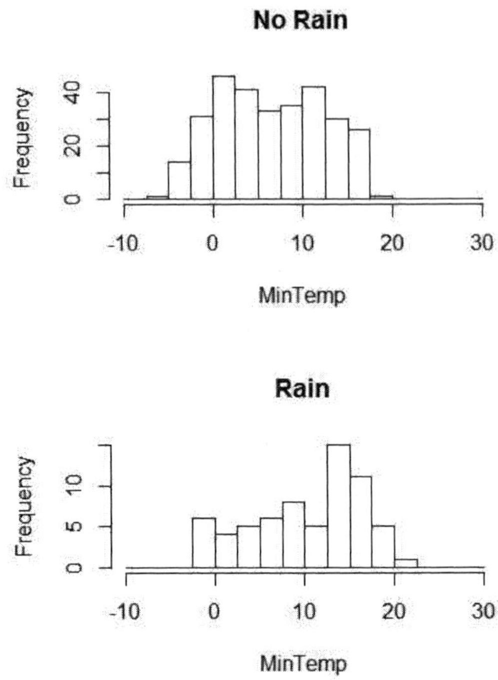

<그림 2> RainTomorrow 그룹 별 MinTemp의 분포

```
MinTemp.c <- cut(MinTemp, quantile(MinTemp, prob=c(0,0.25,0.5,0.75,1),
                na.rm=T), include.lowest=T)
mosaicplot(~ MinTemp.c + RainTomorrow, color=c("white","gray"),
                xlab="MinTemp", main=paste("weather", 3))
```

MinTemp의 이산화에 있어 분리점은 분포의 최소값, Q1, 중간값, Q3, 최대값에 두었습니다. 그러므로 MinTemp.c는 4개 값을 갖게 됩니다.

<그림 3>이 결과적으로 만들어진 모자이크 플롯입니다. MinTemp의 제4 수준 그룹에서 RainTomorrow의 "Yes" 비율이 상대적으로 높습니다.

이렇듯 두 변수 간 관계의 시각화는 다소의 시행착오를 겪으면서 개선된 표현을 찾아가는 과정으로 진행됩니다.

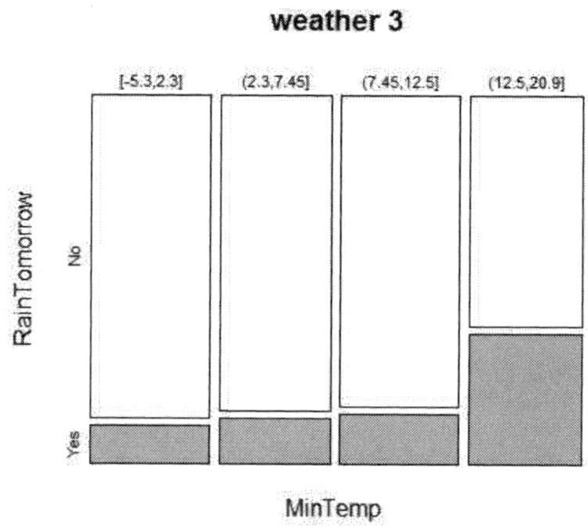

<그림 3> RainTomorrow 그룹 별 MinTemp의 분포

이제까지는 RainTomorrow에 대한 설명변수 중 특정의 1개 변수인 MinTemp만을 가지고 시각화 작업을 하였습니다만, 설명변수는 그 외에도 20개쯤 됩니다. 그럼 이런 작업을 하나씩 거듭 반복해야 할까요?

다음 R 코드는 이런 작업을 데이터프레임 내 3번째 변수인 MinTemp부터 22번째 변수인 RainToday까지 모자이크 플롯을 반복하여 만들어냅니다. 단, 해당 변량이 연속형("numeric" 또는 "integer")이면 사전 이산화를 하고 그렇지 않으면 이산화 없이 mosaicplot()에 투입됩니다. DAAG 팩키지의 pause()를 적용해 일련의 그래프들을 분석자가 시간을 조정하여 볼 수 있게 했습니다.

```
cut.x <- function(var) cut(var, unique(quantile(var,
   prob=c(0,0.25,0.5,0.75,1), na.rm=T)), include.lowest=T)
for (j in c(3:22)){
   if (class(weather[,j])[1]=="numeric" |
      class(weather[,j])[1]== "integer")
      mosaicplot(~ cut.x(weather[,j]) + RainTomorrow,
         color=c("white","gray"), xlab=colnames(weather)[j],
         main=paste("weather", j))
```

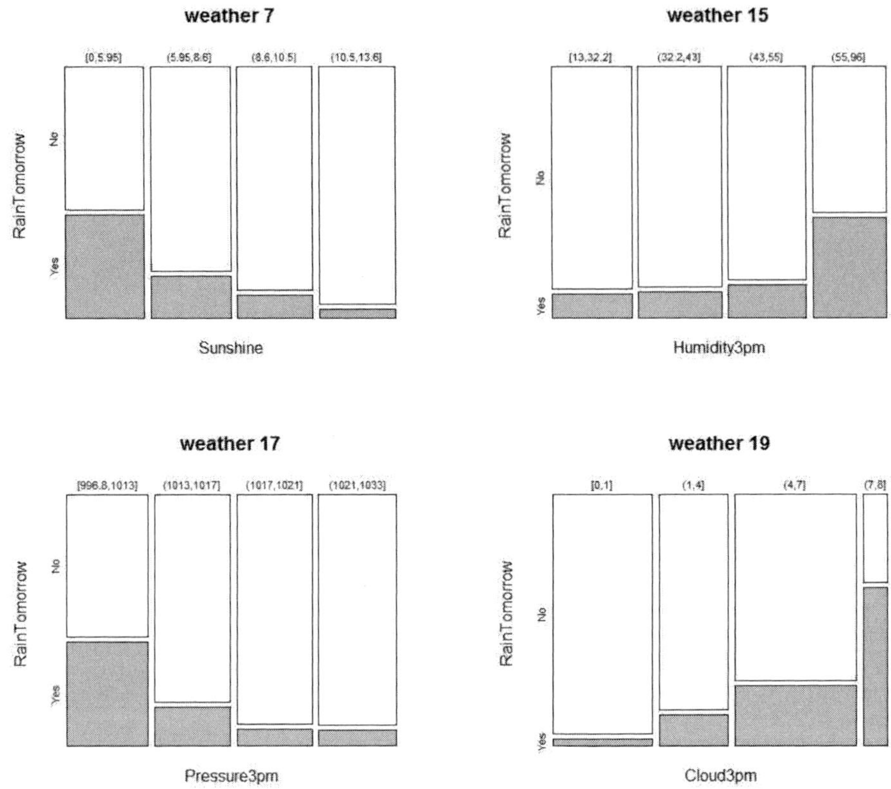

<그림 4> 중요한 4개의 설명변수와 타겟 변수 간 모자이크 플롯

```
 else mosaicplot(~ weather[,j] + RainTomorrow,
          color=c("white","gray"), xlab=colnames(weather)[j],
          main=paste("weather", j))
   pause()
}
```

작업 결과 몇 개의 변수가 중요해 보입니다. <그림 4>에 열거된 "Sunshine", "Humidity3pm", "Pressure3pm", "Cloud3pm"가 그렇습니다. 이들 변수들에 있어서는 모자이크 패턴이 단조적으로 꽤 큰 변화를 보입니다. 예컨대 "Cloud3pm" (오후 3시에 관측한 구름이 낀 정도)을 보십시오. 구름 양이 클수록 다음 날 비가 올 가능성이 상당히 커집니다.

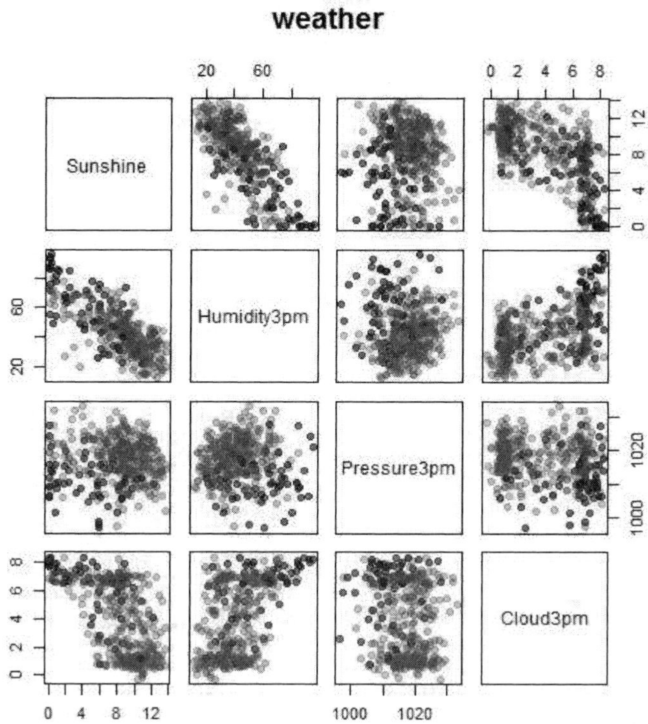

<그림 5> 중요한 4개 설명변수 산점도 행렬: 빨강=no rain, 파랑=rain

그런데 설명변수 간 상관적 관계가 있을 수 있으므로 이제까지의 이변량 분석은 상호중첩의 가능성이 있습니다. 따라서 4개 중요 설명변수 간 산점도 행렬을 만들어봅니다.

R 코드는 아래와 같습니다. 컬러는 일부투명한 알파채널을 적용하였습니다.

```
pairs(cbind(Sunshine, Humidity3pm, Pressure3pm,
    Cloud3pm=Cloud3pm+runif(nrow(weather),-0.5,0.5)),
    col=c("#FF000055","#0000FF99")[RainTomorrow], pch=19,
    main="weather")
```

<그림 5>를 보십시오 (빨강= no rain, 파랑=rain). 심각한 중첩성이 있지는 않은 듯합니다.

최종적으로 통계적 모형화를 하여 “내일 비가 올 것인가”에 대한 예측을 하기로 합시다. 이를 위해 이항형 목표변수인 **RainTomorrow**에 대한 로지스틱 회귀 모형을 4개의 중요한 설명변수로 만들어 봅니다.

```
logistic <- glm(RainTomorrow ~ Sunshine + Humidity3pm + Pressure3pm
                + Cloud3pm, family="binomial")
fitted <- predict(logistic,
     weather[,c("Sunshine","Humidity3pm","Pressure3pm","Cloud3pm")])
```

예측값 **fitted**는 비가 올 확률의 로짓(logit)인데 이것이 클수록 비가 올 확률이 크게 됩니다. **fitted**의 순위(rank)가 300 이하이면 “no rain”으로, 그렇지 않으면 “rain”으로 예측하기로 합니다 (이렇게 함으로써 다음 날 비가 올 것으로 예측하는 빈도가 빈도가 다음 날 비가 온 날의 수가 일치하게 됩니다).

```
predicted <- ifelse(rank(fitted) <= 300, "no rain", "rain")
```

그러면 다음과 같이 예측 분류표를 얻을 수 있습니다.

```
addmargins(table(predicted, RainTomorrow))
          RainTomorrow
predicted  No Yes Sum
  no rain 275  25 300
  rain     25  41  66
  Sum     300  66 366
```

“no rain”으로 예측된 300일 중에서 실제 “no”(=no rain)였던 날이 275일, “yes”(=rain)이었던 날이 25일로 나왔습니다 (정확도 92%). 그리고 “rain”으로 예측된 66일에서 실제 “yes”(=rain)였던 날이 41일, “no”(=no rain)이었던 날이 25일로 나왔습니다 (정확도 62%). 로지스틱 모형보다 더 좋은 예측 모형이 있을 수 있겠지만 여기서는 다루지 않겠습니다.

2. Boston Housing 사례

이 절에서 다룰 데이터는 MASS 패키지의 Boston입니다. 이 자료는 미국 보스턴 지역 506개 블록의 주택가격 중간값 및 이와 연관된 다수의 공변량으로 구성되어 있습니다.

```
library(MASS)
data(Boston)
str(Boston)
names(Boston)
 [1] "crim"    "zn"      "indus"   "chas"    "nox"     "rm"      "age"
 [8] "dis"     "rad"     "tax"     "ptratio" "black"   "lstat"   "medv"
attach(Boston)
```

crim (범죄율)부터 lstat (하층인구비율)까지 13개 공변량 각각에 대한 설명은 help(Boston)에서 얻을 수 있습니다.

먼저 타겟 변수인 medv(중간주택가격)에 대하여 탐색해보기로 합니다. 이 변수가 연속형이므로 히스토그램에서 시작하는 것이 좋겠습니다.

```
hist(medv, main="Boston")
```

그래프는 <그림 6>에 있습니다. 분포가 오른 쪽으로 기울어진 것을 볼 수 있습니다 (skewed-to-the-right). 따라서 변환이 필요합니다. 제곱근 변환이나 로그 변환과 같은... 무변환, 제곱근 변환, 로그 변환 변수의 상자그림을 그려봅니다.

```
par(mfrow=c(1,3))
boxplot(medv, main="raw")
boxplot(sqrt(medv), main="sqrt")
boxplot(log(medv,10), main="log_10")
```

결과는 <그림 7>입니다. 3개의 상자그림 중에서 가장 대칭적인 모습을 보여주는 것은 제곱근 변환입니다. 따라서 이하의 모든 분석에서 제곱근 변환된 중간주택가격 medv.1을 쓰기로 합니다.

```
medv.1 <- sqrt(medv)
```

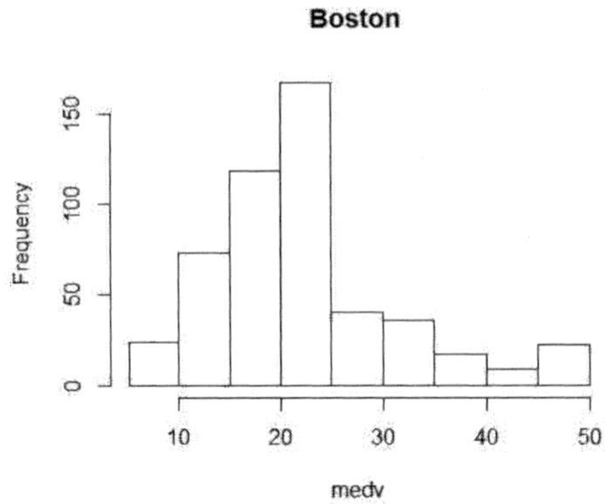

<그림 6> 타겟 변수 medv (중간주택가격)의 히스토그램

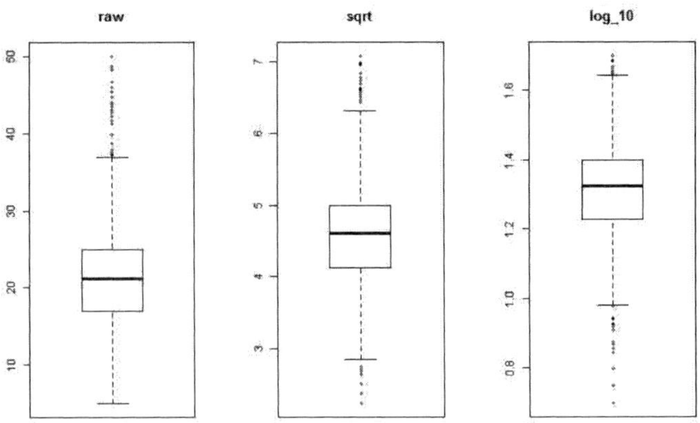

<그림 7> 타겟 변수 medv의 무변환, 제곱근 변환, 로그 변환

그러면 이제 특정 공변량과 타겟 변수가 어떤 관련이 있는가를 살펴보도록 하겠습니다. age (=주택의 연령)와 tax (=세금)를 갖고 시범해 볼까요? 다음은 산점도와 그 위에 lowess 선을 그리는 R 코드입니다.[1)]

1) lowess (locally weighted scatterplot smoother)는 일종의 비모수적 회귀로서 공변량이 1개인 경우에 적용되는 비모수적 회귀입니다. 적합값들을 선으로 이으면 곡선형의 추세선이 산출됩니다. 허명회 (2011)의 <R을 활용한 탐색적 데이터 분석> 11장 참조.

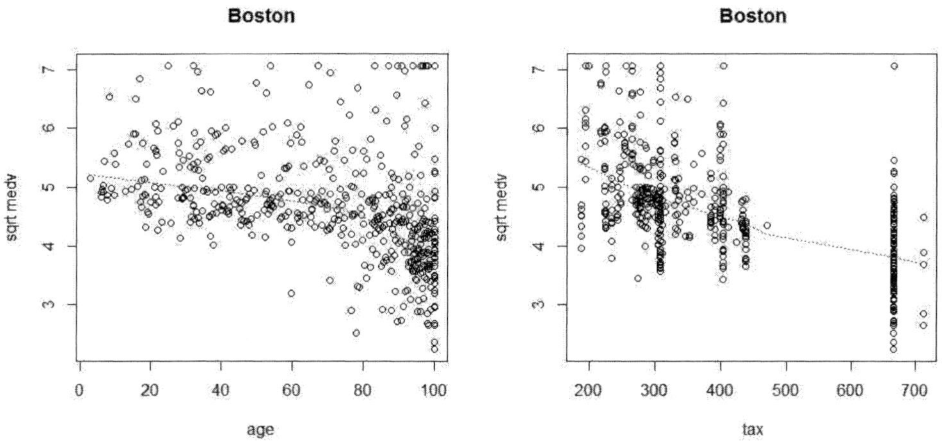

<그림 8> 타겟 변수 medv와 age, tax간 산점도와 lowess 선

```
plot(age, medv.1, xlab="age", ylab="sqrt medv", main="Boston")
lines(lowess(age, medv.1), col="red", lty="dotted")
plot(tax, medv.1, xlab="tax", ylab="sqrt medv", main="Boston")
lines(lowess(tax, medv.1), col="red", lty="dotted")
```

결과는 <그림 8>입니다. 13개 설명변수에 대하여 이런 식으로 하나씩 검토할 필요가 있을 것입니다. 여기서 다음 두 질문을 생각해 봅시다

- 코딩을 간소할 수 있을까?
- 주요변수를 간편하게 찾을 수 있을까?

lowess 선의 최대값과 최소값의 차이를 해당 설명변수의 중요도로 정의하기로 하겠습니다. 이 값이 클수록 해당 변수가 타겟에 주는 영향의 정도가 크다고 볼 수 있을 테니까요. 이렇게 각 변수 별로 중요도 측도를 구한 다음엔 측도 값이 큰 상위 몇 개 변수를 찾아 집중해 보겠습니다.

```
p <- 13; importance <- rep(0,p)
```

```
for (j in 1:p){
  lowess.fit <- lowess(Boston[,j], medv.1)$y
  importance[j] <- max(lowess.fit) - min(lowess.fit)
}
```

다음은 중요도 측도 순서로 정렬된 중요도 및 해당 변수의 출력입니다.

```
names(importance) <- colnames(Boston)[-14]
round(sort(importance, decreasing=T),1)
   rm   lstat    crim   indus     tax ptratio     dis   black     nox
  4.9     3.5     2.2     1.8     1.7     1.7     1.6     1.4     1.4
  age     rad      zn    chas
  1.4     1.4     1.2     0.4
```

상위 3개 변수가 중요한 것으로 볼 수 있습니다 (중간값이 1.6임을 고려함). 중요도 순서 별 변수는 다음과 같습니다. 6번 변수 rm이 가장 중요합니다.

```
var.order <- order(importance, decreasing=T)
var.order
 [1]  6 13  1  3 10 11  8 12  5  7  9  2  4
```

이제 중요도 순서 별로 해당 변수와 타겟 변수 간 산점도와 lowess 선을 보도록 하겠습니다.

```
library(DAAG); x11()
for (j in 1:p){
    j.1 <- var.order[j]
    plot(Boston[,j.1], medv.1,
          xlab=colnames(Boston)[j.1], ylab="sqrt medv")
    lines(lowess(Boston[,j.1], medv.1), col="red", lty="dotted")
    pause()
}
```

<그림 9>가 3개의 주요변수(rm, lstat, crim)와 타겟 변수 간 산점도와 lowess 선입니다. crim에 대하여는 log_2 변환을 하여 산점도와 lowess 선을 새로 그렸습니다. crim이 상당히 기울어진 분포를 보였기 때문입니다.

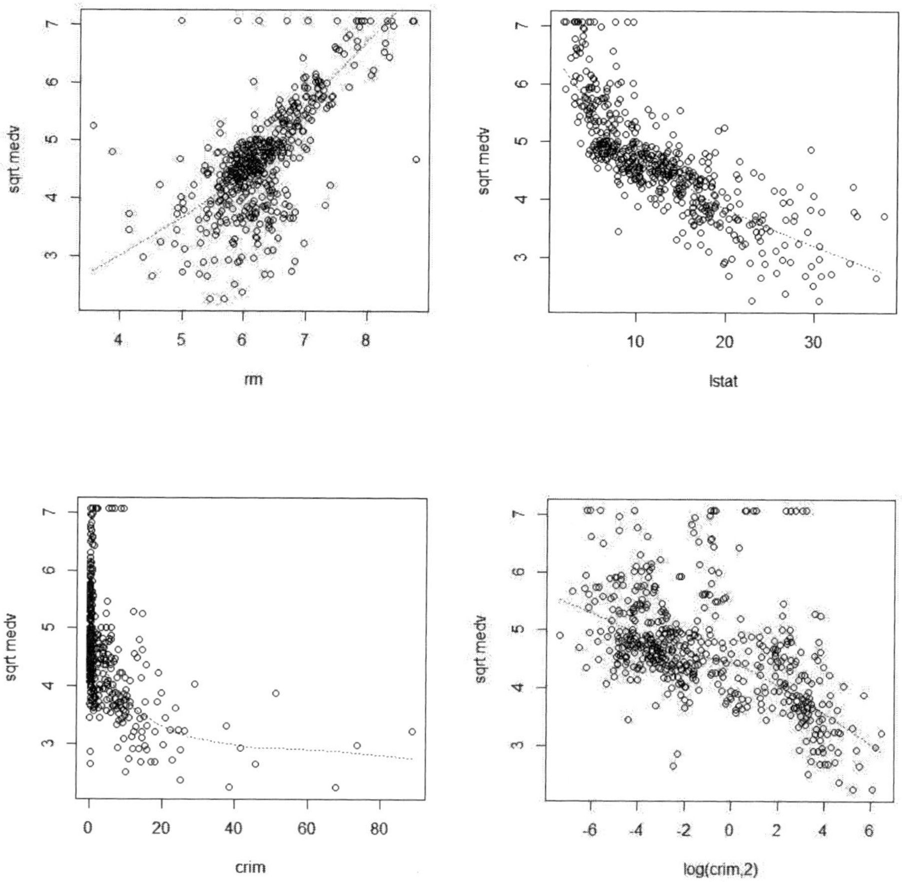

<그림 9> 중요한 3개 변수(rm, lstat, crim)와 타겟 변수 간 산점도

이제 이렇게 찾아진 3개 변수 rm, lstat, log(crim,2)가 타겟 변수를 잘 설명하고 예측할 수 있는지를 선형회귀모형으로 보겠습니다.

```
final <- lm(medv.1 ~ rm + lstat + log(crim,2))
summary(final)
```

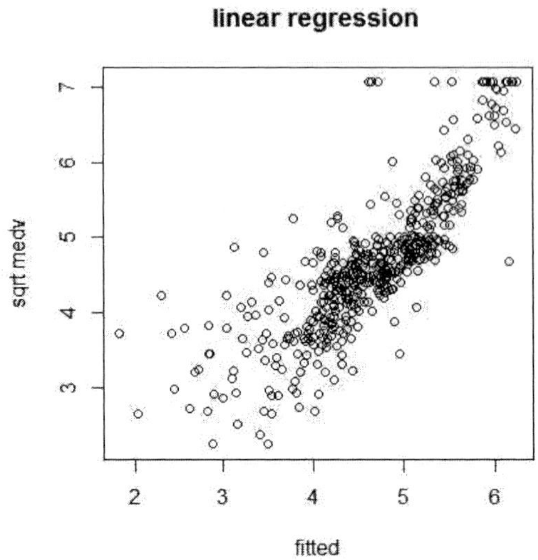

<그림 10> 타겟 변수와 적합값 간 산점도

```
Coefficients:
              Estimate Std. Error t value Pr(>|t|)
(Intercept)   2.802328   0.317635   8.822  <2e-16 ***
rm            0.429503   0.043265   9.927  <2e-16 ***
lstat        -0.069330   0.005199 -13.336  <2e-16 ***
log(crim, 2) -0.026164   0.009872  -2.650  0.0083 **
---
Residual standard error: 0.535 on 502 degrees of freedom
Multiple R-squared:  0.6754,    Adjusted R-squared:  0.6735
```

R 제곱이 0.675니까 설명력은 어느 정도 있는 것으로 볼 수 있습니다. <그림 10>이 타겟 변수와 예측값 간의 산점도입니다.

```
plot(medv.1 ~ final$fit, xlab="fitted", ylab="sqrt medv",
    main="linear regression")
```

두 값 간 상관계수는 0.822 (= $\sqrt{0.675}$)입니다.

더 좋은 회귀모형이 있는가를 시도해봐야겠지만 여기서는 다루지 않겠습니다.

부록. R을 활용한 MLB 데이터 분석

Data analysis of Major League Baseball data using R

이 부록에서는 북미 메이저 리그 야구(MLB) 데이터를 R로 분석해 볼 것입니다. 데이터는 R의 Lahman 팩키지에서 취하였습니다. 기초 수준을 넘는 통계 기법이 일부 사용되지만 가볍게 읽기 바랍니다. 보다 본격적인 MLB 데이터 분석은 Analyzing Baseball Data with R (by Marchi and Albert, 2013; CRC Press)에서 만날 수 있습니다.

A.1 MLB 데이터 분석에 들어가기 introduction

이 장의 목표는 csv 형식의 데이터를 읽고 데이터의 구조를 이해하며 간단한 그래프를 그려보는 데 있습니다. R에서 데이터의 기본형인 벡터(vector)와 데이터 세트(data set)의 표준형인 데이터 프레임(data frame)을 소개할 것입니다. 다룰 자료는 박찬호 선수와 관련된 메이저 리그의 일부 기록입니다.

1. 박찬호 선수의 salary

우리가 이 장에서 분석하려는 자료는 박찬호 선수(Park Chan Ho)의 메이저 리그 연봉 <표 1>입니다.[1] 1994년부터 2010년까지 박찬호 선수가 Los Angeles Dodgers, Texas Rangers, San Diego Padres, Philadelphia Phillies, New York Yankees에서 활동한 바 있습니다.[2]

이 절에서는 R에서 csv 형태의 <표 1> 자료를 읽어보고 데이터 세트 내의 3개 필드(`yearID, teamID, salary`)를 살펴볼 것입니다.

<표 1>의 데이터 세트 이름은 `"parkch.csv"`입니다. 먼저 해야 할 일은 이 파일이 있는 directory를 working directory로 지정하는 것입니다. 이것은 R Gui의 File 메뉴에서

```
Change working directory to
```

로 합니다. 설마 "csv" 파일이 comma separated values (variables) 형태의 데이터 파일인 것을 모르지는 않겠죠... csv 파일은 메모장(notepad.exe), 엑셀 등에서 읽어볼 수 있기는 합니다.

---

1) 자료의 출처는 R의 "Lahman" 팩키지의 Salaries 데이터가 자료 출처입니다.
2) Major League Baseball에서의 박찬호 선수의 활동에 대하여는 위키피디아에서 "Chan Ho Park"을 검색하세요.

<표 1> 박찬호 선수의 메이저 리그 연봉: 1994년-2010년, “parkch.csv”

	A	B	C
1	yearID	teamID	salary
2	1994	LAN	109,000
3	1995	LAN	114,000
4	1996	LAN	124,000
5	1997	LAN	270,000
6	1998	LAN	700,000
7	1999	LAN	2,300,000
8	2000	LAN	3,850,000
9	2001	LAN	9,900,000
10	2002	TEX	6,884,803
11	2003	TEX	13,000,000
12	2004	TEX	14,000,000
13	2005	TEX	15,000,000
14	2006	SDN	15,505,142
15	2009	PHI	2,500,000
16	2010	NYA	1,200,000

R console에서 다음을 넣어보세요.

```
> read.csv("parkch.csv", header=T)
```

R 시스템이 아래와 같이 반응할 것입니다.

```
   yearID teamID   salary
1    1994    LAN   109000
2    1995    LAN   114000
3    1996    LAN   124000
4    1997    LAN   270000
5    1998    LAN   700000
6    1999    LAN  2300000
7    2000    LAN  3850000
8    2001    LAN  9900000
9    2002    TEX  6884803
10   2003    TEX 13000000
11   2004    TEX 14000000
12   2005    TEX 15000000
```

```
13   2006    SDN 15505142
14   2009    PHI  2500000
15   2010    NYA  1200000
```

<표 1>과 대조해보면 제대로 불러진 것을 알 수 있습니다. 그런데 이것보다는 아래와 같이 하는 것이 훨씬 낫습니다.

```
> parkch <- read.csv("parkch.csv", header=T)
> head(parkch)
  yearID teamID  salary
1   1994    LAN  109000
2   1995    LAN  114000
3   1996    LAN  124000
4   1997    LAN  270000
5   1998    LAN  700000
6   1999    LAN 2300000
```

read.csv()는 csv 형식의 파일을 읽는 R 함수입니다. 함수의 인수(argument)로 파일 이름과 함께 header=T (또는 header=F)를 넣습니다. 여기서 header=T라고 함은 파일의 첫 줄에 변수 이름이 있다는 의미입니다.

parkch <- read.csv()는 입력 데이터를 parkch로 명명된 오브젝트(object)에 넣는다는 의미입니다. R에서 오브젝트가 뭐냐면... 오브젝트를 정의하기는 쉽질 않습니다. 일단은 "것", 속된 말로 거시기라고 생각하면 됩니다. 이로써 parkch라는 데이터 세트가 사용자의 R 시스템에 등록된 것입니다.[3]

head(dataset, n)은 데이터 세트 dataset의 앞 n개 줄(lines)을 보여줍니다. 이와 대조적으로 tail(dataset, n)은 데이터 세트의 마지막 n개 줄을 보여줍니다. n이 생략된 경우 6이 간주됩니다.

---

3)
```
> objects()
[1] "parkch"
```

`str()` 함수는 데이터 세트에 무엇이 있는가를 보여줍니다. parkch에 적용해보면

```
> str(parkch)
'data.frame':   15 obs. of  3 variables:
 $ yearID: int  1994 1995 1996 1997 1998 1999 2000 2001 2002 ...
 $ teamID: Factor w/ 5 levels "LAN","NYA","PHI",..: 1 1 1 1 1 1 ...
 $ salary: int  109000 114000 124000 270000 700000 2300000 3850 ...
```

인데요, 이로부터 이 데이터 세트가 15개 개체(관측, observation), 개체 당 3개 변수로 구성되어 있음을 알 수 있습니다.

앞의 출력은 parkch가 데이터 프레임(data frame)이라는데요, 데이터 프레임은 "n observations (lines), p variables (fields)" 형태의 데이터 세트입니다.

yearID는 `int`(=integer, 정수)값 변수입니다. 컴퓨터에서 정수는 32bit 메모리를 차지합니다. 참고로, 컴퓨터에서 실수는 64bit 메모리를 차지합니다. 다음은 yearID의 범위(range)를 보여줍니다. 1994년부터 2010년에 걸쳐있다는 것이죠.

```
> with(parkch, range(yearID))
[1] 1994 2010
```

다음도 같은 출력을 만들어냅니다.

```
> range(parkch$yearID)
[1] 1994 2010
```

그러나 다음은 안 됩니다.

```
> range(yearID)
Error: object 'yearID' not found
```

yearID는 데이터 프레임 parkch에 붙어 있는 변수입니다. 따라서 변수를 사용할 때는 모태인 데이터 프레임을 반드시 언급해야 합니다. "어느 집"의 누구인지를

말해야 한다는 것입니다.

teamID는 '인자형' 변수인데 인자(factor)는 등록 범주(registered category)를 뜻합니다. 다음은 teamID의 빈도 표, 간단히 표(table)입니다. **LAN**(LA Dodgers)이 8회, **NYA**(NY Yankees)가 1회, ... 등이라는 것이죠.

```
> with(parkch, table(teamID))
teamID
LAN NYA PHI SDN TEX
  8   1   1   1   4
```

여기서 유의할 점은 인자 값들에 순서가 있다는 것입니다. 특별한 말이 없으면, 즉 디폴트로는 인자 값들은 ASCII 코드에 따라 순서화됩니다. 이 예에서는 모든 인자 값들이 영문 알파벳을 취하므로 a, b, c 순서에 의하여 레벨이 정해집니다.

다음은 인자형 변수 teamID에서 요인 순서를 **LAN, TEX, SDN, PHI, NYA**로 바꾸어 표를 만들어 보인 것입니다. 이어서 표를 막대그림으로 시각화해봅니다.

```
> parkch$teamID.1 <- factor(parkch$teamID,
       levels=c("LAN", "TEX", "SDN", "PHI", "NYA"))
> with(parkch, table(teamID.1))
teamID.1
LAN TEX SDN PHI NYA
  8   4   1   1   1
> with(parkch, barplot(table(teamID.1), beside=F,
       main="Park Chan Ho's Team History"))
```

이것의 출력이 <그림 1>입니다. 다음으로도 같은 그래프가 만들어집니다.

```
> barplot(table(parkch$teamID.1), beside=F,
       main="Park Chan Ho's Team History")
```

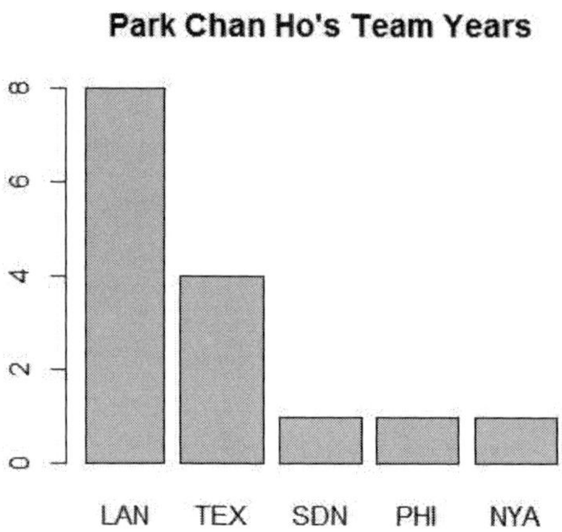

<그림 1> 박찬호의 팀별 년 수

이제 박찬호 선수의 연봉을 시각화 해보겠습니다. 연도별로 어떤가를 보기 위해서는 역시 막대그림이 좋습니다. 아래 스크립트에서는 `attach()` 함수로써 데이터 프레임 `parkch`를 R의 검색 리스트에 등록시켰습니다. 이렇게 하면 변수 이름만으로도 R 함수가 기능을 수행합니다.

```
> attach(parkch)
> barplot(salary, names.arg=yearID, main="Park Chan Ho's salary")
```

이렇게 만들어진 것이 <그림 2>입니다. 전체적으론 그럴듯해 보이지만, 잘 보면 어설프죠. 세로 축 눈금이 "1.0e+07" 등 과학식 표기로 되어 있어 읽기 어렵습니다.[4] 또한 연도가 하나 건너씩 나타나 있습니다.[5] 이를 해결해 봅시다.

```
> barplot(salary/1000, names.arg=yearID, las=2,
      main="Park Chan Ho's Salary (in 1000)")
```

<그림 3>가 출력 그래프입니다. `barplot()` 함수에 "`las=2`"를 넣어 숫자(글자)를

4) "1.0e+07"은 1.0×10^7, 즉 1천만($)을 의미합니다. `options(scipen=3)`을 쓰면 과학적 표기로 전환하는 것이 어느 정도 억제 됩니다 (scientific notation penalty).

5) 2004년과 2006년 사이는 2005년이겠지만 2006년과 2010년 사이는 뭘까요? 2008년이라고 짐작하겠지만 2009년입니다. <표 1>에서 데이터를 보세요.

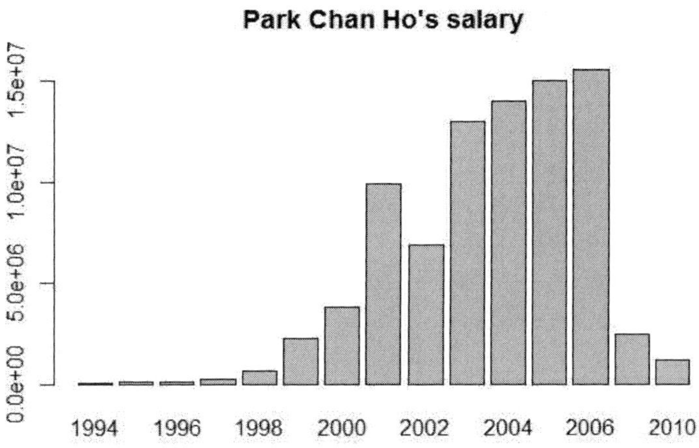

<그림 2> 박찬호의 연봉 추이: 막대그림

세웠고 세로 축 눈금을 1,000$ 단위로 바꿨습니다. 이와 같이 통계 그래프는 깔끔해야 합니다. 완성도를 최대한 높여보세요. 그런데 <그림 3>도 잘 보면 허점이 있습니다. 2007년과 2008년은 salary 값이 없는데, 2006년 막대와 2009년 막대를 붙여놓아도 될까요? 이에 대하여는 나중에 다루겠습니다.

이 절에서 배운 것들이 여럿 있습니다. 다음 질문에 답해보세요. 답이 잘 되지 않는다면 절의 첫 줄에 돌아가 다시 공부해야 합니다.

- 인자형 변수(factor variable)란 무엇입니까?
- 인자형 변수에서 레벨들의 순서는 어떻게 정해집니까?
- 정수값 변수(integer variable)란 무엇입니까?
- 데이터 프레임은 어떻게 구성됩니까?
- R의 어떤 함수로 csv 파일을 읽을 수 있습니까?
- R의 어떤 함수로 인자형 변수의 빈도 표를 만들 수 있습니까?
- R의 어떤 함수로 막대그림을 그릴 수 있습니까?

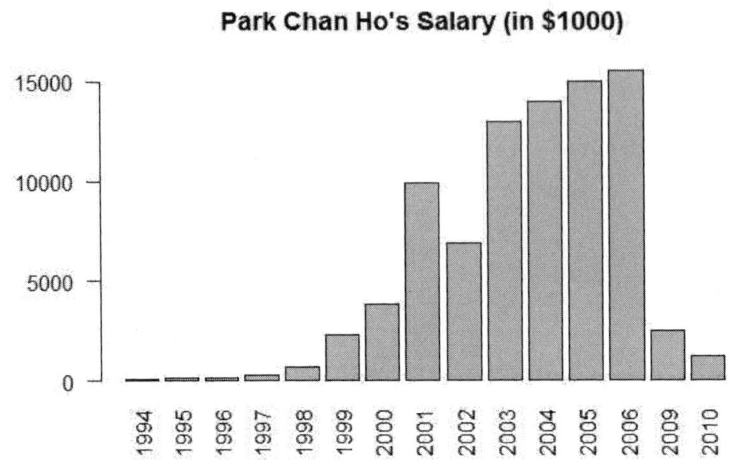

<그림 3> 박찬호의 연봉 추이: 다른 막대그림

2. 벡터

R에서 벡터(vector)는 같은 속성으로 구성되는 1차원 열의 데이터입니다. 예컨대, 수치 데이터 (2000, 2001, 2002, 2003)은 벡터입니다. R에서

```
> year <- c(2001, 2002, 2003, 2004)
```

는 길이 4의 벡터입니다. year는 열(sequence)이므로

```
> y <- c(2002, 2001, 2003, 2004)
```

와 같지 않습니다. 다음은 벡터와 관련된 몇 개의 R 함수입니다.

```
> length(year)
[1] 4
> is.vector(year)
[1] TRUE
> identical(year, y)
[1] FALSE
```

이들은 각각 "길이"를 산출하고 "벡터인가?", "같은가?"를 묻습니다.

다음도 벡터입니다.

```
> tf <- c(T, F, F, F)
> team <- c("LAN", "LAN", "TEX", "NYA")
```

다만, tf와 team의 "속성" 클래스는 각각 논리(logical) 값과 문자(character) 값입니다. 즉,

```
> class(tf)
[1] "logical"
> class(team)
[1] "character“
```

그렇다면 year의 클래스는 무엇일까요? 수치(numeric)값입니다.

```
> class(year)
[1] "numeric"
```

너무 당연하다고요? 그렇지 않습니다. 컴퓨터에서는 실수를 '떠 있는 수'(유동 수, floating number)라고 해서 정수(integer)와 구별합니다.[6] 그리고 "numeric" 클래스는 '떠 있는 수'를 지칭합니다.

반면, 다음의 z는 "integer" 클래스입니다.

```
> z <- c(2001L, 2002L, 2003L, 2004L)
> class(z)
[1] "integer"
```

당연히 year와 z의 차이는 0입니다.

```
> year - z
[1] 0 0 0 0
```

6) 정수는 32개 bit로 표현되고 유동 수는 64개 bit로 표현됩니다. 표현 방식도 매우 다릅니다. 이에 대하여는 본 저자의 <통계계산>의 1장을 참조하세요.

그러나 year와 z는 같지 않습니다. 왜 그럴까요? (이해가 되지 않는다면 앞 페이지를 다시 읽으세요.)

```
> identical(year, z)
[1] FALSE
```

벡터는 인덱스로 조회됩니다. 예컨대 year와 team의 세 번째 요소는

```
> year[3]
[1] 2003
```

```
> team[3]
[1] "TEX"
```

입니다. R에서 묘한 것이 인자형(factor) 벡터입니다. 앞에서 정의한 team은 문자값 벡터입니다. 이것을 인자형 벡터로 바꿔봅시다.

```
> team.1 <- factor(team)
> team.1
[1] LAN LAN TEX NYA
Levels: LAN NYA TEX
```

반면, team은

```
> team
[1] "LAN" "LAN" "TEX" "NYA"
```

입니다. 약간 다르죠? 다음에서 차이가 명확해집니다.

```
> levels(team.1)
[1] "LAN" "NYA" "TEX"
```

```
> as.numeric(team.1)
[1] 1 1 3 2
```

인자형 벡터인 team.1은 내부적으로는 수치로 되어 있으며 활용 시에는 수치와 대응된 수준(범주)이 쓰입니다. 반면, 문자값 벡터인 team은 수준화되어 있지 않아 수치값 벡터로 바뀌지지 않습니다.

R에는 mode()라는 게 있는데 class()와 미묘하게 다릅니다. 다음을 보세요. team.1과 team을 구분합니다.

```
> mode(team.1)
[1] "numeric"
> mode(team)
[1] "character"
```

어느 변수가 범주형이라면 R에서 그것을 인자형(factor) 벡터로 넣는 것을 추천합니다.

벡터를 만드는 방법에는 여러 가지가 있습니다.

첫째는 앞에 나온 바 있는 c() 함수를 쓰는 방법입니다.[7)]

둘째는 rep() 함수를 쓰는 방법입니다 (= repeat). 이 함수의 용법은

```
rep(object, times)
```

입니다 (object는 반복의 대상이고 times는 반복 횟수). 예컨대

```
> rep("LAN", 3)
[1] "LAN" "LAN" "LAN"
> rep(c("LAN", "TEX", "SDN", "PHI", "NYA"), c(8, 4, 1, 1, 1))
 [1] "LAN" "LAN" "LAN" "LAN" "LAN" "LAN" "LAN" "LAN"
 [9] "TEX" "TEX" "TEX" "TEX" "SDN" "PHI" "NYA"
```

입니다.

셋째는 seq() 함수를 쓰는 방법입니다 (= sequence). 용법은

```
seq(from, to, by) 또는 seq(from, to, length.out)
```

입니다 (from은 벡터의 시작 값, to는 벡터의 마침 수, by는 요소 값 간의 간격, length.out은 벡터의 길이). 예컨대

```
> seq(from=1, to=10, by=3)
[1]  1  4  7 10
```

7) 'c'는 'concatenate', 즉 이음(결합, 연결)의 머리글자입니다.

```
> seq(from=1, to=10, length.out=5)
[1]  1.00  3.25  5.50  7.75 10.00
```

입니다. 다음 3개의 R statement는 동등합니다.

```
> seq(from=1, to=10, by=1)
> seq(1, 10)
> 1:10
```

다음 R statement의 출력이 뭐가 될지 예상해보세요. 물론 `sum()`은 합을 구하는 함수입니다.

```
> sum(rep(1:9, 9:1))
```

3. 논리 연산

컴퓨팅에서 두 번째 많은 것이 논리 연산입니다 (가장 많은 것은?). 두 벡터를 요소별로 비교하여 작은지, 큰지, 같은지를 알아내고, 그 결과에 따라 다른 길로 가게 하는 거죠. R의 연산 기호는 다음과 같습니다: 크다는 ">", 작다는 "<", 크거나 같다는 ">=", 작거나 같다는 "<=", 같다는 "==", 같지 않다는 "!="입니다.

예를 볼까요? 1절에서 본 바, 박찬호 선수의 15년 연봉은 벡터 `parkch$salary`에 있습니다. 이 중에서 1천만(= 10^7) 불을 넘은 해는 언제였을까요? 다음과 같이 확인할 수 있습니다.

```
> parkch$salary > 1.0e+7
 [1] FALSE FALSE FALSE FALSE FALSE FALSE FALSE FALSE FALSE  TRUE
[11]  TRUE  TRUE  TRUE FALSE FALSE
```

즉, 1천만인 10000000과 비교하여 연봉이 기준 값보다 크면 TRUE가 반환되는데 그 개수는 4개입니다. 즉, 4년은 연봉이 1천만 불을 넘었다는 거죠. 그게 어느 해의 어느 팀에서였나요? 다음 R statement로 알 수 있습니다.

```
> with(parkch, yearID[salary > 1.0e+7])
[1] 2003 2004 2005 2006
> with(parkch, teamID[salary > 1.0e+7])
[1] TEX TEX TEX SDN
```

Texas Rangers (TEX)에서 3년, San Diego Padres (SDN)에서 1년이었군요.

"같은가"를 묻는 논리 연산 기호는 "=="입니다 (즉, 등호를 두 번 넣습니다). 박찬호 선수가 뉴욕 양키스(NYA)에 있었던 적이 있는지를 볼까요? 그런 적이 있다면 그 해가 언제였는지도 관심입니다.

```
> parkch$teamID == "NYA"
```

또는

```
> with(parkch, teamID == "NYA")
 [1] FALSE FALSE FALSE FALSE FALSE FALSE FALSE FALSE FALSE FALSE
[11] FALSE FALSE FALSE FALSE  TRUE
> with(parkch, yearID[teamID == "NYA"])
[1] 2010
```

"아닌가"를 묻는 논리 연산 기호는 "!="입니다. 따라서 박찬호 선수가 LA Dogers (LAN) 소속이 아닌가와 LAN 소속이 아니었던 해는 다음과 같습니다.

```
> with(parkch, teamID != "LAN")
 [1] FALSE FALSE FALSE FALSE FALSE FALSE FALSE FALSE  TRUE  TRUE
[11]  TRUE  TRUE  TRUE  TRUE  TRUE
> with(parkch, yearID[teamID != "LAN"])
[1] 2002 2003 2004 2005 2006 2009 2010
```

북미 메이저 리그 야구는 American League (AL) 15개 팀과 National League (NL) 15개 팀으로 구성되어 있습니다. 두 League의 차이는 AL에서는 지명대타 제도가 있어 타격 전담 선수가 투수 대신 타석에 섭니다. 그러나 NL에서는 투수도 타석에 섭니다. 그런데 LA Dodgers (LAN)는 NL 팀입니다. 그러니까 박찬호

선수는 LAN 시절 타격 기록이 있을 것입니다. LAN 외에 SDN, PHI도 NL 팀입니다. 그러면 박찬호 선수가 NL 팀 소속이었던 해를 찾아볼까요? 논리 연산에서 "and"는 "&"로 표기되고 "or"는 "|"로 표기됩니다.

```
> with(parkch, teamID == "LAN" | teamID == "SDN" | teamID == "PHI")
 [1]  TRUE  TRUE  TRUE  TRUE  TRUE  TRUE  TRUE  TRUE FALSE FALSE
[11] FALSE FALSE  TRUE  TRUE FALSE
> year.NL <-
  with(parkch, teamID == "LAN" | teamID == "SDN" | teamID == "PHI")
> parkch$yearID[year.NL]
 [1] 1994 1995 1996 1997 1998 1999 2000 2001 2006 2009
```

앞에서는 "or"가 세 차례나 반복되는 바람에 R 코드가 길어졌고 이 때문에 보기가 안 좋아졌습니다. 이것보다는 아래와 같이 집합 연산을 하는 것이 예쁩니다. "%in%"는 집합의 원소인지를 묻습니다.

```
> NL <- c("LAN", "SDN", "PHI")
> parkch$teamID %in% NL
 [1]  TRUE  TRUE  TRUE  TRUE  TRUE  TRUE  TRUE  TRUE FALSE FALSE
[11] FALSE FALSE  TRUE  TRUE FALSE
> year.NL <- parkch$teamID %in% NL
> parkch$yearID[year.NL]
 [1] 1994 1995 1996 1997 1998 1999 2000 2001 2006 2009
```

논리값 'TRUE'와 'FALSE'는 각각 'T', 'F'로 대치할 수 있습니다. 그러므로

```
> year.NL.1 <- c(rep(T,8), rep(F,4), rep(T,2), F)
> identical(year.NL, year.NL.1)
 [1] TRUE
```

입니다. 그러나 사용자가 'T', 'F'를 이미 다른 용도로 쓰고 있었다면 전혀 예상하지 못한 결과가 초래될 수 있습니다. 그러니, 가급적 'T'와 'F'는 개인용도로 쓰지 않는 것이 좋습니다.

4. 산술 연산

컴퓨터의 제 1 기능은 산술 연산일 것입니다. 더하고 빼고 곱하고 나누는 것이죠. 물론 R에서도 이것이 되고 "+", "-", "*", "/"로 할 수 있습니다. 그런데 알아 둘 필요가 있는 팁은 이런 것들도 함수라는 것입니다. 즉, 다음 두 statement도 같습니다.

```
> 5 + 4
> "+"(5, 4)
```

또한 다음 두 statement도 같습니다.

```
> 5 * 4
> "*"(5, 4)
```

데이터분석을 위해 R을 쓰는 경우, 산술 연산의 한 종류인 행렬(matrix) 연산이 큰 부분이 되는데 이것은 다른 곳에서 다루겠습니다.

산술 연산에는 "+", "-", "*", "%" 외에도 "%/%"와 "%%"가 유용합니다. 이것은 나누기에서 각각 몫과 나머지에 해당합니다. 예컨대

```
> 8 %/% 3
[1] 2
> 8 %% 3
[1] 2
> 9 %/% 3
[1] 3
> 9 %% 3
[1] 0
> 4.3 %/% 2.1
[1] 2
> 4.3 %% 2.1
[1] 0.1
```

입니다. 이제 몫과 나머지 연산을 이용하여 서기 1년부터 2016년까지 2016년 동

안 윤년(leap year)가 몇 번 있었나를 세어봅시다.

일단 윤년의 정의가 무엇인지를 명확히 알아야겠죠. 위키피디어에서 “leap year”를 검색해보면 (https://en.wikipedia.org/wiki/Leap_year), 다음 pseudocode로 윤년을 정의한 것을 볼 수 있습니다.

if (year is not exactly divisible by 4) then (it is a common year)
else if (year is not exactly divisible by 100) then (it is a leap year)
else if (year is not exactly divisible by 400) then (it is a common year)
else (it is a leap year)

따라서 다음과 같이 서기 1년부터 2016년까지 윤년의 수를 셀 수 있습니다.

```
> year <- 1:2016
> k1 <- sum(year %% 4 == 0)
> k2 <- sum(year %% 100 == 0)
> k3 <- sum(year %% 400 == 0)
> c(k1, k2, k3)
[1] 504  20   5
> k1 - k2 + k3
[1] 489
```

모두 489회의 윤년이 있었군요. 여러분들의 첫 생일 해(year)부터 99세 생일 해까지 몇 번의 윤년이 있게 되는가를 세어보세요.

2절에서 유동 수의 존재에 대해 말한 바 있습니다. 이것이 간혹 트릭을 씁니다. 다음이 한 예입니다.

```
> 0.7 - 0.4
[1] 0.3
```

당연합니다. 그러나

```
> 0.7 - 0.4 == 0.3
[1] FALSE
```

라는군요. 어찌된 영문일까요? 다음을 보세요.

```
> print(0.7 - 0.4, 16)
[1] 0.2999999999999999
```

즉, 컴퓨터는 "0.7 - 0.4"는 0.2 다음에 9가 쭉 이어지는 수로 봅니다. 이런 것은 컴퓨터가 내부적으로는 10진법의 수를 2진법 수로 근사하기 때문에 빚어지는 결과입니다. 그러니 유동 수를 가지고 처리할 때는 "같은가, 다른가"를 묻는 것은 곤란합니다.

컴퓨터는 너무 큰 수와 너무 작은 수는 계산하지 못합니다. 다음을 보죠.

```
> 10^(308:309)
[1] 1e+308    Inf
> 10^-(323:324)
[1] 9.881313e-324  0.000000e+00
```

10^{308}은 계산을 했으면서도, 10^{309}을 'Inf'(=infinity)로 간주하는 어리석음을 범하고 있습니다. 또한 10^{-323}은 대략 계산했으면서도[8] 10^{-324}은 0으로 간주됩니다.

큰 수와 큰 수의 나눗셈과 큰 수와 큰 수의 뺄셈도 엉망입니다.

```
> 10^309 / 10^309
[1] NaN
> 10^309 - 10^309
[1] NaN
```

답은 당연히 1과 0이어야 하는데 컴퓨터는 NaN이라고 답 합니다 (NaN은 '숫자가 아님' Not a Number의 표기입니다). 흥미롭습니다.

8) 좀 틀리긴 했습니다.

5. 데이터 프레임: 박찬호 선수의 투수성적과 연봉

데이터 분석의 대상은 n개 개체(unit, observation)이고 개체 당 p개 변수를 확보함으로써 변수 간 관계를 엮어 냅니다. <표 1>이 바로 그런 예인데 그 자료에서는 16개 개체에 대해 3개 변수로 구성된 분석자료를 보여줍니다. R에서 말하는 데이터 프레임은 이렇게 정형화된 분석자료를 지칭합니다.

데이터 프레임에서 각 열은 변수를 뜻하는데 이것은 벡터여야 합니다. 즉 문자값, 수치값 등 한 가지 속성만 가져야 합니다. 두 가지 이상의 속성을 섞어 가질 수는 없습니다.

이 절에서는 박찬호 선수의 투수기록을 연봉 자료에 연결해보겠습니다. <표 2>의 자료는 1994년부터 2000년까지의 박찬호 선수의 투수기록입니다.[9)]

```
> pitch <- read.csv("parkch-pitch.csv", header=T)
> str(pitch)
'data.frame':   19 obs. of  6 variables:
 $ yearID: int  1994 1995 1996 1997 1998 1999 2000 2001 2002 ...
 $ teamID: Factor w/ 7 levels "LAN","NYA","NYN",..: 1 1 1 1 1 1 ...
 $ W     : int  0 0 5 14 15 13 18 15 9 1 ...
 $ L     : int  0 0 5 8 9 11 10 11 8 3 ...
 $ G     : int  2 2 48 32 34 33 34 36 25 7 ...
 $ ERA   : num  11.25 4.5 3.64 3.38 3.71 ...
```

여기서 G는 게임 수이고, W는 그 중에서 승수(승리 수)이고 L은 패수(패배 수)입니다. ERA는 'earned run average'로서 우리말로 평균자책점이라고 합니다. 이것은 투수가 내준 점수를 말하는 것으로 9회 경기가 가정됩니다.[10)]

그런데 이 자료에서 개체 수(= n)가 19라는 점이 의아합니다. 박찬호 선수는

---

9) Lahman 팩키지의 Pitching 데이터에서 추출되었습니다.

10) 위키피디어에서 'earned run average'를 찾아보세요. 데이터분석에서는 각 변수에 대한 정확한 이해가 필요합니다.

<표 2> 박찬호 선수의 투수기록: 1994년-2010년, “parch-pitch.csv”

	A	B	C	D	E	F
1	yearID	teamID	W	L	G	ERA
2	1994	LAN	0	0	2	11.25
3	1995	LAN	0	0	2	4.5
4	1996	LAN	5	5	48	3.64
5	1997	LAN	14	8	32	3.38
6	1998	LAN	15	9	34	3.71
7	1999	LAN	13	11	33	5.23
8	2000	LAN	18	10	34	3.27
9	2001	LAN	15	11	36	3.5
10	2002	TEX	9	8	25	5.75
11	2003	TEX	1	3	7	7.58
12	2004	TEX	4	7	16	5.46
13	2005	TEX	8	5	20	5.66
14	2005	SDN	4	3	10	5.91
15	2006	SDN	7	7	24	4.81
16	2007	NYN	0	1	1	15.75
17	2008	LAN	4	4	54	3.4
18	2009	PHI	3	3	45	4.43
19	2010	NYA	2	1	27	5.6
20	2010	PIT	2	2	26	3.49

1994년부터 2010년까지 17년 활동했는데 말이죠. 다음을 보세요. 다음을 보면

```
> table(pitch$yearID)[table(pitch$yearID) > 1]
  2005 2010
     2    2
```

2005년과 2010년에는 2개 팀에서 활동함으로써 한 해의 데이터가 두 줄에 걸쳐 있음을 알 수 있습니다. 이것은 바람직하지 않습니다. 해(year)를 기준으로 분석자료를 1개 행/year를 정비할 필요가 있습니다.

다음은 19개 행, 6개 열의 데이터 프레임 pitch를 17개 행, 6개 열의 데이터 프레임 pitch.2로 만드는 과정입니다. 중간에 19개 행, 6개 열의 데이터 프레임 pitch.1을 만들어 씁니다.

```
> pitch.1 <- pitch
> pitch.1[12,3:4] <- pitch[12,3:4] + pitch[13,3:4]    # 식 (1)
```

```
> pitch.1[18,3:4] <- pitch[18,3:4] + pitch[19,3:4]    # 식 (2)
> pitch.1[12,6] <-
      (pitch[12,5]*pitch[12,6] + pitch[13,5]*pitch[13,6])
     /(pitch[12,5] + pitch[13,5])                       # 식 (3)
> pitch.1[13,] <- NA
> pitch.1[19,] <- NA
> pitch.2 <- pitch.1[c(1:12,14:18),]
> str(pitch.2)
'data.frame':   17 obs. of  6 variables:
 $ yearID: int  1994 1995 1996 1997 1998 1999 2000 2001 2002 ...
 $ teamID: Factor w/ 7 levels "LAN","NYA","NYN",..: 1 1 1 1 1 1 ...
 $ W     : int  0 0 5 14 15 13 18 15 9 1 ...
 $ L     : int  0 0 5 8 9 11 10 11 8 3 ...
 $ G     : num  2 2 48 32 34 33 34 36 25 7 ...
 $ ERA   : num  11.25 4.5 3.64 3.38 3.71 ...
```

다음은 앞에서 식 (1)은 2005년의 승수와 패수를 구하는 과정이고 (2개 줄의 단순 합), 식 (2)도 2010년의 승수와 패수를 구하는 과정입니다. 식 (3)의 ERA는 2005년의 2개 ERA를 게임 수 G를 가중치로 평균 내는 과정입니다 (가중평균). 이제 박찬호 선수의 17년 투수기록이 17개 행, 6개 열로 정리되었습니다.

이것을 박찬호 선수 연봉 기록인 1절의 데이터 프레임 parkch (연봉자료)와 합쳐 보기로 합시다. 그런데 parkch는 15개 행에 3개 열로 된 데이터 프레임입니다. 박찬호 선수의 2007년과 2008년 기록이 없기 때문입니다. 따라서 데이터 프레임 parkch에 2개 행을 추가함으로써 데이터 프레임 pitch.2에 개체 수를 일치시키기로 합니다. 다음이 추가될 데이터 프레임입니다 (2개 행, 3개 열). [11)]

```
> parkch.1 <- data.frame(yearID=2007:2008, teamID=c("NYA","LAN"),
                         salary=c(NA,NA))
```

이것을 parkch의 아래에 넣어야겠죠. 이렇게 확장된 데이터 프레임을 parkch.2로 명명합니다.

11) 'NA'는 'not available'의 약어로서 결측(missing value)를 의미합니다.

```
> parkch.2 <- rbind(parkch, parkch.1)
> str(parkch.2)
```

이제 **pitch.2**(17행, 6열)와 **parkch.2**(17개 행, 3열)를 좌우로 합쳐보겠습니다. 공통 키 변수는 당연히 **yearID**여야 합니다. 사용할 R 함수는 **merge()**.

```
> parkch.master <- merge(parkch.2, pitch.2, by="yearID")
> parkch.master
   yearID teamID.x   salary teamID.y  W  L        G   ERA
1    1994      LAN   109000      LAN  0  0  2.00000 11.25
2    1995      LAN   114000      LAN  0  0  2.00000  4.50
3    1996      LAN   124000      LAN  5  5 48.00000  3.64
4    1997      LAN   270000      LAN 14  8 32.00000  3.38
5    1998      LAN   700000      LAN 15  9 34.00000  3.71
6    1999      LAN  2300000      LAN 13 11 33.00000  5.23
7    2000      LAN  3850000      LAN 18 10 34.00000  3.27
8    2001      LAN  9900000      LAN 15 11 36.00000  3.50
9    2002      TEX  6884803      TEX  9  8 25.00000  5.75
10   2003      TEX 13000000      TEX  1  3  7.00000  7.58
11   2004      TEX 14000000      TEX  4  7 16.00000  5.46
12   2005      TEX 15000000      TEX 12  8 16.66667  5.66
13   2006      SDN 15505142      SDN  7  7 24.00000  4.81
14   2007      NYN       NA      NYN  0  1  1.00000 15.75
15   2008      LAN       NA      LAN  4  4 54.00000  3.40
16   2009      PHI  2500000      PHI  3  3 45.00000  4.43
17   2010      NYA  1200000      NYA  4  3 27.00000  5.60
```

R 함수 **merge()**의 간단한 용법은 다음과 같습니다.

```
merge(data.frame.1, data.frame.2, by = key.var)
```

간단한 여기서 **key.var**이 병합 키입니다.

이제 두 데이터 프레임이 통합되었으므로 연봉과 투수기록을 연결할 수 있습니다.

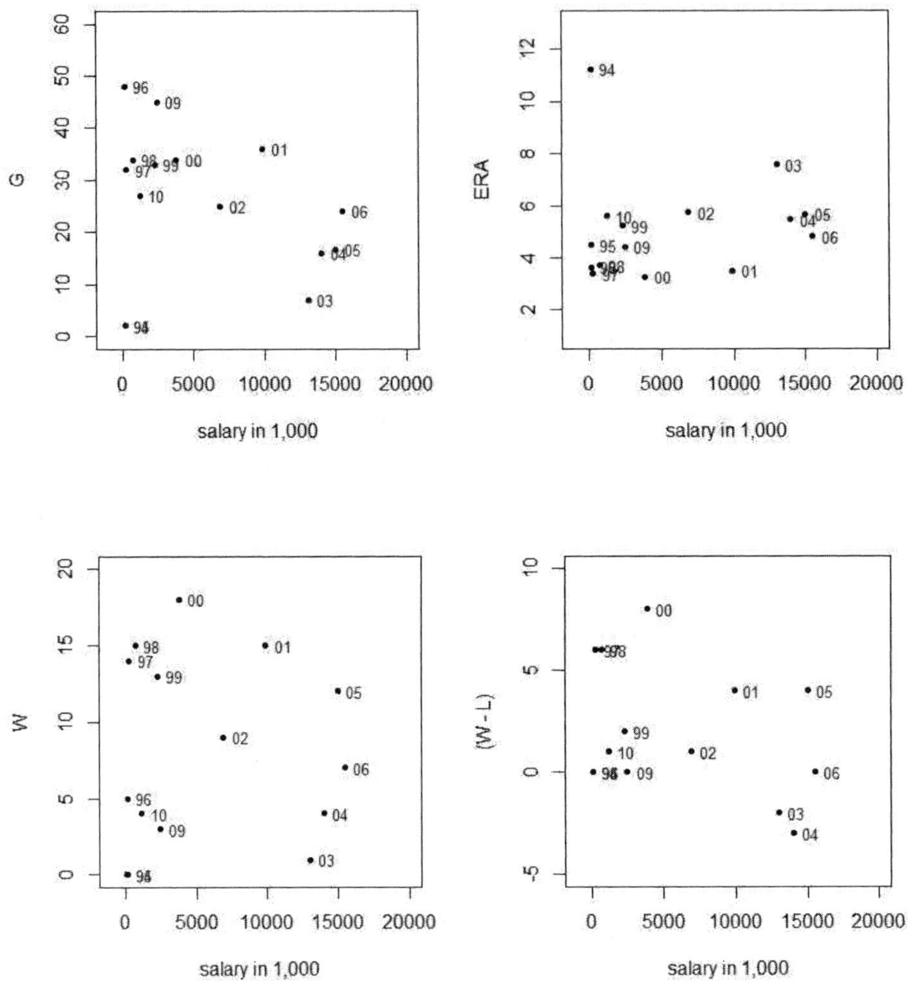

<그림 4> 박찬호 선수의 연봉과 투수기록 (출전 수, ERA, 승수, 패수)

<그림 4>의 위줄 · 왼쪽 그래프는 출전 수(=G) 대 연봉의 산점도인데 연봉이 높았던 4개 연도(2003, 2004, 2005, 2006) 중에서 2003년에는 출전 수가 10 미만에 그쳤음을 알 수 있습니다. 게다가 ERA는 8점에 가까웠군요. 소속 팀 Texas Rangers로서는 손해가 컸을 것입니다. 반면, 박찬호 선수의 ERA가 최저였던 2000년과 2001년은 연봉도 크지 않은 편이었고 출전수 G, 승수 W, 승수와 패수의 차 W-L도 상당히 좋았으므로 소속 팀 LA Dodgers는 호재였겠죠.

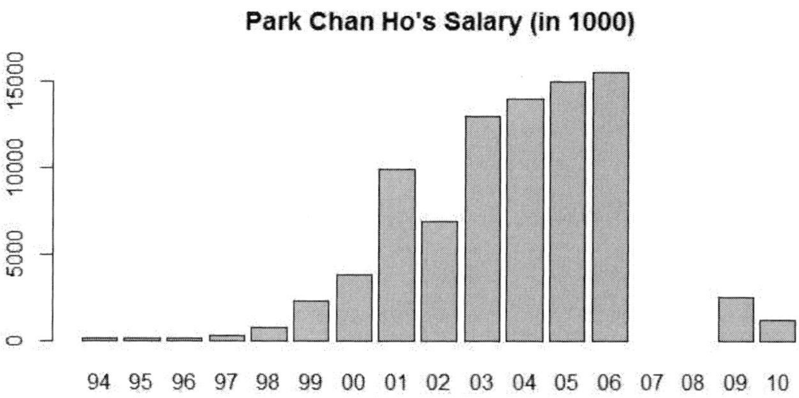

<그림 5> 박찬호의 연봉 추이: 막대그림의 종결판

마지막으로 <그림 3>에서 일단락 지었던 박찬호 선수의 연봉 추이를 통합 데이터 프레임 parkch.master로 종결짓기로 하겠습니다. <그림 5>를 보십시오. 연봉 기록이 결측된 2007년과 2008년이 비워졌습니다. 또한 연도 표기도 마지막 두 숫자로 제한함으로써 모든 해를 그래프에 써 넣었습니다. 이에 쓰인 R statement는 다음과 같습니다.

```
> with(parkch.master, barplot(salary/1000,
          names.arg=substring(yearID,3,4),
          main="Park Chan Ho's Salary (in 1000)"))
```

어떻습니까? 이 사례처럼 데이터분석에서는 원 데이터를 면밀히 검토하여 사전 정비할 필요가 있고 2개 이상의 데이터 소스를 병합함으로써 부가가치가 있는 정보가 생성되는 경우가 많습니다. 이때, 개별 변수에 대한 이해는 절대 '필수'입니다. 데이터가 단일 프레임으로 완비되면 내용(內容, 안에 든 것)의 탐사를 위해 그래프 (데이터 시각화) 작업을 해야겠죠. 그래프는 거듭거듭 개선의 과정을 거치면서 완성도가 높아집니다. 마무리가 덜된 그래프는 분석자에 대한 신뢰감을 확 떨어뜨립니다.

6. 정리

이 장에서 R의 다음과 같은 것들을 배웠습니다. 다음 각각에 대해 설명하거나 동의하며 예를 들 수 있어야 합니다. 그렇지 않다면 다시 공부해야겠죠.

- csv 파일에서 데이터를 읽고 읽은 데이터의 구조를 살펴볼 수 있다.
- 데이터 프레임이 무엇인지 안다.
- 데이터 프레임의 여러 변수들이 각기 어떤 속성을 갖는지 파악할 수 있다.
- R에서 벡터는 데이터의 기본형이다.
- 논리 연산과 수치 연산을 데이터 분석에 활용할 수 있다.
- 2개 데이터 프레임을 병합할 수 있다.
- 데이터분석에서 각 변수에 대한 이해는 필수이다. 영역지식을 확보해야 한다.[12)]
- 데이터 시각화는 매우 중요하다. 완성도 높은 통계 그래프를 그려야 한다.
- 막대그림(bar plot)을 그릴 수 있다.
- 산점도를 그릴 수 있다.
- 데이터분석은 흥미롭다.

12) 야구를 모른다면 야구 데이터를 분석할 수 없다.

A.2 MLB: 기초 EDA elementary exploratory data analysis

Lahman 팩키지의 Pitching 데이터 중 2001년 투수 기록을 탐색적으로 분석하는 소위 EDA (exploratory data analysis)를 하고자 합니다. 박찬호 선수가 포함된 1급 선발투수 군의 요건을 정의하고 나서, 그 그룹에서 평균자책점(ERA) 비교표를 만들고 스트라이크 아웃과 피홈런의 관계를 살펴볼 것입니다. 히스토그램, 점도표, 산점도 등의 통계 그래프를 활용합니다.

1. 메이저 리그의 2001년 투수 기록

앞 장에서 살펴본 바, 박찬호 선수(Park Chan Ho)의 메이저 리그 전성기는 2001년이었던 듯합니다. 그 해에 박찬호 선수는 평균 자책점도 낮고 연봉도 상당했습니다. 그런 이유로 우리는 메이저 리그의 2001년 투수기록을 본격적으로 분석하고자 합니다. 즉 박찬호 선수와 같은 포지션에서 같은 해에 비교 대상이 되었던 투수들에 대해서 말이죠.

메이저 리그 기록 저장소인 Lahman 팩키지에서 Pitching 데이터를 불러냅니다:

```
> library(Lahman)
> data(Pitching)
> class(Pitching)
[1] "data.frame"
> nrow(Pitching)
[1] 43330
> ncol(Pitching)
[1] 30
```

`Pitching` 데이터는 데이터 프레임으로서 개체 수가 43,330 줄이나 되는군요. 변수는 30개이고요. 변수들이 어떤 것들인지 이름부터 살펴봅시다.

```
> names(Pitching)
 [1] "playerID" "yearID"  "stint"    "teamID"   "lgID"     "W"
 [7] "L"        "G"       "GS"       "CG"       "SHO"      "SV"
[13] "IPouts"   "H"       "ER"       "HR"       "BB"       "SO"
[19] "BAOpp"    "ERA"     "IBB"      "WP"       "HBP"      "BK"
[25] "BFP"      "GF"      "R"        "SH"       "SF"       "GIDP"
```

1장에서 playerID, yearID, teamID, W, L, G, ERA 등은 접해보았으므로 익숙합니다만 나머지 변수들은 알쏭달쏭합니다. 이런 때는 help()를 부릅니다. 도움말에 변수들에 대한 간략한 소개가 있군요.

```
playerID = Player ID code
yearID = Year
stint = player's stint (order of appearances within a season)
teamID = Team; a factor
lgID = League; a factor with levels AA AL FL NL PL UA
W = Wins
L = Losses
G = Games
GS = Games Started
CG = Complete Games
SHO = Shutouts
SV = Saves
IPouts = Outs Pitched (innings pitched x 3)
H = Hits
ER = Earned Runs
HR = Homeruns
BB = Walks
SO = Strikeouts
BAOpp = Opponent's Batting Average
ERA = Earned Run Average
IBB = Intentional Walks
WP = Wild Pitches
HBP = Batters Hit By Pitch
BK = Balks
```

```
BFP = Batters faced by Pitcher
GF = Games Finished
R = Runs Allowed
SH = Sacrifices by opposing batters
SF = Sacrifice flies by opposing batters
GIDP = Grounded into double plays by opposing batter
```

이제 좀 알 듯합니다. 2001년 기록으로 제한하기 위해 **subset()** 함수를 씁니다.

```
> pitch.01 <- subset(Pitching, yearID == 2001)
> nrow(pitch.01)
[1] 652
```

데이터 세트의 개체 수가 652로 줄었습니다. 메이저 리그에 30개 팀이 있으니 팀당 평균이 21.7명입니다. 같은 방식으로 LA Dodgers 소속 투수가 21명이라는 것을 알 수 있습니다.[1)]

모든 투수가 일을 균등하게 나눠하는 것은 아니죠. 일부 투수에 일이 몰립니다. 게임 수 G의 분포를 히스토그램으로 볼까요?

```
> hist(pitch.01$G, xlab="Games", right=F, nclass=20,
       main="Number of Games")
```

여기서 **hist()** 함수로써 히스토그램을 그린 것인데 개별 구간의 오른쪽 경계 비포함 (왼쪽 경계 포함), 구간의 수가 20으로 지정되었습니다. <그림 1>이 출력입니다. 분포의 비대칭성을 실감할 수 있습니다. 따라서 게임 수가 일정 값 이상인 선수들로 분석 자료를 제한하기로 합니다.[2)]

그런데 게임 수 G보다 선발게임 수 GS를 기준으로 하는 것이 어떨까요? 박찬호 선수는 선발 투수이기 때문입니다. 이를 위해 GS의 히스토그램을 만들어봅니다.

```
> hist(pitch.01$GS, xlab="Games", right=F, nclass=20,
       main="Number of Games Started")
```

<그림 2>의 출력을 보세요. GS가 10이상인 선수들은 많지 않을 것입니다.

---

1) `> nrow(subset(pitch.01, teamID == "LAN"))`
   `[1] 21`

2) 1 게임에 1 이닝 출장하여 3 스트라이크 아웃을 해내면 ERA가 경이롭게 됩니다.

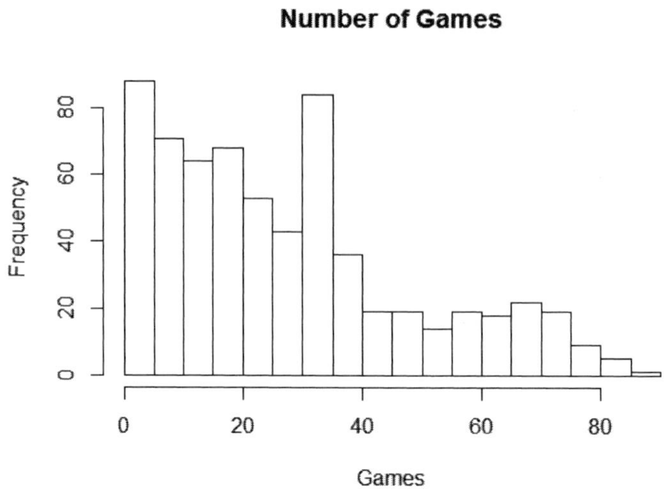

<그림 1> 투수 당 게임 수의 히스토그램

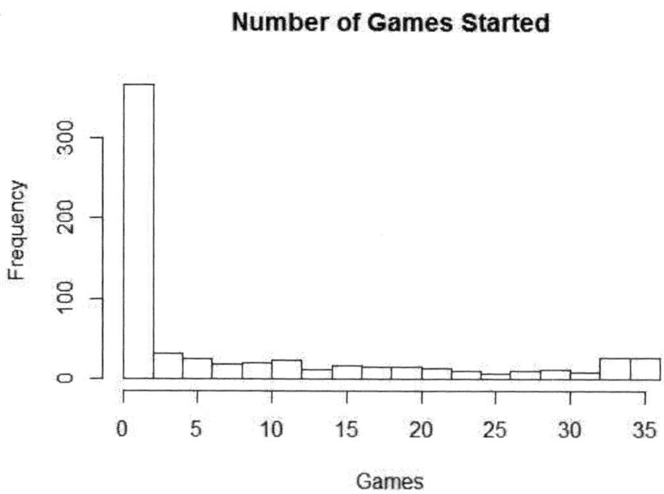

<그림 2> 투수 당 선발 게임 수의 히스토그램

따라서 분석 자료를 GS ≧ 10으로 제한하기로 합니다. 191명으로 줄었습니다.

```
> pitch.01.s <- subset(pitch.01, GS >= 10)
> nrow(pitch.01.s)
[1] 191
```

2절로 넘어가기 전에 <그림 1>의 히스토그램에 대해 R적 측면의 설명을 덧붙이기로 합니다. 다음을 보세요.

```
> hist.1 <- hist(pitch.01$G, xlab="Games", right=F, nclass=20,
       main="Number of Games")
```

R은 객체지향 언어로 그래픽 출력조차도 객체(object)로 간주합니다. 윗줄에서 생성된 `hist.1`이 무엇인지는 `str()` 함수를 써서 알 수 있습니다.

```
> str(hist.1)
List of 6
 $ breaks  : num [1:19] 0 5 10 15 20 25 30 35 40 45 ...
 $ counts  : int [1:18] 88 71 64 68 53 43 84 36 19 19 ...
 $ density : num [1:18] 0.027 0.0218 0.0196 0.0209 0.0163 ...
 $ mids    : num [1:18] 2.5 7.5 12.5 17.5 22.5 27.5 32.5 37.5 ...
 $ xname   : chr "pitch.01$G"
 $ equidist: logi TRUE
 - attr(*, "class")= chr "histogram"
```

hist.1이 리스트(list)라고 하는데요. 리스트는 벡터들의 집합입니다. 이때 벡터들의 길이가 일치해야 하는 것은 아닙니다. 이 점에서 리스트는 데이터 프레임과 현격히 다릅니다. 데이터 프레임에서는 벡터(열)들의 길이가 같아야 하거든요. 이런 맥락에서 리스트는 데이터 프레임의 일반화입니다. hist.1이 객체이므로 다음과 같이 히스토그램의 breaks (구간의 경계점, 길이 19)과 counts (빈도, 길이 18) 등을 꺼낼 수 있습니다.

```
> hist.1$breaks
 [1]  0  5 10 15 20 25 30 35 40 45 50 55 60 65 70 75 80 85 90
> hist.1$counts
 [1] 88 71 64 68 53 43 84 36 19 19 14 19 18 22 19  9  5  1
```

hist.1을 그래프로 바꾸려면 이것을 단순히 **plot()** 함수에 넣으면 됩니다. 그러면 **plot()**은 히스토그램 클래스에 맞춤된 그래프를 내보냅니다.

```
> plot(hist.1)
```

2. 평균자책점의 점도표

투수를 평가하는 대표적 지표는 ERA(earned run average, 평균자책점)입니다.

Pitching 데이터에 R (runs allowed) 변수가 있는데 이것을 상대팀에 내준 점수이고 거기서 수비선수의 실책으로 내준 점수를 뺀 것이 ER (earned runs)입니다. 따라서 R에 비교하여 ER이 같거나 작습니다.

Pitching 데이터의 IPouts (Outs pitched) 변수는 투수가 타자를 아웃시킨 횟수입니다. 1이닝이 3아웃이고 9이닝은 27아웃에 해당합니다.

ERA는 투수 별로 ER을 IPouts/27로 나누어 산출됩니다. 다음을 보십시오. 소숫점 아래 두 자리에서 **ER/(IPouts/27)**과 **ERA**가 일치함을 확인할 수 있습니다.

```
> attach(pitch.01.s)
> x <- ER / IPouts * 27
> head(round(x,3), 10)
 [1] 4.252 5.438 4.329 5.197 5.103 3.571 4.027 5.094 5.489 4.610
> head(ERA, 10)
 [1] 4.25 5.44 4.33 5.20 5.10 3.57 4.03 5.09 5.49 4.61
```

이제 선발 게임 수 10 이상인 2001년 메이저 리그 투수를 평균자책점이 낮은 순서로 상위 30명을 점도표(dot chart)로 리스트해보기로 하겠습니다.

```
> order.1 <- order(ERA, decreasing=F)
> dotchart(ERA[order.1][30:1], labels = playerID[order.1][30:1],
        pch=20, xlim=c(0,3.5), xlab="ERA", cex=0.8,
        main="Major League Baseball, 2001")
```

order()는 순서를 정하는 함수입니다. 크기 순으로 정렬할 때 (작은 값에서 큰

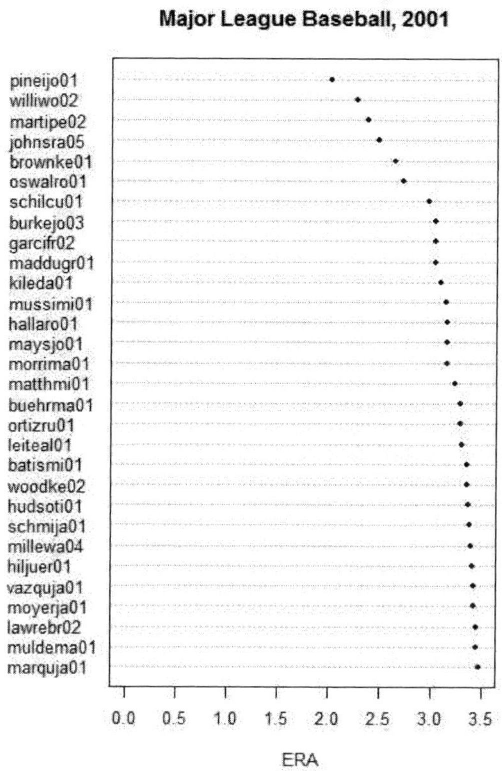

<그림 3> 평균자책점 기준 상위 30명의 리스트: 점도표

값의 순서로) order()의 출력은 어느 순서로 개체들을 끌어와야 크기 순서로 정렬되는지를 알려줍니다. 예컨대

```
> order(c(4,2,1,5,3))
[1] 3 2 5 1 4
```

입니다. 벡터 c(4,2,1,5,3)내에서 가장 작은 값이 세 번째 위치에 있기 때문입니다. 그리고 그 다음 작은 값은 두 번째 있고요... 따라서

```
> x <- c(4,2,1,5,3)
> x[order(x)]
[1] 1 2 3 4 5
```

입니다. 즉 x가 x의 순서로 정렬되는 거지요.

<그림 3>이 평균자책점(ERA) 상위 30명을 리스트한 점도표입니다. 상단의 선수는 **playerID**가 "**pineijo01**". 이 선수에 대해 더 알아보기로 합시다. 더불어 **playerID**가 "**parkch01**"인 박찬호 선수에 대하여도...

```
> pitch.01.s[playerID=="pineijo01" | playerID=="parkch01", ]
      playerID yearID stint teamID lgID  W  L  G GS CG SHO SV IPouts
33995  parkch01   2001     1    LAN   NL 15 11 36 35  2   1  0    702
34017 pineijo01   2001     1    SEA   AL  6  2 17 11  0   0  0    226

        H ER HR BB  SO BAOpp  ERA IBB WP HBP BK BFP GF  R SH SF GIDP
33995 183 91 23 91 218 0.216 3.50   1  3  20  3 981  0 98 16  7   NA
34017  50 17  2 21  56 0.191 2.03   0  2   3  0 289  1 24  1  2   NA
```

"**pineijo01**" 선수는 17게임 (선발 11게임)에 출전하여 6승 2패를 하였군요. 소속은 "**SEA**" (Seattle Hawks). 평균자책점이 2.03이라니 경이적입니다.[3] 이에 비교하여 "**parkch01**" 선수는 36게임 (선발 35게임)에 출전하여 15승 11패였고 ERA는 3.5였습니다.

내친김에 "**pineijo01**" 선수에 대한 신원조회를 해보지요. 다음과 같이 Lahman 팩키지의 Master 데이터를 참조합니다.

```
> library(Lahman)
> data(Master)
> Master[Master$playerID=="pineijo01",]
       playerID  birthYear ... birthCountry birthState ...
13277  pineijo01      1978 ...      P.R.       <NA>

       nameFirst nameLast  ...     debut  finalGame ...
13277       Joel  Pineiro  ... 8/8/2000  9/25/2011 ...
```

Pueroto Rico (P.R.) 출신의 Joel Pinero이군요. 2000년에 데뷔하였으니 2001년엔 23세였고 신인이었습니다. 위키피디어에서 알아보니 이 선수의 career ERA는 4.41 (104전 93승)입니다. 시작은 좋았는데요 ...

박찬호 선수는 ERA에서 몇 번째였을까요? 다음에서 보듯 33.5 등이었습니다.

---

3) Wikipedia에서 "ERA"를 검색해보면, 메이저 리그 career ERA 최저값은 1.82라고 나옵니다. Ed Walsh라는 선수의 1904-1917 기록이라고.

```
> rank(ERA)[playerID=="parkch01"]
[1] 33.5
```

3. 스트라이크 아웃과 피홈런의 관계

스트라이크 아웃을 많이 얻어내는 투수는 홈런을 잘 맞을까요? 그렇다고 합니다만 데이터에서 확인해보기로 합시다 (**pitch.01.s**).

```
> plot(HR ~ SO, main="MLB 2001, Pitching")
> lines(lowess(HR ~ SO), col="red", lwd=2)
```

<그림 4>가 출력인데요, 산점도에 찍힌 경향선(trend line)은 소위 lowess라고 하는 비모수적 회귀입니다.[4)]

SO 수가 120 정도에 이르기까지 HR 수가 증가하는 경향이 있군요. SO 수가 120을 넘어가면서 HR 수는 그대로인 점도 흥미로워 보입니다. 그런데 잠깐!

많은 이닝을 소화한 투수는 당연히 스트라이크 아웃이 많을 것이고 또한 피홈런도 많지 않을까요? 그렇지요. 따라서 ERA 케이스처럼 HR과 SO를 IPouts/27로 나누어야겠습니다.

```
> HRA <- HR / IPouts
> SOA <- SO / IPouts
> plot(HRA ~ SOA, xlab="SO average", ylab="HR average",
       main="MLB 2001, Pitching")
> lines(lowess(HRA ~ SOA), col="red", lwd=2)
```

<그림 5>가 출력인데 평균 스트라이크 아웃이 클수록 평균 피홈런이 작아지는 경향을 볼 수 있습니다. 이것은 '평균 스트라이크 아웃'과 '평균 피홈런'이 모두 투수의 우수성을 반영하는 지표이기 때문일 것입니다.

<그림 5>에서 놓치고 싶지 않은 한 가지가 있군요. SOA = 0.45 근처에서 한 점인데 그 점은 HRA가 유난히 작습니다. 그 점에 대해 더 알고 싶지 않습니까?

---

4) 이에 대하여는 허명회(2011)의 <탐색적 데이터분석> 참조 (10장).

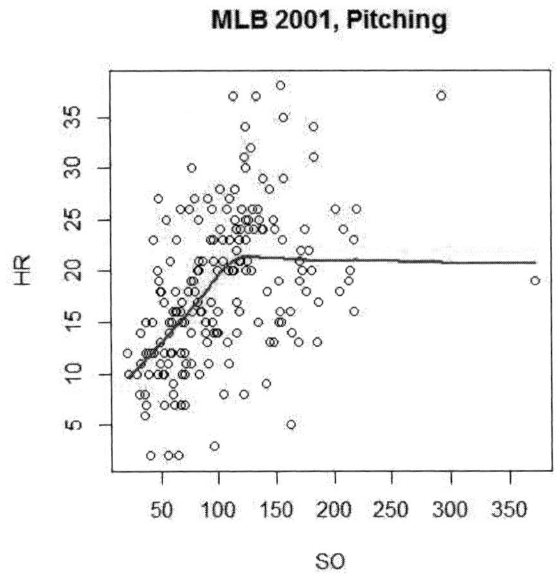

<그림 4> 스트라이크 아웃과 피홈런: 2001년 투수 자료

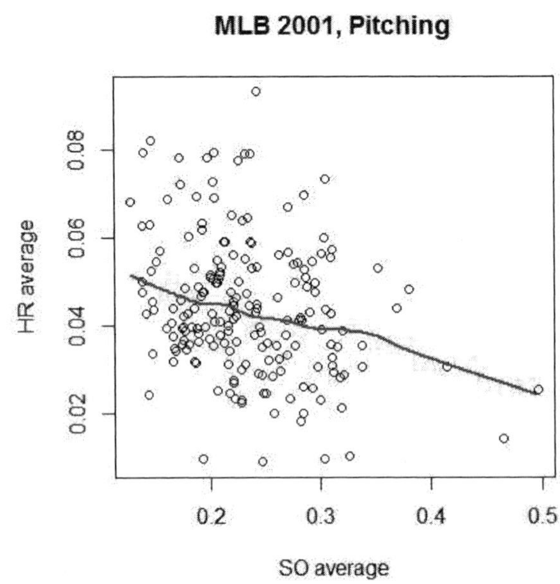

<그림 5> 평균 스트라이크 아웃과 평균 피홈런: 2001년 투수 자료

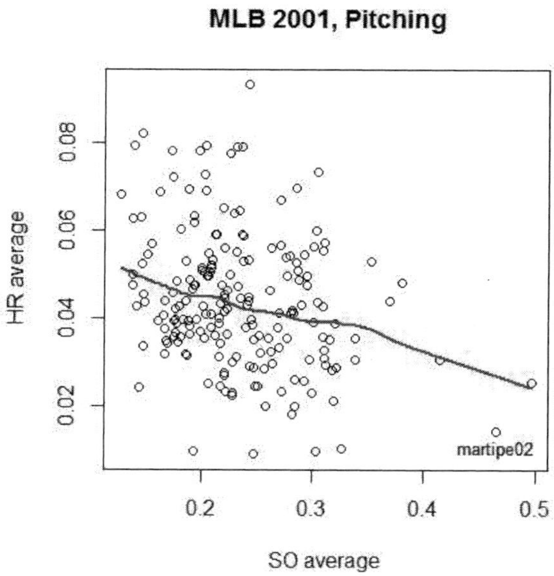

<그림 5a> 평균 스트라이크 아웃과 평균 피홈런: 2001년 투수 자료

```
> identify(SOA, HRA, labels=playerID, cex=0.8, col="blue")
```

<그림 5>의 그래픽 윈도우에 '+' 마크가 나타나는데 그 점으로 이동하여 클릭! 그러면 <그림 5a>와 같이 그 개체의 playerID "`martiple02`"가 찍힙니다. 이 투수는 Pedro Martinez인데,[5] 그는 도미니카 출신으로 전 보스턴 레드삭스의 투수였는데 사이영 상을 세 번이나 수상하였다고 합니다 (위키피디어).

박찬호 선수는 어디에 있나요? <그림 6>에서 "*"를 보십시오. 좋은 곳이군요.

```
> plot(HRA ~ SOA, xlab="SO average", ylab="HR average",
       main="MLB 2001, Pitching")
> lines(lowess(HRA ~ SOA), col="red", lwd=1)
> text(SOA[playerID=="parkch01"], HRA[playerID=="parkch01"], "*",
       col="blue", cex=4)
```

5)
```
> library(Lahman)
> Master[Master$playerID == "martipe02", ]
```

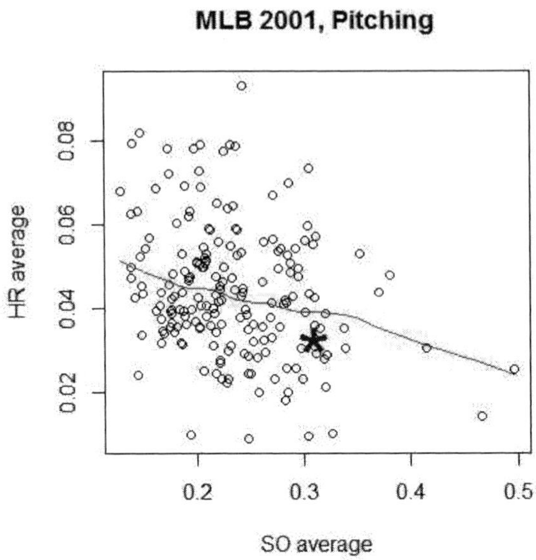

<그림 6> 평균 스트라이크 아웃과 평균 피홈런: 별표가 박찬호 선수

스트라이크 아웃이나 피홈런 외에 볼넷(base on balls) BB와 피안타 H를 봐야하지 않을까요? BB와 H도 있는 그대로를 보는 것은 옳지 않습니다. 모두 IPouts로 나눠야 합니다.

```
> BBA <- BB / IPouts
> HA <- H / IPouts
> plot(BBA ~ HA, xlab="H average", ylab="BB average",
      main="MLB 2001, Pitching")
> lines(lowess(BBA ~ HA), col="red", lwd=2)
> text(HA[playerID=="parkch01"], BBA[playerID=="parkch01"], "*",
      col="blue", cex=4)
```

<그림 7>이 그 관계를 보여주는데 두 변수는 무관해보입니다. 박찬호 선수의 "*" 점은 피안타가 상당히 작은 곳에 있지만 볼넷에서는 중간 수준이군요. 그래서 그런가요? 위키피디어는 "Park Chan Ho"가 power pitcher였지만 항시 control problem이 있었다고 평하였습니다.

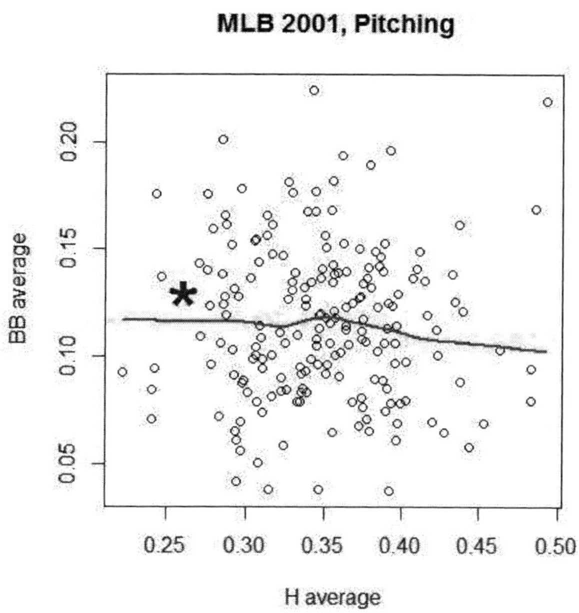

<그림 7> 평균 피안타와 평균 볼넷: 별표가 박찬호 선수

4. American League와 National League

MLB에는 아메리칸 리그(AL)과 내셔널 리그(NL)가 있고 각 리그에 15개 팀이 있습니다. AL 리그 팀과 NL 리그 팀 간 실력 차이가 있는가는 흥미로운 질문일 수 있습니다. 이에 대하여는 나중에 재론하기로 하지요.

여기서는 10경기 이상 선발 출전한 MLB 투수들 191명에 대하여 리그 간 비교를 해보기로 하겠습니다. 리그 별 해당 투수 수는 AL 91명, NL 100명입니다.

```
> table(lgID)
lgID
 AA  AL  FL  NA  NL  PL  UA
  0  91   0   0 100   0   0
```

비교의 기준은 평균자책점(ERA), 평균 피홈런(HRA), 평균 스트라이크 아웃(SOA),

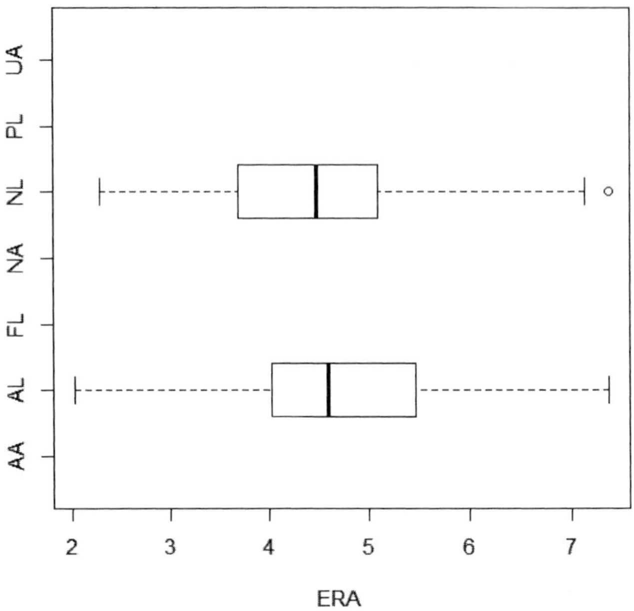

<그림 8> 리그 간 ERA의 비교를 위한 상자그림

평균 볼넷(BBA), 평균 피안타(HA)입니다. 이렇듯 2개의 그룹이 있고 그룹 간 수치형 자료값을 비교하는 데는 상자그림(box plot)이 안성맞춤입니다.[6] 이를 위해 아래와 같이 **boxplot()** 함수를 씁니다.

```
> boxplot(ERA ~ lgID, xlab="ERA", horizontal=T)
> levels(lgID)
[1] "AA" "AL" "FL" "NA" "NL" "PL" "UA"
```

이 결과가 <그림 8>인데 모양이 좋지 않습니다. 실제로 **lgID**의 수준은 **"AL"**과 **"NL"**인데 비어 있는 5개 수준이 자리를 차지하고 있기 때문입니다.

---

6) 상자그림(box plot)에서 상자의 양끝은 제1 사분위수와 제3 사분위수를, 상자의 중간은 중간값(median)을 나타냅니다. "특이점"(outlier)은 점으로 찍히는데 특이점은 정규분포의 전제 하에서 확률이 0.4% 미만의 단측 꼬리 영역에서의 자료점입니다. 제1 사분위수의 바깥과 제3 사분위수의 바깥에 있으면서 특이점이 아닌 자료값들은 연결선으로 표현됩니다. 세부적 사항은 허명회의 <탐색적 자료분석> (자유아카데미, 2011) 4장을 참조하세요.

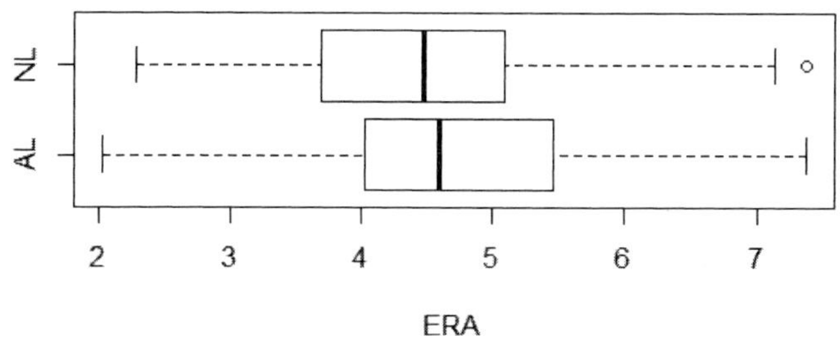

<그림 9> 리그 간 ERA의 비교를 위한 상자그림

이를 보완하기 위하여 다음과 같이 조치를 취합니다.

```
> league <- factor(lgID, levels=c("AL", "NL"))
> boxplot(ERA ~ league, xlab="ERA", horizontal=T)
```

이것의 출력이 <그림 9>의 상자그림입니다. <그림 8>에 비해 훨씬 단정하지요?

ERA에서 아메리칸 리그에 비해 내셔널 리그가 더 작은 것을 볼 수 있습니다. 이것이 내셔널 리그의 투수들이 더 실력이 좋기 때문일까요?

아메리칸 리그와 내셔널 리그는 게임 규칙에서 한 개의 중요한 차이가 있습니다. AL에서는 투수는 타석에 서지 않습니다. 그러나 NL에서는 투수가 타석에 섭니다. 그런데 아무래도 투수의 타율은 신통치 않죠. 따라서 투수로서는 타자투수는 손쉬운 먹이 감이 되는 경향이 있습니다. <그림 9>에서 나타난 ERA의 분포적 차이는 이와 같은 규칙의 차이에 기인하는 현상일 수 있습니다.

과연 그것이 맞는 설명일까요? <그림 10>은 리그 간 평균 피홈런, 평균 스트라이크 아웃, 평균 볼넷, 평균 피안타의 비교를 위한 상자그림을 보여줍니다.[7)]

---

7) 토론: 평균 스트라이크 아웃에서 NL가 AL보다 큰 것은 이해가 갑니다. NL의 투수 타자는 스트라이크 아웃 되기 쉽기 때문입니다. 같은 이유로 평균 피안타에서 NL가 AL보다 작은 것도 이해가 갑니다. NL의 투수 타자가 안타를 치는 경우는 가물에 콩 나듯 하니까 말입니다. 그런데 평균 피홈런과 평균 볼넷의 상자그림들은 설명이 쉽지 않습니다. NL 리그 투수들이 AL 리그 투수들에 비해 피곤하기 때문일까요?

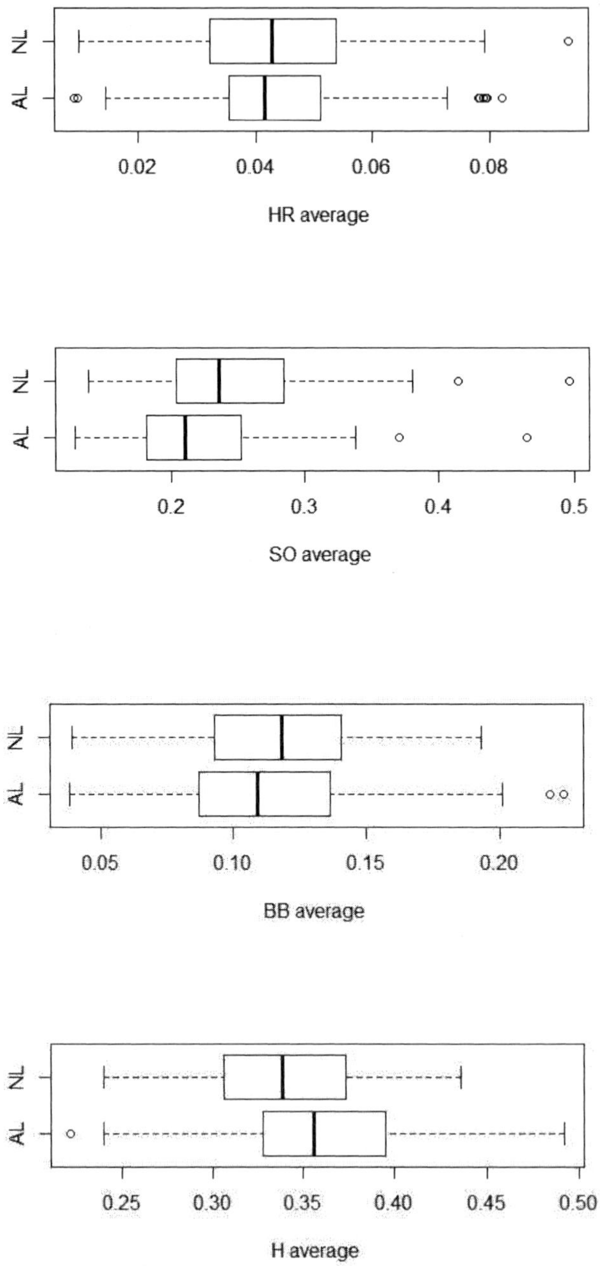

<그림 10> 평균 피홈런, 평균 스트라이크 아웃, 평균 볼넷, 평균 피안타의 비교

5. 투수 그룹 간 비교

앞에서 우리는 선발투수의 요건을 “선발출전 수 GS ≧ 10”으로 한 바 있습니다. 2001년으로 제한하여 출전 수 G와 선발출전 수 GS의 관계를 살펴보기 위하여 두 변수 간 산점도를 그려봅니다.

```
> library(Lahman)
> pitch.01 <- subset(Pitching, yearID == 2001)
> nrow(pitch.01)
[1] 652
> with(pitch.01, plot(G, GS, ylim=c(0,40), main="MLB 2001, Pitching"))
```

결과는 <그림 11>입니다. 통상적인 산점도와는 달리 삼각형의 모양을 보이는데 이는 GS ≦ G, GS ≥ 0, G ≥ 0이기 때문입니다. 또한 G와 GS는 정수 값을 취하므로 <그림 11>에서는 한 곳에 여러 개체가 중복되어 타점되었을 가능성이 높습니다. 이를 해소하기 위하여 G와 GS에 균일분포 $(-0.5, 0.5)$의 임의 수를 가감해서 타점할 필요가 있습니다.

```
> e1 <- runif(nrow(pitch.01), -0.5, 0.5)
> e2 <- runif(nrow(pitch.01), -0.5, 0.5)
> with(pitch.01, plot(G+e1, GS+e2, ylim=c(0,40),
       main="MLB 2001, Pitching"))
```

여기서 `runif(n,a,b)`는 균일분포 (a, b)로부터 n개의 임의 수를 생성시키는 함수입니다. 이 결과가 <그림 12>입니다.

투수를 다음과 같이 3개 그룹으로 나누어보기로 하겠습니다.

그룹 1: GS ≧ 10,
그룹 2: GS < 10, G ≧ 20
그룹 3: GS < 10, G < 20

그룹 1은 선발투수 군으로 볼 수 있습니다. 그룹 2는 이어던지기 또는 마무리 투수 군으로 볼 수 있습니다. 그룹 3은 이도저도 아닌 나머지 투수가 되겠습니다.

<그림 13>을 보십시오. 위쪽이 그룹 1, 아래쪽 우측이 그룹 2, 아래쪽 좌측이 그룹 3입니다.

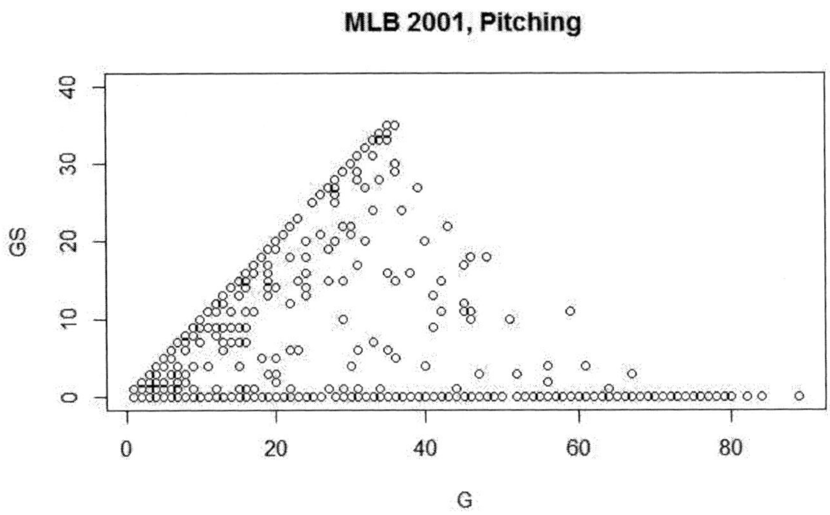

<그림 11> 출전 수 G와 선발출전 수 GS

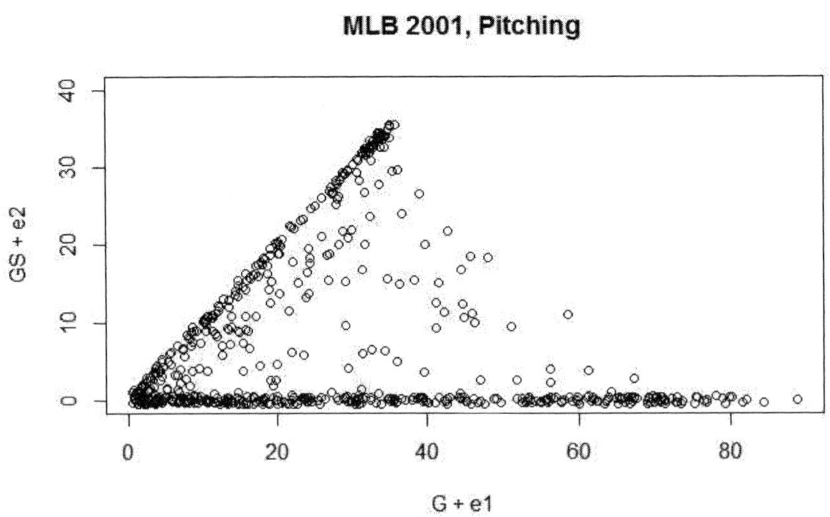

<그림 12> 출전 수 G와 선발출전 수 GS: 흩뜨림(jittering)

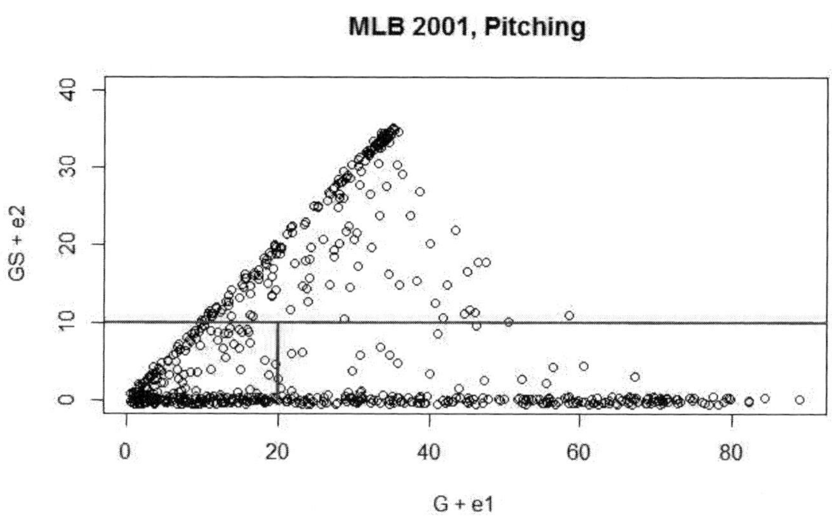

<그림 13> 출전 수 G와 선발출전 수 GS: 흩뜨림(jittering), 영역구분

```
> with(pitch.01, plot(G+e1, GS+e2, ylim=c(0,40),
       main="MLB 2001, Pitching"))
> abline(h=10, col="red", lwd=2)
> segments(20,0,20,10, col="red", lwd=2)
```

그룹 구분은 다음과 같이 `ifelse()` 함수로 합니다.

```
> gr <- with(pitch.01, ifelse(GS >= 10, 1, ifelse(G >= 20, 2, 3)))
```

`ifelse(condition, a, b)`는 `condition`이 T이면 `a`를, F이면 `b`를 부여합니다.

그룹 `gr`의 빈도표는 다음과 같습니다.

```
> table(gr)
gr
  1   2   3
191 219 242
```

즉, 그룹 1의 투수가 191명, 그룹 2의 투수가 219명, 그룹 3이 242명입니다. 그러면 이제 이들 그룹의 ERA와 평균 이닝 수를 살펴보겠습니다.

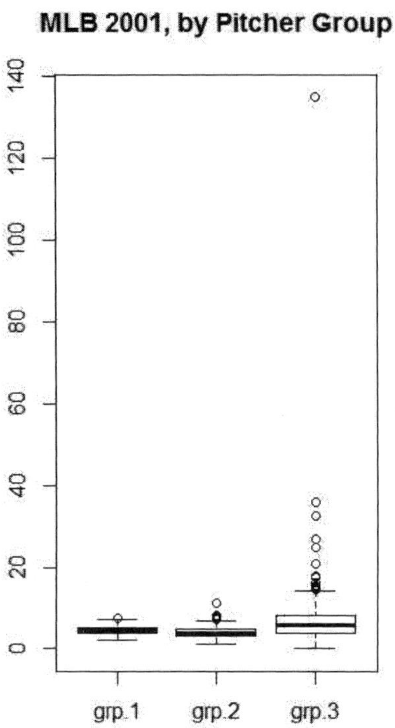

<그림 14> 투수 그룹별 ERA

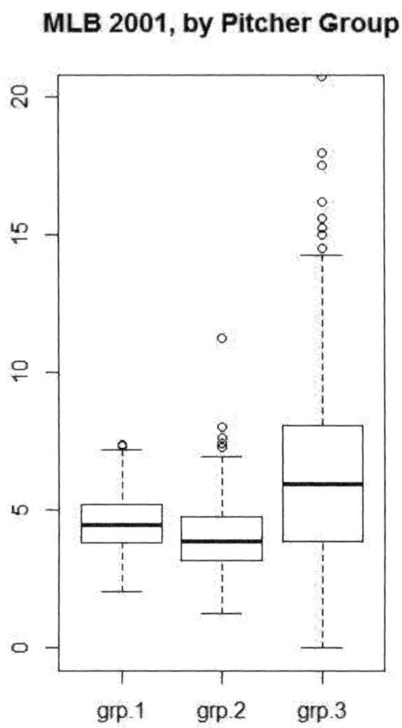

<그림 15> 투수 그룹별 ERA

투수 그룹 간 ERA를 비교하기 위하여 상자그림을 그려봅니다.

```
> with(pitch.01, boxplot(ERA ~ gr, names=c("grp.1", "grp.2", "grp.3"),
       main="MLB 2001, by Pitcher Group"))
```

결과는 <그림 14>. 그런데 그룹 3에 있는 1개의 특이점 때문에 3개 그룹 간 중심선 비교가 어렵습니다. 이를 해소하기 위하여 수직 축의 범위를 제한합니다.

```
> with(pitch.01, boxplot(ERA ~ gr, ylim=c(0,20),
       names=c("grp.1", "grp.2", "grp.3"),
       main="MLB 2001, by Pitcher Group"))
```

결과는 <그림 15>. 그룹 1에 비해 그룹 2의 중심선이 다소 아래에 있습니다. 반면 그룹 3의 중심선은 그룹 1과 그룹 2에 비해 월등 높습니다.

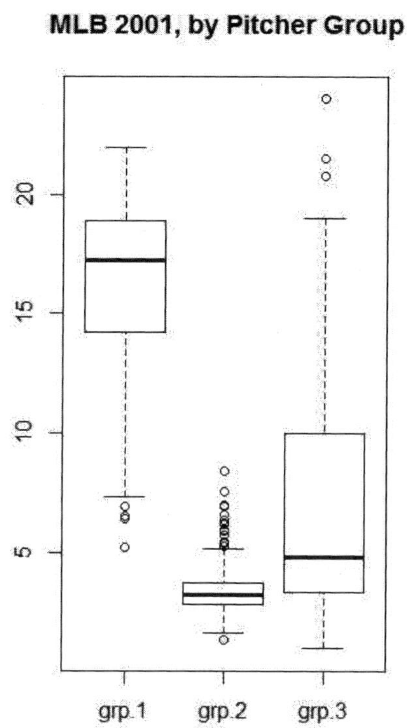

<그림 16> 투수 그룹 간 평균 IPouts의 비교

마지막으로 투수 그룹 간 평균 게임 당 IPouts를 비교해 보겠습니다. 즉, 선발 투수는 1게임에서 평균 몇 이닝을 맡나요? IPouts는 “이닝*3”을 의미합니다.

```
> with(pitch.01, boxplot(IPouts/G ~ gr,
        names=c("grp.1", "grp.2", "grp.3"),
        main="MLB 2001, by Pitcher Group"))
```

결과는 <그림 16>입니다. 그룹 1은 18아웃(=6이닝)을, 그룹 2는 3아웃(=1이닝)을 처리해내는군요. 그룹 3은 5아웃 정도인데 산포가 매우 큽니다.

6. 정리

이 장에서 R과 데이터분석에 대하여 다음과 같은 것들을 배웠습니다. 다음 각각에 대해 설명하거나 동의할 수 있어야 합니다.

- 상당히 큰 데이터 세트에서 특정 조건을 만족하는 subset을 구성할 수 있다.
- 히스토그램을 그려 한 변수의 분포를 파악할 수 있다.
- 데이터 세트를 특정 변수의 크기 순서로 정렬할 수 있다.
- 점도표로서 크기 순서로 개체들을 배열할 수 있다.
- 변수들을 변환하여 새로운 의미의 변수를 생성할 수 있다.
- 두 연속형 변수 간 관계를 산점도에서 살필 수 있다.
- 이변량 산점도에 lowess 선을 넣어 회귀적 관계를 살필 수 있다.
- 두 그룹 간 비교를 위해 상자그림을 활용할 수 있다.

A.3 MLB: 추세와 기록 trends and records

Lahman 팩키지의 Teams 데이터는 MLB 팀의 연도별 기록을 담고 있습니다. 이를 기초로 메이저 리그의 총 관중 수 추이를 살펴보기로 합니다. 그리고 팀별 관중 수를 비교해보고 팀 승률과 팀별 관중 수가 어느 정도 관련 있는지도 조사해보기로 합니다. 게임당 득점에 연도별 추세가 있는지와 리그 간 차이가 있는지도 관심을 둘 것입니다. 한편, 메이저 리그 타자들의 연도별 기록인 Batting 데이터로부터 활동 년 수의 분포, 홈런의 역대 기록 등을 추출해내고자 합니다.

1. 메이저 리그의 추세

메이저 리그는 오래 되었습니다. 1871년부터였으니까요. 메이저 리그도 하나의 비즈니스이고 관중 수는 메이저 리그의 성쇠를 좌지우지하는 중요한 요소입니다. 이 절에서는 100년이 훨씬 넘는 MLB에서 비교적 최근에 해당하는 1965년 이후 메이저 리그의 관중 수 추이를 보기로 하겠습니다.

메이저 리그의 팀 수는 2015년 현재 30개입니다. 그러나 1965년에는 팀 수가 20개였습니다. <그림 1>에서 연도별 팀 수를 보세요.

```
> library(Lahman)
> data(Teams)
> teams <- subset(Teams, yearID >= 1965)
> teams.1 <- subset(teams,
        select=c(yearID, lgID, teamID, G, W, L, attendance))
> plot(with(teams.1, table(yearID)), type="s", ylim=c(0,33),
        xlab="year", ylab="number of teams",
        main="Major League Baseball")
```

1969년에 4개 팀이, 1977년에 2개 팀이, 1993년과 1998년에 2개 팀이 늘어났습니다. 관중 수도 따라 늘었을까요?

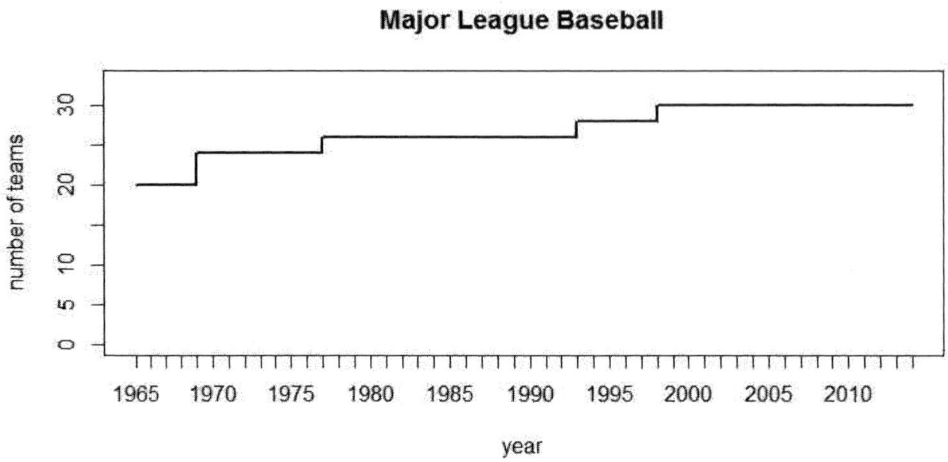

<그림 1> 메이저 리그의 팀 수: 1965년 이후

이를 위해 aggregate() 함수를 다음과 같이 써서 연도별 총계를 구합니다.

```
> yearly <- with(teams.1,
       aggregate(attendance, by=list(year=yearID), sum))
```

그러면 yearly에 x라는 변수가 연도별 총계를 담게 됩니다. yearly$x가 시계열임을 선언합니다.

```
> attend <- ts(yearly$x, start=1965)
```

이제 시계열 변수 attend를 플롯하면 시도표(time plot)가 만들어집니다.

```
> plot(attend/10000, xlim=c(1965, 2015), ylim=c(0,10000), type="o",
       xlab="year", ylab="attendance(10,000)",
       main="MLB Attendance Record")
> abline(v=seq(1970,2010,10), lty="dotted", col="blue")
```

<그림 2>가 그래프 출력입니다. 1965년-2008년 사이에는 대체로 선형적 증가추세였습니다. 물론 돌발적 변동이 있기는 했습니다 (1981년 급냉, 1993년 급등과 이어진 2년의 급냉 등). 그렇지만 2009년 이후의 최근 6년간의 저조는 우연변동이 아닌 것처럼 보입니다. 이를 분명하게 보기 위해 1965년부터 2009년까지 45

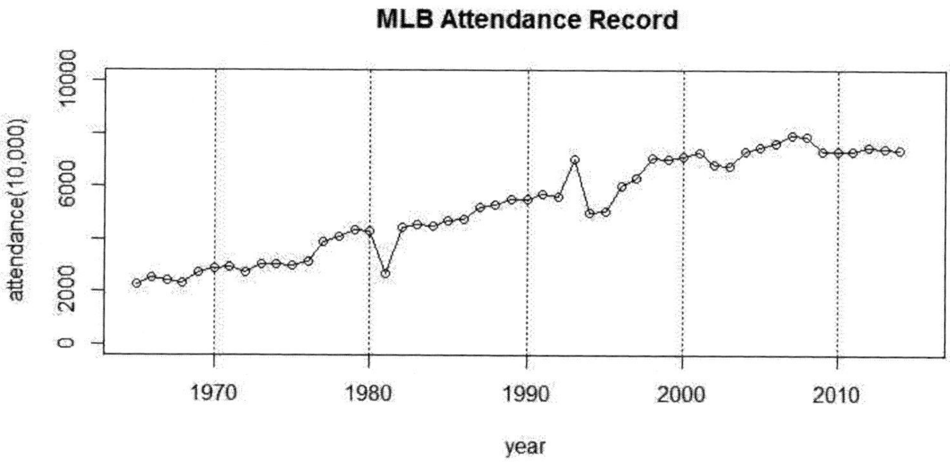

<그림 2> 메이저 리그의 관중 수 추세: 1965년 이후

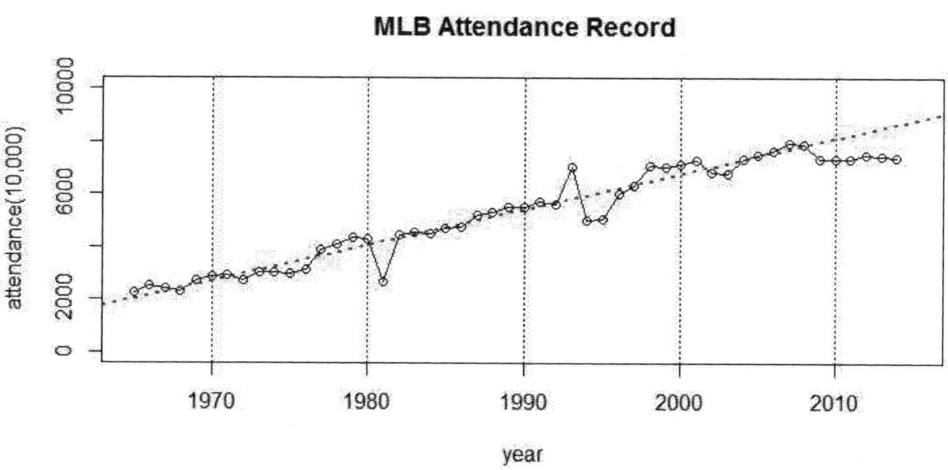

<그림 3> 메이저 리그의 관중 수 추세: 1965년-2009년 적합선 추가

년 간의 연도별 총계 attend에 year를 회귀시켜 적합선을 구하고 그 선을 <그림 2>에 덧붙여 보겠습니다.

```
> trend.all <- lm(attend[1:45]/10000 ~ yearly$year[1:45])
> abline(coef(trend.all), lty="dotted", col="red", lwd=2)
```

<그림 3>이 그래프 출력입니다. 2009년 이후의 최근 6년에 걸쳐 실적의 추세선 이탈이 명확합니다. 왜 이런 일이 있을까요? 그 원인에 대한 가설 생성과 검토가 필요해 보입니다.

메이저 리그는 리그 자체가 비즈니스이지만 개별 팀들도 비즈니스입니다. 우리에게 비교적 친숙한 LA Dodger와 NY Yankees의 연도 추세를 살펴보겠습니다.

앞서 만든 teams.1 데이터 세트에 개별 팀의 연도별 관중 수가 있으므로 각 팀 자료를 선별하여 플롯을 그리면 됩니다. 추가로 1965년-2009년 시계열의 선형 추세선을 넣기로 합니다.

```
> teams.LAN <- subset(teams.1, teamID=="LAN")
> attend.LAN <- ts(teams.LAN$attendance, start=1965)
> plot(attend.LAN/10000, xlim=c(1965, 2015), ylim=c(0,500),
       type="o", xlab="year", ylab="attendance(10,000)",
       main="LA Dodgers")
> abline(v=seq(1970,2010,10), lty="dotted", col="blue")
> trend.LAN <- lm(attend.LAN[1:45]/10000 ~ teams.LAN$yearID[1:45])
> abline(coef(trend.LAN), lty="dotted", col="red", lwd=2)

> teams.NYA <- subset(teams.1, teamID=="NYA")
> attend.NYA <- ts(teams.NYA$attendance, start=1965)
> plot(attend.NYA/10000, xlim=c(1965, 2015), ylim=c(0,500),
       type="o", xlab="year", ylab="attendance(10,000)",
       main="NY Yankees")
> abline(v=seq(1970,2010,10), lty="dotted", col="blue")
> trend.NYA <- lm(attend.NYA[1:45]/10000 ~ teams.NYA$yearID[1:45])
> abline(coef(trend.NYA), lty="dotted", col="red", lwd=2)
```

<그림 4>와 <그림 5>가 출력입니다.

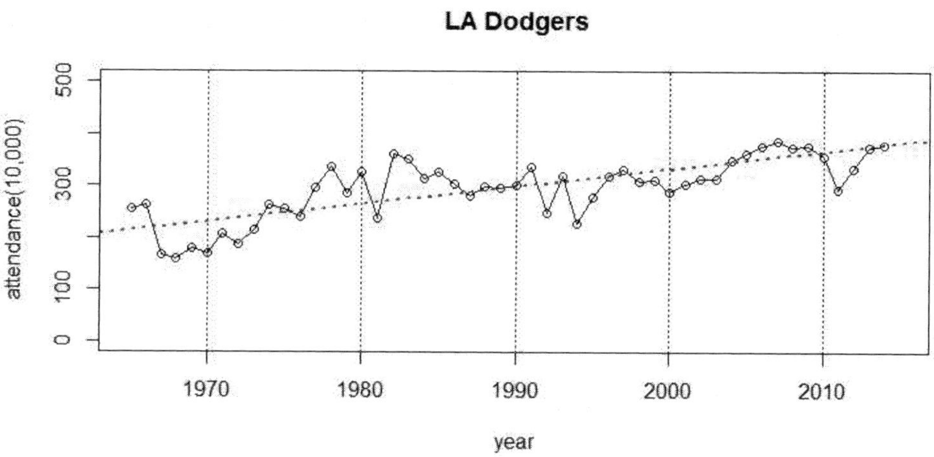

<그림 4> LA Dodgers의 연도별 관중 수: 1965년-2009년 적합선 추가

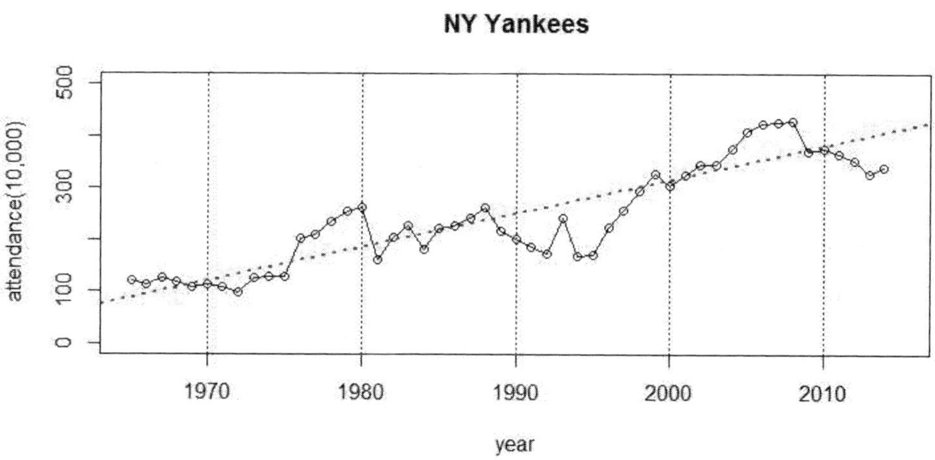

<그림 5> NY Yankees의 연도별 관중 수: 1965년-2009년 적합선 추가

<그림 4>와 <그림 5>에서 1965년-2009년 기간에서 LA Dodger와 NY Yankees의 성장 추세와 2011년 이후의 패턴을 비교해 볼 수 있습니다. 어느 팀에서 대해서나 이와 같은 그림을 그릴 수 있도록 하려면 R 사용자 정의 함수를 만들어 쓰는 것이 좋겠죠. 이에 대하여는 과제로 넘깁니다.

2. 팀의 승률과 관중 수

팀의 승률은 관중 수에 영향을 줄 것입니다. 사람들은 아무래도 이기는 것을 지는 것보다 좋아하기 때문이겠지요. 여기서는 메이저 리그의 팀 승률과 팀별 관중 수 간의 관계를 살펴보겠습니다. 지면 관계상 2013년과 2014년에 집중합니다.

<그림 6>은 2013년의 팀 승률과 팀별 관중 수의 관계를 보여주는 산점도이고 <그림 7>은 2014년 것입니다 (적색은 AL이고 청색은 NL). 상관계수는 각각 0.29와 0.35로서, 작지는 않지만 그렇다고 대단하게 크지도 않습니다.

```
> teams.2013 <- subset(teams.1, yearID==2013)
> with(teams.2013, cor(I(W/G), attendance/10000))
[1] 0.290383
> with(teams.2013, plot(attendance/10000 ~ I(W/G), type="n",
       main="Year 2013", xlim=c(0.3,0.7), ylim=c(100,400),
       xlab="win probability", ylab="attendance in 10000"))
> with(teams.2013, text(I(W/G), attendance/10000, teamID, cex=0.8,
       col=c("red","red","red","blue","blue")[unclass(lgID)]))
> teams.2014 <- subset(teams.1, yearID==2014)
> with(teams.2014, cor(I(W/G), attendance/10000))
[1] 0.3459395
> with(teams.2014, plot(attendance/10000 ~ I(W/G), type="n",
       main="Year 2014", xlim=c(0.3,0.7), ylim=c(100,400),
       xlab="win probability", ylab="attendance in 10000"))
> with(teams.2014, text(I(W/G), attendance/10000, teamID, cex=0.8,
       col=c("red","red","red","blue","blue")[unclass(lgID)]))
```

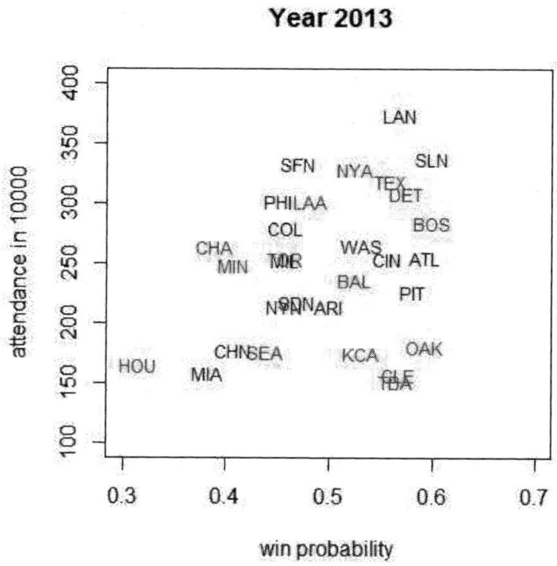

<그림 6> 2013년 메이저 리그의 팀 승률과 팀별 관중 수

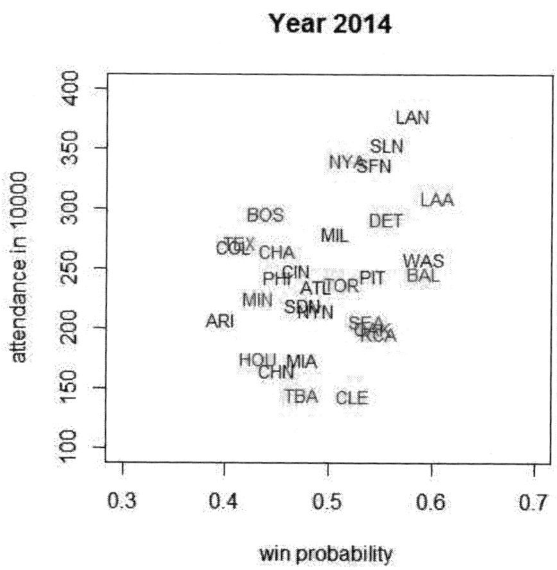

<그림 7> 2014년 메이저 리그의 팀 승률과 팀별 관중 수

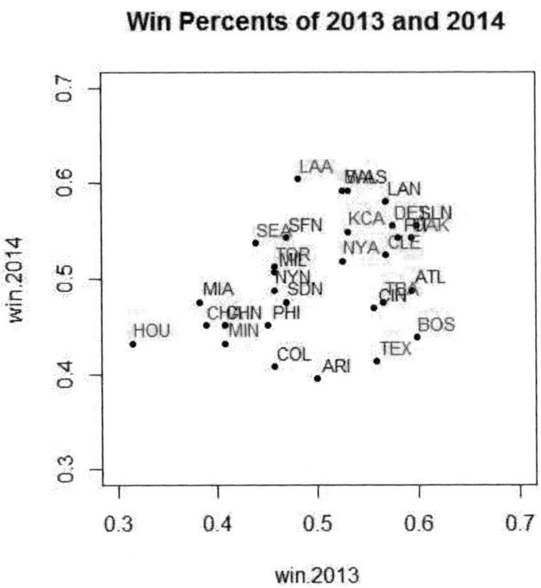

<그림 8> 2013년과 2014년 메이저 리그의 팀 승률

그런데 생각해보면, 관중 수는 스포츠 마켓의 크기이므로 전년도 관중 수가 기준선이 될 것이고 전년도 대비 해당 연도의 증감이 팀 승률과 관련이 있을 것입니다. 또한 해당 연도의 승률은 전년도 승률과 상관이 클 것으로 보입니다 (많은 선수들이 잔류하므로). 다음에서 확인해보죠.

```
> win.2013 <- teams.2013$W/teams.2013$G
> names(win.2013) <- teams.2013$teamID
> win.2014 <- teams.2014$W/teams.2014$G
> names(win.2014) <- teams.2014$teamID
> identical(names(win.2013), names(win.2013))
> cor(win.2013, win.2014)
[1] 0.3774202
> plot(win.2013, win.2014, pch=20, xlim=c(0.3,0.7), ylim=c(0.3,0.7),
       main="Win Percents of 2013 and 2014")
> text(win.2013+0.02, win.2014+0.015, names(win.2013), cex=0.8,
  col=c("red","red","red","blue","blue")[unclass(teams.2014$lgID)])
```

2013년 승률과 2014년 승률 간 상관계수는 0.38로 나타났습니다. 생각만큼 크지 않습니다. <그림 8>의 산점도를 보세요 (적색은 AL이고 청색은 NL). 스포츠는 역시 가변성이 상당합니다.

3. 게임 당 득점

메이저 리그에서 게임당 팀의 평균득점은 연도별로 얼마일까요? 1965년 이후로 국한할 때, 시간적 추세가 있을까요? 한 해의 총 득점을 총 게임 수로 나누면 될 것입니다.[1] 따라서 다음과 같이 R 스크립트를 만들었습니다.

```
> teams.1 <- subset(teams,
       select=c(yearID,lgID,teamID,G,R,ER,AB,H,HR,SO,BB))
> yearly <- with(teams.1,
       aggregate(teams.1[,c("G","R","ER","AB","H","HR","SO","BB")],
       by=list(year=yearID), sum))
> R.average <- ts(yearly$R/yearly$G, start=1965)
> mean(R.average)
[1] 4.383066
> plot(R.average, xlim=c(1965, 2015), ylim=c(3,6), type="o",
       xlab="year", ylab="run average",
       main="MLB Run Average since 1965")
> abline(v=seq(1970,2010,10), lty="dotted", col="blue")
```

1965년 이후 50년간의 총 평균은 4.38점. 그런데 <그림 9>에서 보듯 연도간 변화가 있습니다. 1990년대 후반에서는 높아지다가 2000년 5.14점으로 정점을 찍은 후 2000년대 후반에 하락세에 접어들어 2014년에는 4.07점에 그쳤습니다. 이렇듯 타자강세의 시기와 투수강세의 시기가 있습니다.

<그림 10>은 리그 별로 평균 득점의 추세를 본 것입니다. 지명대타 제도를 운용하는 American League(AL)의 평균득점이 National League(NL)의 평균득점에 비해 다소 큰 것을 볼 수 있습니다 (4.49점 대 4.26점).

1) Lahman 패키지의 Teams 데이터 세트에는 팀당 게임 수와 팀당 총 득점이 있습니다.

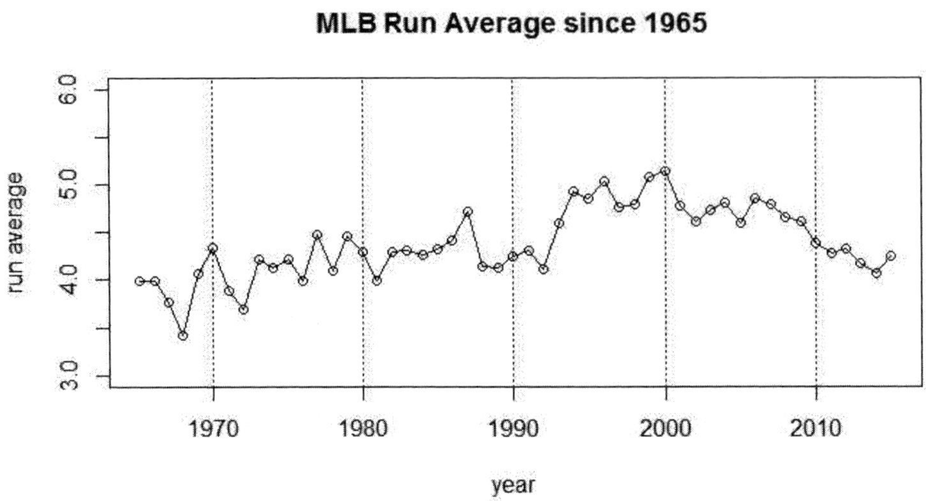

<그림 9> 메이저 리그의 게임당 평균 득점, 1965년 이후

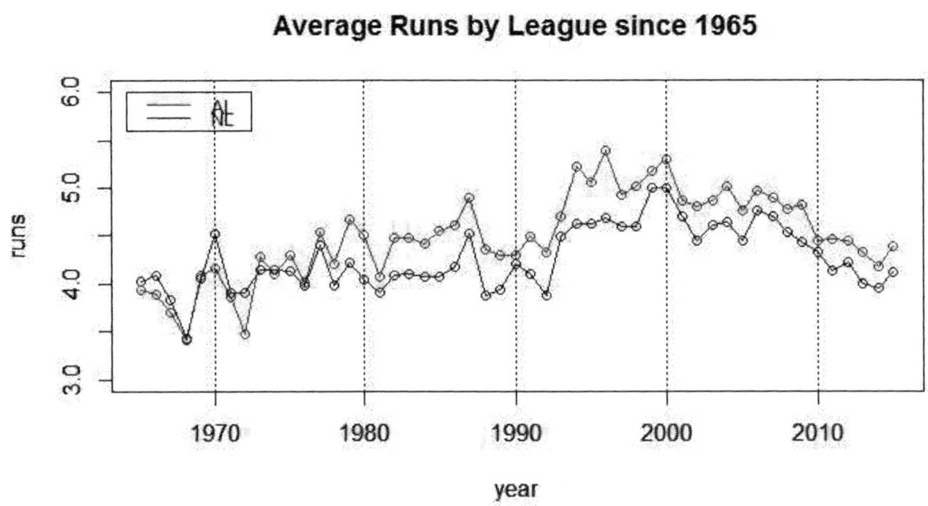

<그림 10> 메이저 리그의 게임당 평균 득점, 1965년 이후: AL과 NL의 비교

사용한 R 스크립트는 다음과 같습니다. **aggregate()** 함수를 쓰되 총계의 범주를 **year**와 **league**로 한 것이 특징입니다.

```
> yearly.1 <- with(teams.1, aggregate(
        teams.1[,c("G","R","ER","AB","H","HR","SO","BB")],
        by=list(year=yearID, league=lgID), sum))
> head(yearly.1, 5)
  year league    G    R   ER    AB     H   HR    SO   BB
1 1965     AL 1620 6388 5586 54362 13158 1370  9634 5306
2 1966     AL 1612 6276 5528 54082 13005 1365  9493 4927
3 1967     AL 1620 5992 5240 54179 12766 1197  9945 4993
4 1968     AL 1624 5532 4814 53709 12359 1104  9641 4881
5 1969     AL 1946 7960 7043 65536 16120 1649 10845 7032
> tail(yearly.1, 5)
    year league    G     R    ER    AB     H   HR    SO   BB
95  2009     NL 2590 11481 10753 87884 22741 2482 18282 8926
96  2010     NL 2592 11211 10300 87886 22423 2404 19092 8411
97  2011     NL 2590 10691  9843 88119 22263 2281 18900 8032
98  2012     NL 2592 10929 10106 87814 22283 2434 19808 7813
99  2013     NL 2430  9730  9066 82690 20768 2157 18374 7106
> R.average.AL <- ts(yearly.1$R[yearly.1$league=="AL"]
       /yearly.1$G[yearly.1$league=="AL"], start=1965)
> R.average.NL <- ts(yearly.1$R[yearly.1$league=="NL"]
       /yearly.1$G[yearly.1$league=="NL"], start=1965)
> plot(R.average.AL, xlim=c(1965, 2015), ylim=c(3,6), type="o",
       col="red", xlab="year", ylab="runs",
       main="Average Runs by League since 1965")
> abline(v=seq(1970,2010,10), lty="dotted")
> par(new=T)
> plot(R.average.NL, xlim=c(1965, 2015), ylim=c(3,6), col="blue",
       type="o", xlab="year", ylab="runs", main="")
> legend(1964, 6, legend=c("AL","NL"), col=c("red","blue"),
       lty=1, cex=0.8)
```

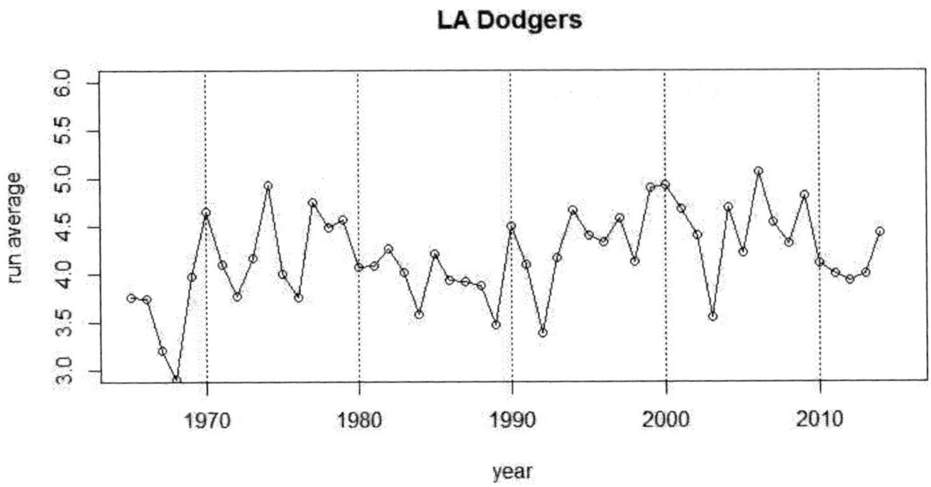

<그림 11> LA Dodgers 팀의 게임당 평균 득점, 1965년 이후

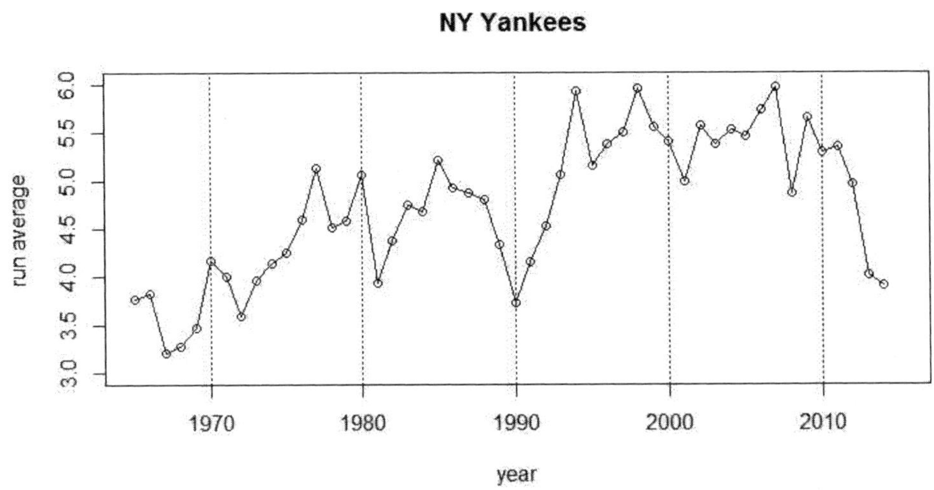

<그림 12> NY Yankees 팀의 게임당 평균 득점, 1965년 이후

팀별로 평균득점을 보는 것도 의미가 있겠죠. <그림 11>과 <그림 12>에서 LA Dodgers와 NY Yankees의 추세를 보세요.

```
teams.LAN <- subset(teams.1, teamID=="LAN")
R.average.LAN <- ts(teams.LAN$R/teams.LAN$G, start=1965)
plot(R.average.LAN,  xlim=c(1965,  2015),  ylim=c(3,6),  type="o",
xlab="year", ylab="run average", main="LA Dodgers")
abline(v=seq(1970,2010,10), lty="dotted", col="blue")
teams.NYA <- subset(teams.1, teamID=="NYA")
R.average.NYA <- ts(teams.NYA$R/teams.NYA$G, start=1965)
plot(R.average.NYA,  xlim=c(1965,  2015),  ylim=c(3,6),  type="o",
xlab="year", ylab="run average", main="NY Yankees")
abline(v=seq(1970,2010,10), lty="dotted", col="blue")
```

평균 득점 외에 이런 식으로 평균 실점(RA), 평균 실책 수(E), 평균 안타 수(H), 평균 홈런 수(HR)의 변화추세를 보는 것이 어떨까요? (연습문제)

4. 메이저 리그 타자 기록

Lahman 팩키지의 Batting 데이터는 메이저 리그 타자들의 각종 연도별 기록을 담고 있습니다. 이 절에서는 Batting 자료에서 선수들의 활동 년 수가 어느 정도 되는지, 홈런의 역대 기록 등 개인기록 베스트 리스트를 추출해 내고자 합니다.

Batting 데이터 세트는 99,846개 개체[2]에 대한 22개 변수로 구성되어 있는데 여기서 개체는 개별 선수에 연도별로 1개씩입니다. 예컨대 추신수 선수(playerID "chooshO1")에 대한 기록은 다음에서 보듯 10개 개체로 구성되어 있습니다.

```
> library(Lahman)
> data(Batting)
> str(Batting)
'data.frame':   99846 obs. of  22 variables:
 $ playerID: chr  "abercda01" "addybo01" "allisar01" "allisdo01" ...
 $ yearID  : int  1871 1871 1871 1871 1871 1871 1871 1871 1871 ...
 ⋮
```

2) 2014년까지의 기록

```
> Batting[Batting$playerID=="choosh01", 1:12]
      playerID yearID stint teamID lgID   G  AB   R   H X2B X3B HR
86205 choosh01   2005     1    SEA   AL  10  18   1   1   0   0  0
87541 choosh01   2006     1    SEA   AL   4  11   0   1   1   0  0
87542 choosh01   2006     2    CLE   AL  45 146  23  43  11   3  3
88928 choosh01   2007     1    CLE   AL   6  17   5   5   0   0  0
90326 choosh01   2008     1    CLE   AL  94 317  68  98  28   3 14
91711 choosh01   2009     1    CLE   AL 156 583  87 175  38   6 20
93084 choosh01   2010     1    CLE   AL 144 550  81 165  31   2 22
94442 choosh01   2011     1    CLE   AL  85 313  37  81  11   3  8
95830 choosh01   2012     1    CLE   AL 155 598  88 169  43   2 16
97245 choosh01   2013     1    CIN   NL 154 569 107 162  34   2 21
98649 choosh01   2014     1    TEX   AL 123 455  58 110  19   1 13
```

개별 타자의 메이저 리그 활동 년 수를 산출하기 위해서는 메이저 리그에서의 첫 해와 마지막 해를 구할 필요가 있습니다. 따라서 Batting 데이터 세트를 개별 선수별로 묶음을 하고, 각 묶음에서 첫 해와 마지막 해를 산출을 할 필요가 있습니다. Batting 데이터 세트에 1회 이상 등록된 선수는 무려 18,405명입니다.

```
> length(unique(Batting$playerID))
[1] 18405
```

이런 때 요긴한 것이 "split-apply-combine"(분할-적용-결합) 작업입니다. 이 작업은 1) 전체데이터를 일정 변수의 수준별로 분할(split)하고, 2) 개별 분할 데이터에 일정한 함수를 적용하여 통계적 정보를 만들어낸 다음, 3) 분할변수의 수준과 그 수준에서의 통계적 정보를 결합해냅니다.

앞의 예에서는 1) "split"은 99,846줄의 전체 데이터를 18,405의 선수(playerID)별로 나누는 것이고, 2) "apply"는 각 선수별 연도기록에서 첫 해(= year.1)와 마지막 해(= year.2)를 찾아내는 것입니다. 그리고 3) "combine"은 playerID와 year.1, year.2의 3개 열을 갖는 데이터 세트를 제시하는 것입니다.

이런 작업을 위해서 plyr 팩키지의 `ddply()` 함수를 활용할 필요가 있습니다. R 코딩은 다음과 같습니다.

```
> library(plyr)
```

```
> yy.players <- ddply(Batting, .(playerID), summarise,
       year.1=min(yearID), year.2=max(yearID))
> str(yy.players)
'data.frame':   18405 obs. of  3 variables:
 $ playerID: chr  "aardsda01" "aaronha01" "aaronto01" "aasedo01" ...
 $ year.1  : int  2004 1954 1962 1977 2001 2010 1875 1897 1892 ...
 $ year.2  : int  2013 1976 1971 1990 2006 2014 1875 1910 1896 ...
```

```
> head(yy.players, 5)
   playerID year.1 year.2
1 aardsda01   2004   2013
2 aaronha01   1954   1976
3 aaronto01   1962   1971
4  aasedo01   1977   1990
5  abadan01   2001   2006
```

```
> tail(yy.players, 5)
       playerID year.1 year.2
18400 zuninmi01   2013   2014
18401 zupcibo01   1991   1994
18402  zupofr01   1957   1961
18403 zuvelpa01   1982   1991
18404 zuverge01   1951   1959
18405 zwilldu01   1910   1916
```

이제

```
> duration <- with(yy.players, year.2-year.1+1)
```

으로 선수별로 활동 년 수를 구합니다. 그리고 다음으로 의 빈도 표, 히스토그램, 그리고 주요 분위수를 구합니다.

```
> table(duration[yy.players$year.1 >= 1965])
   1    2    3    4    5    6    7    8    9   10   11   12   13   14
1640  948  760  672  613  543  455  426  390  374  325  297  238  199
  15   16   17   18   19   20   21   22   23   24   25   26   27   28
 175  110   92   74   52   32   19   14    6    6    5    1    1    1
```

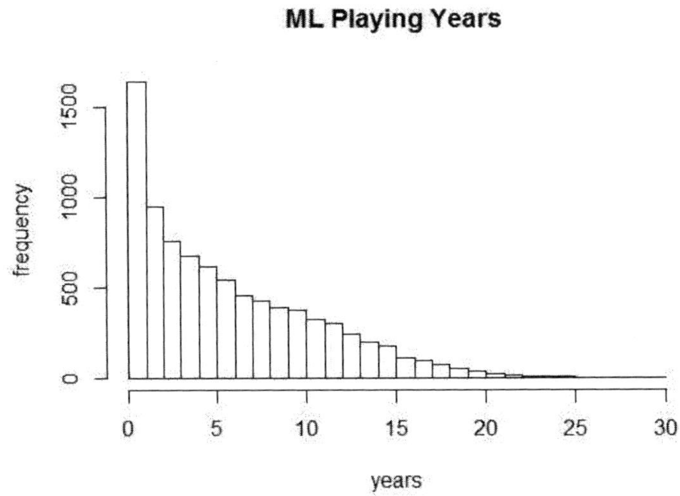

<그림 13> 메이저 리그 타자들의 활동 년 수

```
> hist(duration[yy.players$year.1 >= 1965], breaks=0:30,
       xlab="years", ylab="frequency", main="ML Playing Years")
> quantile(duration[yy.players$year.1 >= 1965],
       prob=c(0,0.05,0.1,0.25,0.5,0.75,0.9,0.95,1))
  0%   5%  10%  25%  50%  75%  90%  95% 100%
   1    1    1    2    5    9   13   15   28
```

빈도 표에서 볼 수 있는 것은 활동 년 수가 1년인 경우가 1,640명이고, 2년인 경우가 948명, 가장 크게는 28년인 경우도 있다는 것 등등입니다. 그것을 히스토그램으로 본 것이 <그림 13>입니다.

메이저 리그 타자들의 활동 년 수의 분포는 지수분포처럼 년 수가 증가할수록 일정비율로 감소하는 패턴을 보입니다. 중간값(median, 50% 분위수)은 5년인데, 상위 25% 분위수는 9년이고 상위 5% 분위수는 15년입니다.

그런데 잠깐! 앞의 계산에서 year.1과 year.2 사이(양끝 포함)를 duration으로 정의한 바 있는데 여기에 약간의 문제가 있습니다. 2014년에 데뷔한 선수는 year.1과 year.2가 2014이므로 duration이 1이 되는데, 이는 옳지 않습니다.

2015년 시즌에 남게 될 선수들이 있을 것이기 때문입니다. 따라서 마지막 해 year.2 값이 2014인 경우 duration은 year.1과 year.2의 차이가 아니라 오히려 값없음(NA, Not Available)이 맞습니다.[3] 이에 이유로 duration의 정의를 다음과 같이 바꾸는 것이 맞습니다.

```
> duration <- with(yy.players,
                    ifelse(year.2 < 2014, year.2-year.1+1, NA))
```

그러나 출력은 크게 달라지지 않습니다. 따라서 생략.

아무튼, 최고 기록은 28년입니다. 누군가요? 다음으로 찾을 수 있습니다.

```
> which.max(duration[yy.players$year.1 >= 1965])
[1] 6717
> yy.players$playerID[yy.players$year.1 >= 1965][6717]
[1] "ryanno01"
```

이 선수의 타자 기록을 살펴보면 아래와 같은데 신통하지는 않습니다.

```
> Batting[Batting$playerID=="ryanno01",1:10]
      playerID yearID stint teamID lgID  G AB  R  H X2B
45572 ryanno01   1966     1    NYN   NL  2  0  0  0   0
47089 ryanno01   1968     1    NYN   NL 21 44  2  5   0
47987 ryanno01   1969     1    NYN   NL 25 29  3  3   0
48927 ryanno01   1970     1    NYN   NL 27 45  2  8   0
49803 ryanno01   1971     1    NYN   NL 30 47  4  6   0
:
67169 ryanno01   1989     1    TEX   AL 32 NA NA NA  NA
68294 ryanno01   1990     1    TEX   AL 30 NA NA NA  NA
69380 ryanno01   1991     1    TEX   AL 27 NA NA NA  NA
70448 ryanno01   1992     1    TEX   AL 27 NA NA NA  NA
71600 ryanno01   1993     1    TEX   AL 13 NA NA NA  NA
```

그렇다면 이상하지 않나요? 정확히 하기 위하여 Lahman 팩키지의 Master 데이터 세트에 조회하기로 합니다.

```
> data(Master)
```

3) 더 정확하게는, 생존분석에서 핵심용어로 쓰이는 중도절단(censoring)입니다.

```
> Master[Master$playerID=="ryanno01",]
       playerID birthYear birthMonth birthDay birthCountry
14625  ryanno01      1947          1       31          USA
       birthState birthCity deathYear deathMonth deathDay
14625        TX   Refugio        NA         NA       NA
       deathCountry deathState deathCity nameFirst nameLast
14625        <NA>       <NA>      <NA>     Nolan     Ryan
       nameGiven weight height bats throws     debut finalGame
14625  Lynn Nolan    170     74    R      R 9/11/1966 9/22/1993
       retroID  bbrefID deathDate  birthDate
14625  ryann001 ryanno01      <NA> 1947-01-31
```

선수 이름이 “Nolan Ryan”이군요. 1966년에 데뷔하여 1993년에 마지막 게임을 한 것이 맞습니다. “Nolan Ryan”을 위키피디어에 넣어보면 ‘위대한 투수’였음을 알 수 있습니다. National League에서는 투수도 타자이기는 합니다.

이제는 주제를 홈런과 출전 게임 수로 돌려보겠습니다. 평생 홈런기록에서 누가 1위, 2위, 3위인가요? 누가 가장 많은 출전 게임 수 기록을 갖고 있나요?

이를 위하여 “split-apply-combine” 작업으로 데이터 세트를 구성합니다.

```
> totalHR.player <- ddply(Batting, .(playerID), summarise,
      HomeRuns = sum(HR, na.rm=TRUE), Games = sum(G, na.rm=TRUE))
```

홈런에 대하여는 다음과 같이 누가 최고인지 알 수 있습니다.

```
> max(totalHR.player$HomeRuns)
[1] 762
> with(totalHR.player, playerID[which.max(HomeRuns)])
[1] "bondsba01"
> Master[Master$playerID=="bondsba01", c("nameFirst", "nameLast")]
    nameFirst nameLast
1506     Barry    Bonds
```

최고기록은 762 홈런의 Barry Bonds이군요. 위키피디어에서 “Barry Bonds”에 대해 알아보세요. 또한 다음과 같이 홈런 수 상위 10명을 찾을 수 있습니다.

```
> nn <- order(totalHR.player$HomeRuns, decreasing=T)
```

```
> head(totalHR.player[nn,], 10)
      playerID HomeRuns Games
1495  bondsba01      762  2986
2     aaronha01      755  3298
14457  ruthba01      714  2503
10566  mayswi01      660  2992
14131 rodrial01      654  2568
6446  griffke02      630  2671
16545 thomeji01      612  2543
15666  sosasa01      609  2354
14090 robinfr02      586  2808
10848 mcgwima01      583  1874
```

홈런 톱 3인 Bonds, Aaron, Ruth의 홈런 경쟁을 시각화해봅시다. x 축은 경력년(carreer year)으로 하고, y 축은 홈런 누적 수로 하겠습니다. 다음과 같이 하면 되겠죠. <그림 14>가 출력입니다.

```
> plot(cumsum(Batting$HR[Batting$playerID=="bondsba01"]), type="s",
  xlim=c(0,25), ylim=c(0,800), xlab="career year",
  ylab="cummulative home runs", main="Home Run Records")
> par(new=T)
> plot(cumsum(Batting$HR[Batting$playerID=="aaronha01"]), type="s",
  col=2, lty="dotted", xlim=c(0,25),ylim=c(0,800), xlab="", ylab="",
  main="")
> par(new=T)
> plot(cumsum(Batting$HR[Batting$playerID=="ruthba01"]), type="s",
  col=3, lty="dotted", xlim=c(0,25), ylim=c(0,800), xlab="", ylab="",
  main="")
> legend("topleft", legend=c("Bonds","Aaron","Ruth"), lty=c(1,2,2),
  col=1:3)
```

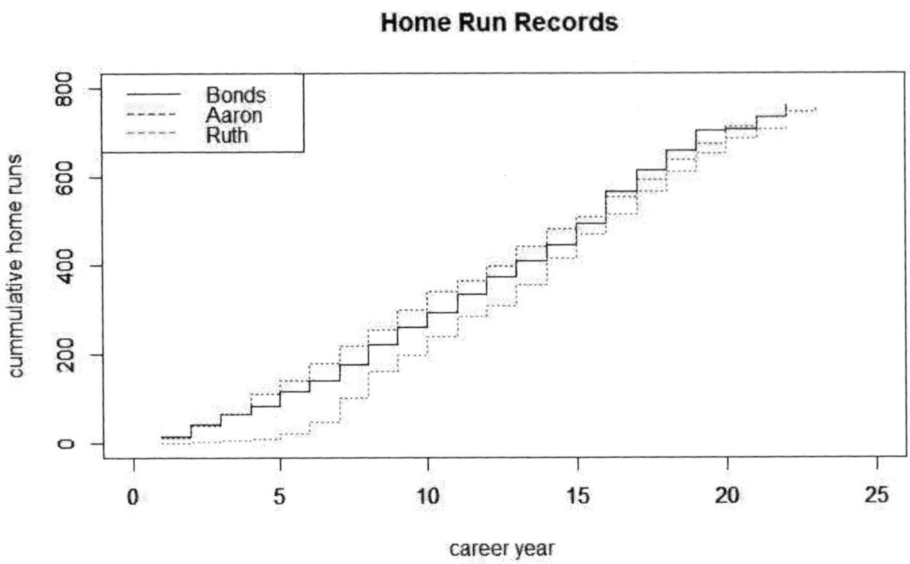

<그림 14> Bonds, Aaron, Ruth의 홈런 경쟁

출전 수에 있어서는 다음과 같이 1위를 찾을 수 있습니다. 3,562 게임의 "Pete Rose"입니다. 위키피디어에서 "Pete Rose"에 대해 알아보세요.

```
> max(totalHR.player$Games)
[1] 3562
> with(totalHR.player, playerID[which.max(Games)])
[1] "rosepe01"
> Master[Master$playerID=="rosepe01", c("nameFirst", "nameLast")]
      nameFirst nameLast
14453      Pete     Rose
```

출전 수에서 상위 10명은 다음과 같습니다.

```
> nn <- order(totalHR.player$Games, decreasing=T)
> head(totalHR.player[nn,], 10)
       playerID HomeRuns Games
14315  rosepe01      160  3562
```

```
18224 yastrca01     452  3308
2      aaronha01    755  3298
7176   henderi01    297  3081
3066    cobbty01    117  3035
11856 murraed02     504  3026
11877 musiast01     475  3026
13969 ripkeca01     431  3001
10566  mayswi01     660  2992
1495   bondsba01    762  2986
```

또 무엇이 관심일까요? 기록에 관한 뭐든지 야구 팬들은 관심이 있을 것입니다. 예컨대 타석(AB, at bats), 안타(H, hits), 타점(RBI, runs batted in), 볼넷(BB, base on balls), 스트라이크아웃(SO, strike outs), 도루(SB, stolen bases) 수에서 역대 기록을 모두 같은 수법으로 구할 수 있습니다.

5. 정리

이 장에서 R과 데이터분석에 대하여 다음과 같은 것들을 배웠습니다. 다음 각각에 대해 설명하거나 동의할 수 있어야 합니다.

- 시간적 추세를 보기 위해 시계열 자료를 구성할 수 있다.
- 시도표(time plot)를 그릴 수 있다.
- 특정 변수의 수준별로 총계와 평균을 구할 수 있다.
- 추세 직선을 시도표에 추가해 넣을 수 있다.
- 1개 시도표에 2개 이상의 시계열을 넣는 경우 그래프 범례(legend)를 추가해 넣을 수 있다.
- "split-apply-combine" 작업으로 요구되는 통계적 정보를 만들 수 있다.
- 부가적 정보를 웹(Web)에서 검색하여 데이터분석 결과의 해석을 도울 수 있다.

종합문제 및 풀이

Set 1

1. 다음 벡터 x 내 100개 elements 중에서 홀수는 모두 몇 개인가? 단, **length()** 함수를 사용하지 말 것.

```
set.seed(1)
x <- sample(0:9, 100, replace=T)
```

2. 다음 벡터 x 내 단조증가(monotonically increasing) subsequences 길이 중 최대값은?

   * 마지막 위치는 단조증가 subsequence의 시작점으로 보지 않으며 마지막 위치 이전에 단조증가 subsequence가 종료하는 것으로 간주한다. **rle()** 함수를 활용해도 좋음.

```
set.seed(2)
x <- rnorm(100)
```

3. 조합 수 ${}_nC_k$ 가 담긴 리스트 L을 제시하라 ($k=0,\cdots,n\ ;\ n=1,\cdots,10$). 즉,

```
L[[1]] : 1  1
L[[2]] : 1  2  1
L[[3]] : 1  3  3  1
    ⋮
```

힌트: ${}_nC_k = {}_{n-1}C_{k-1} + {}_{n-1}C_k$, for $k=1,\ \cdots, n-1$.

4. 다음과 같이 각 열에 최소값 0, 최대값 1의 범위 표준화 변환을 하는 R 스크립트를 제시하라. 단, 제시된 스크립트에서는 **apply()** 함수가 쓰여서는 안 된다.

```
set.seed(4)
x <- matrix(rnorm(50, 50, 10), 10, 5)
min.x <- apply(x, 2, min)
max.x <- apply(x, 2, max)
round(scale(x, center=min.x, scale=max.x-min.x), 2)
```

5. 다음과 같이 카이제곱검정의 출력을 내는 R 스크립트를 제시하라. 카이제곱통계량, 자유도, p-값이 산출되어야 함.

```
set.seed(5)
blood <- sample(c("O","A","B","AB"), 100, replace=T)
country <- sample(c("Japan", "Korea"), 100, replace=T)
T <- table(blood, country)
chisq.test(T)
X-squared = 5.6464, df = 3, p-value = 0.1301
```

Set 2

1. 0과 1 사이의 균일 임의 수(uniform random number)를 2개 취하여, 0과 2개 점, 그리고 1에서 끊기는 3개의 선분으로 삼각형이 만들어질 확률을 N(=10,000)회의 몬테칼로 시행을 통하여 추정하라. 단, R 스크립트의 첫 두 줄을 다음과 같이 할 것.

```
N <- 10000
X <- matrix(runif(N*2),2,N)
```

2. 숫자 1부터 52가 표기된 52장의 카드를 이항 임의 수(~ B(52, 0.5))개를 비복원 추출하여 왼편에 놓고 나머지를 오른편에 놓는다. 그리고 왼쪽 카드들을 자체적으로 순서정렬하고 오른쪽 카드들도 자체적으로 순서정렬하여 왼쪽 카드들에 이어 놓는다 (작은 번호일수록 왼쪽에 놓는다). 이런 카드 재배열 작업을 N(=10,000)회 반복하여, 2번 카드가 가장 왼쪽에서 몇 번째 위치에 나타났는지를 보고하고 그 빈도 분포를 막대그림으로 표현하라. 힌트: **order()** 함수를 활용.

3. 메이저리그 야구 2015년 투수들의 연봉과 IPouts (innings pitched*3)의 산점도를 제시하라. 힌트: Lahman 팩키지의 Salaries 데이터와 Pitching 데이터를 결합하여 사용. 단, 연봉을 1,000불 단위로 할 것.

4. 메이저리그 야구의 1966년-2015년 Pitching 기록에서 연도별 최대 IPouts의

추이를 보여주는 꺾은 선 그래프(시도표, time plot)를 제시하라. 단, **tapply()** 함수를 활용해야 함.

5. 메이저리그 야구의 1985년-2015년 Salaries 기록에서 연도별 중간 연봉의 추이를 보여주는 꺾은 선 그래프(시도표, time plot)를 제시하라. 단, **aggregate()** 함수를 활용해야 함. 연봉을 1,000불 단위로 할 것.

Set 3

1. Bob Dylan의 Blowing in the wind 가사를 첨부 파일로부터 읽어, 행 별 단어 수를 산출하라 (총 24개 행). 그리고 그 결과를 막대그림으로 표출하라. 단, 2개 단어가 apostrophe로 연결된 경우는 1개 단어를 간주한다. 연(聯, stanza) 단위로 구분하여 컬러를 넣을 것.

   힌트: **barplot()**에서 **names.arg**와 **cex.names**를 활용

2. [계속] 6회 이상 출현한 단어들을 빈도가 큰 것부터 작아지는 순서로 제시하라.

3. [계속] 문장부호 apostrophe는 모두 몇 번 나오는가? apostrophe가 나타난 단어들의 리스트를 제시하라.

4. https://archive.ics.uci.edu/ml/machine-learning-databases/parkinsons/에서 자료를 읽고 간단한 분석을 하여 이에 대한 웹 사이트의 설명에서 자료와 일치하지 않는 부분을 찾아라 (개체 수, 변수 수, 사람(人) 수, 환자 수 등).

5. [계속] 인(人) 별로 3개 변수 "MDVP.Fo.Hz.", "MDVP.Fhi.Hz.", "MDVP.Flo.Hz."의 측정값 평균을 구하라. 단, 앞 5명에 대한 출력만 제시할 것.

   힌트: **unstack()** 함수 또는 **tapply()** 함수를 활용

Set 4

1. Lahman 팩키지의 Teams 데이터로부터 1965년 이후 팀별로 연 관중 수(attendance)의 시도표를 보여주는 사용자 함수를 만들어, Chicago Cubs (CHN) 팀과 Cleveland Indians (CLE) 팀의 연 관중 수 시도표를 제시하라.

2. [앞 문제의 계속] Lahman 팩키지의 Teams 데이터로부터 1965년 이후 전년도 대비 관중 수의 증감과 전년도 대비 팀 승률의 증감은 어떻게 연관되어 있는가? 상관계수를 산출하고 산점도를 그려라.

   힌트: `diff()` 함수를 활용

3. [앞 문제의 계속] Lahman 팩키지의 Teams 데이터로부터 1965년 이후 팀별로 게임 당 평균 득점(run average)의 시도표를 보여주는 사용자 함수를 만들어, Chicago Cubs (CHN) 팀과 Cleveland Indians (CLE) 팀의 평균 득점 시도표를 제시하라.

4. Lahman 팩키지의 Pitching 데이터로부터 선수의 활동년 수를 산출하여 히스토그램으로 제시하라. 그리고 활동년 수가 가장 큰 선수가 누구인가를 찾아 그의 ERA 추세를 시도표로 보여라.

5. [앞 문제의 계속] 메이저리그 역사에서 Career ERA가 가장 좋은 선수는 누구인가? 단, 최소 이닝 수를 1,000으로 제한한다 (즉, 생애 IPouts가 3,000 이상이 조건이다). 또한 이런 조건 하에서 Top 10 리스트를 제시하라.

Set 1 풀이

1. 다음 벡터 x 내 100개 elements 중에서 홀수는 모두 몇 개인가? 단, **length()** 함수를 사용하지 말 것.

```
set.seed(1)
x <- sample(0:9, 100, replace=T)
```

풀이.
```
> oddcount <- function(x){
+     count <- 0
+     for (e in x) if (e %% 2 == 1) count <- count+1
+     return(count)
+ }
> oddcount(x)
[1] 46
```

또는
```
> sum(x %% 2 == 1)
[1] 46
```

2. 다음 벡터 x 내 단조증가(monotonically increasing) subsequences 길이 중 최대값은?

   * 마지막 위치는 단조증가 subsequence의 시작점으로 보지 않으며 마지막 위치 이전에 단조증가 subsequence가 종료하는 것으로 간주한다. **rle()** 함수를 활용해도 좋음.

```
set.seed(2)
x <- rnorm(100)
```

풀이.
```
> d <- sign(x[2:100] - x[1:99])
> rle.d <- rle(d)
> max(rle.d$lengths[rle.d$values==1])
[1] 4
```

3. 조합 수 ${}_nC_k$ 가 담긴 리스트 L을 제시하라 ($k=0,\cdots,n$; $n=1,\cdots,10$). 즉,

```
L[[1]] : 1  1
```

```
L[[2]] : 1  2  1
L[[3]] : 1  3  3  1
    ⋮
```

풀이.
```
> L <- list()
> L[[1]] <- c(1,1)
> for (i in 2:10) L[[i]] <- c(L[[i-1]], 0) + c(0, L[[i-1]])
> L
[[1]] [1]  1  1
[[2]] [1]  1  2  1
[[3]] [1]  1  3  3  1
[[4]] [1]  1  4  6  4  1
[[5]] [1]  1  5 10 10  5  1
[[6]] [1]  1  6 15 20 15  6  1
[[7]] [1]  1  7 21 35 35 21  7  1
[[8]] [1]  1  8 28 56 70 56 28  8  1
[[9]] [1]  1  9  36  84 126 126  84  36   9   1
[[10]] [1] 1 10  45 120 210 252 210 120  45  10   1
```

4. 다음과 같이 각 열에 최소값 0, 최대값 1의 범위 표준화 변환을 하는 R 스크립트를 제시하라. 단, 제시된 스크립트에서는 apply() 함수가 쓰여서는 안 된다.

```
set.seed(4)
x <- matrix(rnorm(50, 50, 10), 10, 5)
min.x <- apply(x, 2, min)
max.x <- apply(x, 2, max)
round(scale(x, center=min.x, scale=max.x-min.x), 2)
```

풀이.
```
> center <- matrix(rep(min.x, nrow(x)), nrow(x), ncol(x),
             byrow=T)
> scale  <- matrix(rep(max.x-min.x, nrow(x)), nrow(x), ncol(x),
             byrow=T)
> z <- (x - center)/scale
> round(z, 2)
      [,1] [,2] [,3] [,4] [,5]
 [1,] 0.47 0.59 1.00 0.65 1.00
```

```
 [2,] 0.23 0.21 0.44 1.00 0.63
 [3,] 0.68 0.46 0.91 0.29 0.98
 [4,] 0.59 0.16 0.90 0.00 0.03
 [5,] 0.92 0.22 0.62 0.92 0.31
 [6,] 0.62 0.31 0.26 0.43 0.30
 [7,] 0.00 1.00 0.88 0.50 0.60
 [8,] 0.34 0.17 0.74 0.95 0.45
 [9,] 1.00 0.13 0.00 0.40 0.80
[10,] 0.96 0.00 0.88 0.33 0.00
```

5. 다음과 같이 카이제곱검정의 출력을 내는 R 스크립트를 제시하라. 카이제곱통계량, 자유도, p-값이 산출되어야 함.

```
set.seed(5)
blood <- sample(c("O","A","B","AB"), 100, replace=T)
country <- sample(c("Japan", "Korea"), 100, replace=T)
T <- table(blood, country)
chisq.test(T)
X-squared = 5.6464, df = 3, p-value = 0.1301
```

풀이.
```
> df <- (nrow(T)-1)*(ncol(T)-1)
> row <- apply(T, 1, sum)
> col <- apply(T, 2, sum)
> E <- row %*% t(col) / sum(T)
> chisq <- sum((T - E)^2 / E)
> p.value <- 1 - pchisq(chisq, df)
> round(chisq, 4); df
[1] 5.6464
[1] 3
> round(p.value, 4)
[1] 0.1301
```

Set 2 풀이

1. 0과 1 사이의 균일 임의 수(uniform random number)를 2개 취하여, 0과 2개 점, 그리고 1에서 끊기는 3개의 선분으로 삼각형이 만들어질 확률을

N(=10,000)회의 몬테칼로 시행을 통하여 추정하라. 단, R 스크립트의 첫 두 줄을 다음과 같이 할 것.

```
N <- 10000
X <- matrix(runif(N*2),2,N)
```

풀이. R 스크립트:

```
N <- 10000
X <- matrix(runif(N*2),2,N)
X.s <- apply(X, 2, sort)
S <- rbind(X.s[1,],X.s[2,]-X.s[1,],1-X.s[2,])
S.s <- apply(S, 2, sort)
triangle <- (S.s[1,] + S.s[2,] >= S.s[3,])
round(sum(triangle)/N, 3)
```

출력은 **0.248**. 이것이 삼각형이 만들어질 확률이다.

2. 숫자 1부터 52가 표기된 52장의 카드를 이항 임의 수($\sim$ B(52, 0.5))개를 비복원 추출하여 왼편에 놓고 나머지를 오른편에 놓는다. 그리고 왼쪽 카드들을 자체적으로 순서정렬하고 오른쪽 카드들도 자체적으로 순서정렬하여 왼쪽 카드들에 이어 놓는다 (작은 번호일수록 왼쪽에 놓는다). 이런 카드 재배열 작업을 N(=10,000)회 반복하여, 2번 카드가 가장 왼쪽에서 몇 번째 위치에 나타났는지를 보고하고 그 빈도 분포를 막대그림으로 표현하라. 힌트: `order()` 함수를 활용.

풀이. R 스크립트:

```
n <- 52; N <- 10000
wo.freq <- rep(0, 52)
for (r in 1:N){
    cards <- 1:n
    s <- rbinom(1, n, 0.5)
    index <- sort(sample(1:n, s))
    cards <- c(cards[index], cards[-index])
    t <- order(cards)[2]
    two.freq[t] <- two.freq[t] + 1
```

```
}
two.freq
barplot(two.freq, names.arg=1:52, main="The order of 2",
        cex.names=0.8, cex.axis=0.8)
```

위치 1부터 52까지의 빈도와 이것의 막대그림은 다음과 같다.

```
> two.freq
 [1] 2492 2526    0    0    0    0    0    0    0    0    0    0    0
[14]    1    2    7   13   20   55   76  130  240  297  387  480  538
[27]  535  524  496  395  276  227  130   85   32   22    9    1    1
[40]    1    1    0    1    0    0    0    0    0    0    0    0    0
```

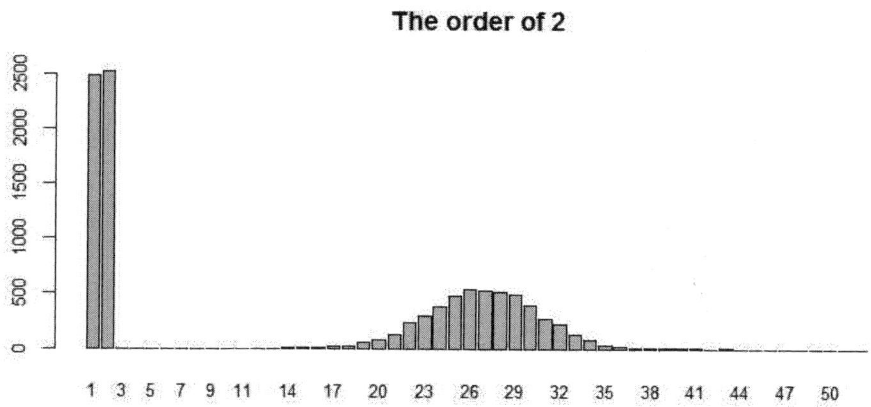

3. 메이저리그 야구 2015년 투수들의 연봉과 IPouts (innings pitched*3)의 산점도를 제시하라. 힌트: Lahman 팩키지의 Salaries 데이터와 Pitching 데이터를 결합하여 사용. 단, 연봉을 1,000불 단위로 할 것.

풀이. R 스크립트:

```
library(Lahman)
data(Pitching)
str(Pitching)
data(Salaries)
```

```
str(Salaries)
Pitching.1 <- subset(Pitching, yearID==2015)
Salaries.1 <- subset(Salaries, yearID==2015)
Merged <- merge(Pitching.1, Salaries.1, by="playerID")
str(Merged)
with(Merged, plot(salary/1000, IPouts, main="Major League
    Pitchters 2015"))
```

출력 그래프는 다음과 같다.

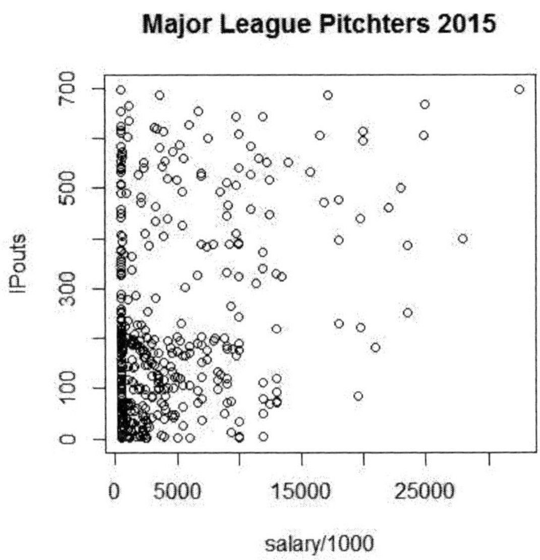

4. 메이저리그 야구의 1966년-2015년 Pitching 기록에서 연도별 최대 IPouts의 추이를 보여주는 꺾은 선 그래프(시도표, time plot)를 제시하라. 단, `tapply()` 함수를 활용해야 함.

풀이. R 스크립트: 앞 문제 풀이에 이어서

```
IPouts.by.year <- tapply(Pitching$IPouts, Pitching$yearID, max)
year <- rownames(IPouts.by.year)
plot(IPouts.by.year[year >= 1966 & year <= 2015]
    ~ year[year >= 1966 & year <= 2015],
```

```
ylim=c(0,1500), xlab="year", ylab="IPouts", type="o",
main="Maximum IPouts by Year")
```

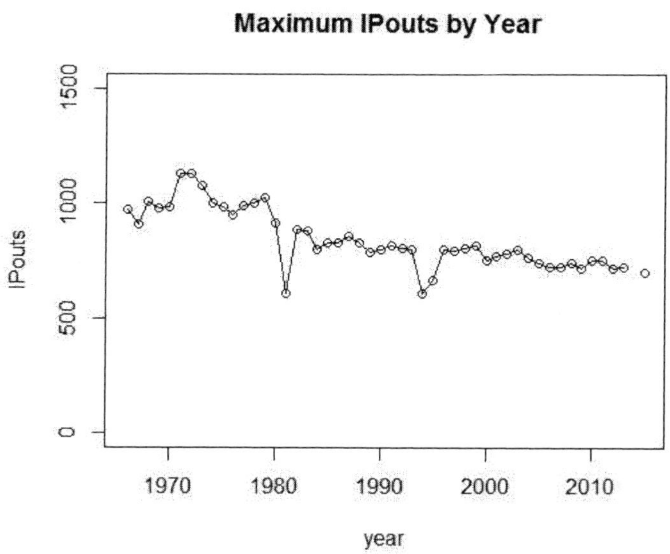

5. 메이저리그 야구의 1985년-2015년 Salaries 기록에서 연도별 중간 연봉의 추이를 보여주는 꺾은 선 그래프(시도표, time plot)를 제시하라. 단, **aggregate()** 함수를 활용해야 함. 연봉을 1,000불 단위로 할 것.

풀이. R 스크립트: 앞 문제 풀이에 이어서

```
plot(aggregate(Salaries$salary/1000, list(Salaries$year),
    median), xlab="year",
    ylim=c(0,2000), ylab="median salary/1000",
    type="o", main="Major League Median Salaries by Year")
```

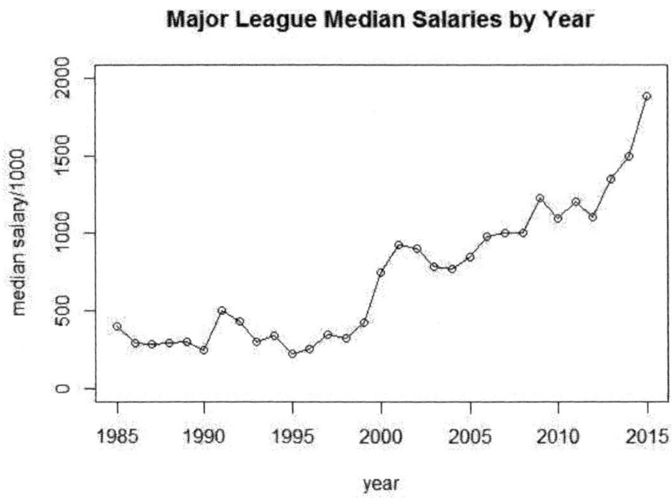

Set 3 풀이

1. Bob Dylan의 Blowing in the wind 가사를 첨부 파일로부터 읽어, 행 별 단어 수를 산출하라 (총 24개 행). 그리고 그 결과를 막대그림으로 표출하라. 단, 2개 단어가 apostrophe로 연결된 경우는 1개 단어를 간주한다. 연(聯, stanza) 단위로 구분하여 컬러를 넣을 것.

   힌트: barplot()에서 names.arg와 cex.names를 활용

   풀이.
```
lyrics <- scan("blowing in the wind.txt", what="", sep="\n")
str(lyrics)
lyrics.words <- strsplit(lyrics, split=" ")
str(lyrics.words)
count <- sapply(lyrics.words, length)
count
color <- c(rep("red",8),rep("green",8),rep("blue",8))
barplot(count, xlab="행 번호", ylab="단어 수",
      names.arg=1:length(count), cex.names=0.6, col=color,
      main="Blowing in the wind")
```

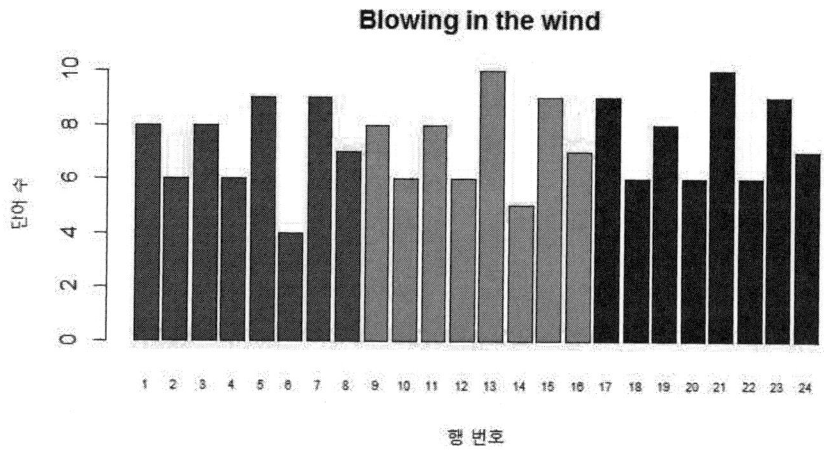

2. [계속] 6회 이상 출현한 단어들을 빈도가 큰 것부터 작아지는 순서로 제시하라.

풀이.
```
lyrics.words.1 <- unlist(lyrics.words)
str(lyrics.words.1)
lyrics.words.2 <- gsub(",", "", lyrics.words.1)
lyrics.words.3 <- gsub("\\.", "", lyrics.words.2)
lyrics.words.4 <- gsub("\\?", "", lyrics.words.3)
lyrics.words.5 <- tolower(lyrics.words.4)
tab <- table(lyrics.words.5)
tab.1 <- tab[tab >= 6]
sort(tab.1, decreasing=T)
```

출력: lyrics.words.5
```
    the    many     how  before      in     yes
     16      10       9       7       7       7
      a  answer blowin'      is    wind
      6       6       6       6       6
```

3. [계속] 문장부호 apostrophe는 모두 몇 번 나오는가? apostrophe가 나타난 단어들의 리스트를 제시하라.

풀이.
```
length(grep("'", lyrics.words.5))
unique(lyrics.words.5[grep("'", lyrics.words.5)])
```

출력. 총 10회 출현
나오는 단어: they're, blowin', it's, doesn't

4. https://archive.ics.uci.edu/ml/machine-learning-databases/parkinsons/ 에서 자료를 읽고 간단한 분석을 하여 이에 대한 웹 사이트의 설명에서 자료와 일치하지 않는 부분을 찾아라 (개체 수, 변수 수, 사람(人) 수, 환자 수 등).

풀이. 해당 웹사이트에 의하여 개체 수가 197, 변수 수가 23개이고 자료에 포함된 사람은 총 31명이고 이중 23명이 환자이다.
아래 R 스크립트를 실행해본 결과 개체 수는 197이 아니라 195였고 변수 수는 23이 아니라 24였다 (이 중 행식별자라고 할 수 있는 name을 제외하면 변수 수가 23이다). 그리고 자료에 포함된 사람은 31명이 아니라 32명였고 이 중 환자는 23명이 아니라 24명이라는 것을 알 수 있었다.

```
url  <- "https://archive.ics.uci.edu/ml/
        machine-learning-databases/parkinsons/parkinsons.data"
parkins <- read.csv(url, header=T)
str(parkins)
parkins[1:12, 1:8]
parkins$name.id <- substr(parkins$name, 10, 12)
table(parkins$name.id)
addmargins(table(parkins$name.id, parkins$status) >= 1)
```

5. [계속] 인(人) 별로 3개 변수 "MDVP.Fo.Hz.", "MDVP.Fhi.Hz.", "MDVP.Flo.Hz."의 측정값 평균을 구하라. 단, 앞 5명에 대한 출력만 제시할 것. 힌트: unstack() 함수를 활용.

풀이 1.
```
summary.mean <- matrix(NA, 32, 3)
for (j in 2:4){
  uns <- unstack(parkins, parkins[,j] ~ name.id)
  temp <- sapply(uns, mean)
  summary.mean[, j-1] <- temp
}
rownames(summary.mean) <- unique(parkins$name.id)
colnames(summary.mean) <- colnames(parkins)[2:4]
as.data.frame(summary.mean)[1:5,]
```

풀이 2. 다음과 같이 하는 것이 보다 컴팩트하다.
```
park <- parkins[,2:4]
apply(park, 2, tapply, parkins$name.id, mean)[1:5,]
```

출력.
```
    MDVP.Fo.Hz. MDVP.Fhi.Hz. MDVP.Flo.Hz.
S01   118.71933     141.3128    106.02983
S02    99.77033     121.8943     95.41317
S04   147.34617     216.8675     87.53233
S05   159.83767     181.6302     86.76717
S06   150.64467     208.2643     78.27833
```

Set 4 풀이

1. Lahman 패키지의 Teams 데이터로부터 1965년 이후 팀별로 연 관중 수(attendance)의 시도표를 보여주는 사용자 함수를 만들어, Chicago Cubs (CHN) 팀과 Cleveland Indians (CLE) 팀의 연 관중 수 시도표를 제시하라.

```
library(Lahman)
data(Teams); str(Teams)
```

```
teams <- subset(Teams, yearID >= 1965)
teams.1 <- subset(teams, select=c(yearID, lgID, teamID, G, W, L,
    attendance))
team.trend <- function(team, teamName){
    teams.team <- subset(teams.1, teamID==team)
    start.year <- max(min(teams.team$yearID), 1965)
    attend.team <- ts(teams.team$attendance, start=start.year)
    plot(attend.team/10000, xlim=c(1965, 2015), ylim=c(0,500),
         type="o",
         xlab="year", ylab="attendance(10,000)", main=teamName)
    abline(v=seq(1970,2010,10), lty="dotted", col="blue")
}
team.trend("CHN", "Chicago Cubs")
x11(); team.trend("CLE", "Cleveland Indians")
```

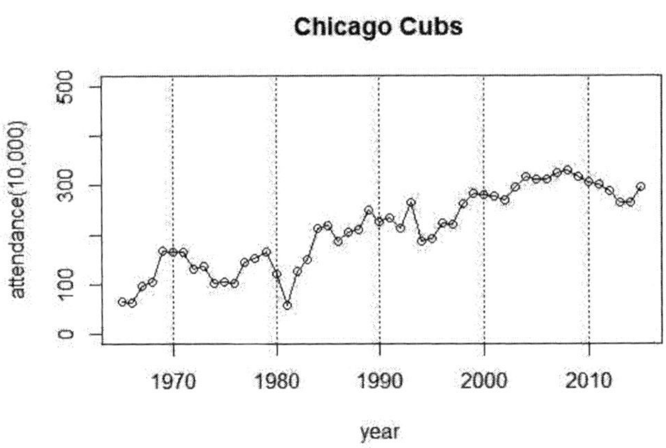

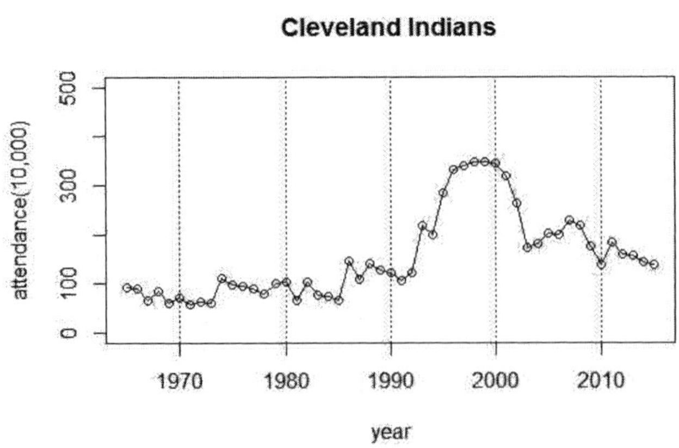

2. [앞 문제의 계속] Lahman 팩키지의 Teams 데이터로부터 1965년 이후 팀별로 전년도 대비 관중 수의 증감과 전년도 대비 팀 승률의 증감은 어떻게 연관되어 있는가? 상관계수를 산출하고 산점도를 그려라.

힌트: diff() 함수를 활용

```
teams.1$winpercent <- teams.1$W/teams.1$G
teams.2 <- teams.1[order(teams.1$teamID, teams.1$yearID),]
head(teams.2, 50)
winpercent.1 <- diff(teams.2$winpercent)
attendance.1 <- diff(teams.2$attendance)
dd <- diff(teams.2$yearID)
table(dd)
winpercent.1dd <- winpercent.1[dd == 1]
attendance.1dd <- attendance.1[dd == 1]
cor(winpercent.1dd, attendance.1dd)
plot(winpercent.1dd*100, attendance.1dd/1000000,
    xlab="win percent increase", ylab="attendance increase (in
    millions)", main="MLB since 1965")
```

관중 수의 증감과 팀 승률의 증감 간 상관계수는 0.401이고 아래 산점도에서 보듯이 선형적 연관성이 있다. [앞의 스크립트에서 dd는 yearID의 차이이다. 따라서 dd = 1인 것은 두 데이터 줄이 연이은 연도에서 나왔음을 의미]

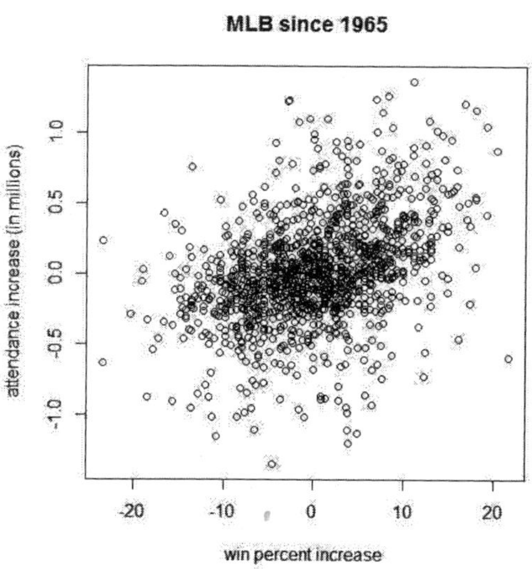

3. [앞 문제의 계속] Lahman 패키지의 Teams 데이터로부터 1965년 이후 팀별로 게임 당 평균 득점(run average)의 시도표를 보여주는 사용자 함수를 만들어, Chicago Cubs (CHN) 팀과 Cleveland Indians (CLE) 팀의 평균 득점 시도표를 제시하라.

```
teams <- subset(Teams, yearID >= 1965)
teams.1 <- subset(teams,
         select=c(yearID,lgID,teamID,G,R,ER,AB,H,HR,SO,BB,name))
teams.plot <- function(team, teamName){
    teams.teamID <- subset(teams.1, teamID==team)
    R.average <- ts(teams.teamID$R/teams.teamID$G, start=1965)
    plot(R.average, xlim=c(1965, 2015), ylim=c(2,6), type="o",
         xlab="year", ylab="run average", main=teamName)
    abline(v=seq(1970,2010,10), lty="dotted", col="blue")
}
teams.plot("CHN", "Chicago Cubs")
x11(); teams.plot("CLE", "Cleveland Indians")
```

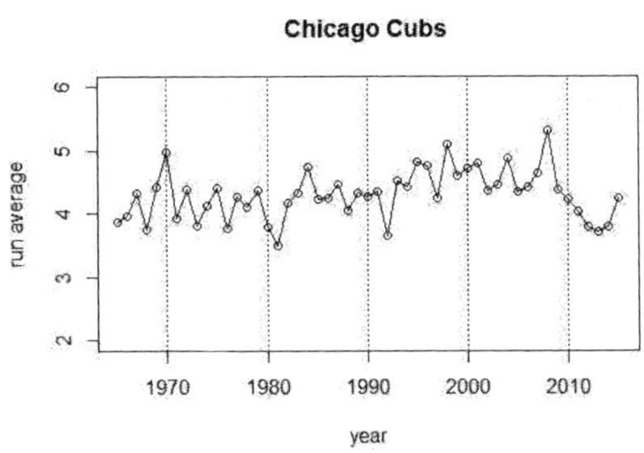

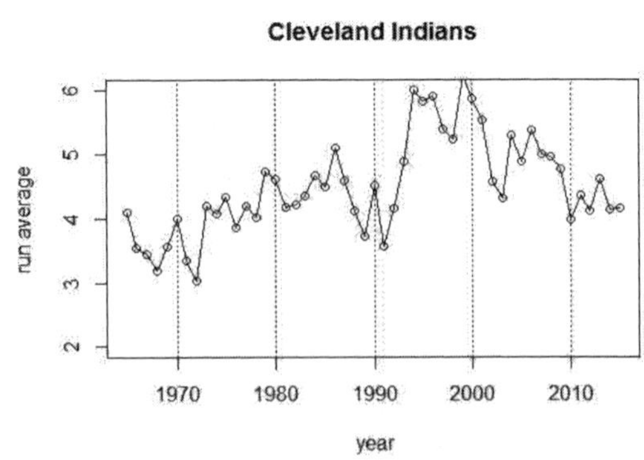

4. Lahman 패키지의 Pitching 데이터로부터 선수의 활동년 수를 산출하여 히스토그램으로 제시하라. 그리고 활동년 수가 가장 큰 선수가 누구인가를 찾아 그의 ERA 추세를 시도표로 보여라.

```
library(Lahman); library(plyr); data(Pitching); str(Pitching)
yy.players <- ddply(Pitching, .(playerID), summarise,
     year.1=min(yearID), year.2=max(yearID))
str(yy.players)
duration <- with(yy.players, ifelse(year.2 < 2015,
     year.2-year.1+1, NA))
hist(duration, breaks=0:30, xlab="years", ylab="frequency",
     main="ML Playing Years")
which.max(duration) # playinng years, records
yy.players$playerID[7166]
temp <- Pitching[Pitching$playerID=="ryanno01","ERA"]
ryan.ERA <- c(temp[1], NA, temp[2:27])     # Year 1967 is missing
ryan.ERA <- ts(ryan.ERA, start=1966)
plot(ryan.ERA, type="o", xlab="year", ylab="ERA", main="Nolan Ryan")
```

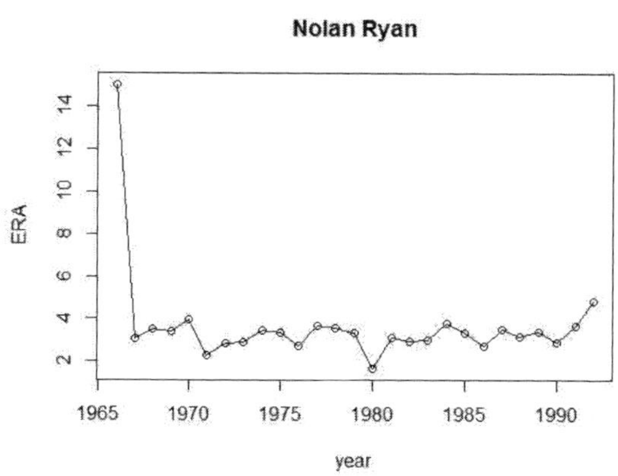

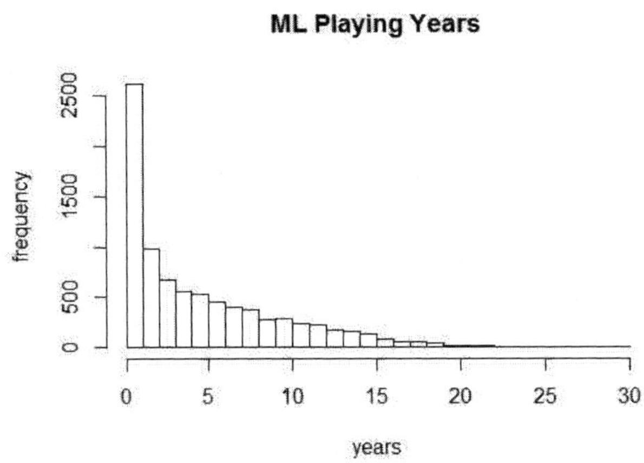

최대년수 -> Nolan Ryan

5. [앞 문제의 계속] 메이저리그 역사에서 Career ERA가 가장 좋은 선수는 누구인가? 단, 최소 이닝 수를 1,000으로 제한한다 (즉, 생애 IPouts가 3,000 이상이 조건이다). 또한 이런 조건 하에서 Top 10 리스트를 제시하라.

```
career.ERA.player <- ddply(Pitching, .(playerID), summarise,
       ERA.IPouts = sum(ERA*IPouts, na.rm=TRUE),
       IPouts = sum(IPouts, na.rm=TRUE))
str(career.ERA.player)
career.ERA.player.1 <- subset(career.ERA.player,
       career.ERA.player$IPouts >= 3000)
str(career.ERA.player.1)
career.ERA.player.1$career.ERA                                    <-
career.ERA.player.1$ERA.IPouts/career.ERA.player.1$IPouts
min(career.ERA.player.1$career.ERA)
with(career.ERA.player.1,
     playerID[which.min(career.ERA.player.1$career.ERA)])
Master[Master$playerID=="walshed01", c("nameFirst", "nameLast")]
nn <- order(career.ERA.player.1$career.ERA)
head(career.ERA.player.1[nn,], 10)
```

메이저리그 역사에서 Career ERA가 가장 좋은 선수는 Ed Walsh (생애 ERA 1.82)이다.

Career ERA Top 10 리스트:

```
     playerID ERA.IPouts IPouts career.ERA
8567 walshed01   16157.00   8893   1.816822
4177  jossad01   13161.86   6981   1.885383
6457 pfiesja01    6480.89   3202   2.024013
8967  woodjo02    8747.50   4309   2.030053
2025 devliji01    8626.29   4215   2.046569
966  brownmo01   19570.31   9517   2.056353
8589  wardjo01   15538.15   7385   2.104015
5181 mathech01   30581.64  14342   2.132313
7738 spaldal01   18520.98   8672   2.135722
8499 wadderu01   19191.90   8884   2.160277
```

* 위키피디어: Ed Walsh

Edward Augustine Walsh (May 14, 1881-May 26, 1959) was a pitcher and manager in Major League Baseball. From 1906 to 1912, he had several seasons where he was one of the best pitchers in baseball. Injuries shortened his career. Walsh holds the record for lowest career earned run average, 1.82. He was inducted into the Baseball Hall of Fame in 1946.

찾아보기

실습파일

실습 파일은 출판사 홈페이지 http://www.freeaca.com에서 내려받을 수 있습니다. 문제가 있는 경우 저자에게 e-메일(stat420@korea.ac.kr)로 요청하세요.

| 저자 소개 |

허명회(許明會)

서울대학교 자연과학대학 계산통계학과 (졸업)
미국 스탠포드대학교 통계학과 대학원 박사과정 (통계학 Ph.D.)
고려대학교 정경대학 통계학과 조교수, 부교수, 교수
성신여자대학교 교양교육대학 석좌교수
현) 고려대학교 데이터과학원 석좌교수

저 서

R을 활용한 사회네트워크분석 입문
법과 통계학
수리통계학 강의
통계계산 (Statistical Computing Using R)
데이터과학 입문과 토픽
데이터과학 입문: R과 Python의 활용 외 여러 권

R 프로그래밍

| 저　　자 허명회
| 발 행 인 김지영
| 발 행 처 자유아카데미
| 주　　소 경기도 파주시 회동길 37-42
파주출판도시
| 전　　화 031-955-1321
| 팩　　스 031-955-1322
| 홈페이지 www.freeaca.com
| 전자우편 main@freeaca.com(대표)
editor@freeaca.com(편집)
crm@freeaca.com(영업)
| 등　　록 제406-2003-017호, 1980. 7. 12
| 제1판1쇄 2017년 1월 20일 발행
| 제1판5쇄 2024년 1월 10일 발행
| 정　　가 20,000원

ISBN 979-11-5808-122-5 93310